中国社会科学院
庆祝中华人民共和国成立70周年书系
总主编 谢伏瞻
国家哲学社会科学学术研究史

新中国技术经济研究70年

李平 / 主编
王宏伟 / 副主编

中国社会科学出版社

图书在版编目（CIP）数据

新中国技术经济研究70年/李平主编．—北京：中国社会科学出版社，2019.9

（庆祝中华人民共和国成立70周年书系）

ISBN 978-7-5203-4918-5

Ⅰ.①新… Ⅱ.①李… Ⅲ.①技术经济学—研究—中国—1949-2019 Ⅳ.①F062.4

中国版本图书馆 CIP 数据核字（2019）第183483号

出 版 人	赵剑英
责任编辑	黄　晗
责任校对	郝阳洋
责任印制	王　超

出　　版	中国社会科学出版社
社　　址	北京鼓楼西大街甲158号
邮　　编	100720
网　　址	http://www.csspw.cn
发 行 部	010-84083685
门 市 部	010-84029450
经　　销	新华书店及其他书店

印刷装订	北京君升印刷有限公司
版　　次	2019年9月第1版
印　　次	2019年9月第1次印刷

开　　本	710×1000　1/16
印　　张	20.25
字　　数	282千字
定　　价	119.00元

凡购买中国社会科学出版社图书，如有质量问题请与本社营销中心联系调换
电话：010-84083683
版权所有　侵权必究

中国社会科学院
《庆祝中华人民共和国成立70周年书系》
编撰工作领导小组及委员会名单

编撰工作领导小组：

组　长　谢伏瞻

成　员　王京清　蔡　昉　高　翔　高培勇　杨笑山
　　　　　姜　辉　赵　奇

编撰工作委员会：

主　任　谢伏瞻

成　员　（按姓氏笔画为序）

卜宪群　马　援　王　巍　王立民　王立胜
王立峰　王延中　王京清　王建朗　史　丹
邢广程　刘丹青　刘跃进　闫　坤　孙壮志
李　扬　李正华　李　平　李向阳　李国强
李培林　李新烽　杨伯江　杨笑山　吴白乙
汪朝光　张　翼　张车伟　张宇燕　陈　甦
陈光金　陈众议　陈星灿　周　弘　郑筱筠
房　宁　赵　奇　赵剑英　姜　辉　莫纪宏

夏春涛　高　翔　高培勇　唐绪军　黄　平
黄群慧　朝戈金　蔡　昉　樊建新　潘家华
魏后凯

协调工作小组：

组　长　蔡　昉
副组长　马　援　赵剑英
成　员（按姓氏笔画为序）
　　　　王子豪　王宏伟　王　茵　云　帆　卢　娜
　　　　叶　涛　田　侃　曲建君　朱渊寿　刘大先
　　　　刘　伟　刘红敏　刘　杨　刘爱玲　吴　超
　　　　宋学立　张　骅　张　洁　张　旭　张崇宁
　　　　林　帆　金　香　郭建宏　博　悦　蒙　娃

总　序

与时代同发展　与人民齐奋进

谢伏瞻*

今年是新中国成立70周年。70年来，中国共产党团结带领中国人民不懈奋斗，中华民族实现了从"东亚病夫"到站起来的伟大飞跃、从站起来到富起来的伟大飞跃，迎来了从富起来到强起来的伟大飞跃。70年来，中国哲学社会科学与时代同发展，与人民齐奋进，繁荣中国学术，发展中国理论，传播中国思想，为党和国家事业发展作出重要贡献。在这重要的历史时刻，我们组织中国社会科学院多学科专家学者编撰了《庆祝中华人民共和国成立70周年书系》，旨在系统回顾总结中国特色社会主义建设的巨大成就，系统梳理中国特色哲学社会科学发展壮大的历史进程，为建设富强民主文明和谐美丽的社会主义现代化强国提供历史经验与理论支持。

壮丽篇章　辉煌成就

70年来，中国共产党创造性地把马克思主义基本原理同中国具体实际相结合，领导全国各族人民进行社会主义革命、建设和改革，

---

* 中国社会科学院院长、党组书记，学部主席团主席。

战胜各种艰难曲折和风险考验，取得了举世瞩目的伟大成就，绘就了波澜壮阔、气势恢宏的历史画卷，谱写了感天动地、气壮山河的壮丽凯歌。中华民族正以崭新姿态巍然屹立于世界的东方，一个欣欣向荣的社会主义中国日益走向世界舞台的中央。

我们党团结带领人民，完成了新民主主义革命，建立了中华人民共和国，实现了从几千年封建专制向人民民主的伟大飞跃；完成了社会主义革命，确立社会主义基本制度，推进社会主义建设，实现了中华民族有史以来最为广泛而深刻的社会变革，为当代中国的发展进步奠定了根本政治前提和制度基础；进行改革开放新的伟大革命，破除阻碍国家和民族发展的一切思想和体制障碍，开辟了中国特色社会主义道路，使中国大踏步赶上时代，迎来了实现中华民族伟大复兴的光明前景。今天，我们比历史上任何时期都更接近、更有信心和能力实现中华民族伟大复兴的目标。

中国特色社会主义进入新时代。党的十八大以来，在以习近平同志为核心的党中央坚强领导下，我们党坚定不移地坚持和发展中国特色社会主义，统筹推进"五位一体"总体布局，协调推进"四个全面"战略布局，贯彻新发展理念，适应我国社会主要矛盾已经转化为人民日益增长的美好生活需要和不平衡不充分的发展之间的矛盾的深刻变化，推动我国经济由高速增长阶段向高质量发展阶段转变，综合国力和国际影响力大幅提升。中国特色社会主义道路、理论、制度、文化不断发展，拓展了发展中国家走向现代化的途径，给世界上那些既希望加快发展又希望保持自身独立性的国家和民族提供了全新选择，为解决人类问题贡献了中国智慧和中国方案，为人类发展、为世界社会主义发展做出了重大贡献。

70年来，党领导人民攻坚克难、砥砺奋进，从封闭落后迈向开放进步，从温饱不足迈向全面小康，从积贫积弱迈向繁荣富强，取得了举世瞩目的伟大成就，创造了人类发展史上的伟大奇迹。

经济建设取得辉煌成就。70年来，我国经济社会发生了翻天覆地的历史性变化，主要经济社会指标占世界的比重大幅提高，国际地位和国际影响力显著提升。经济总量大幅跃升，2018年国内生产总值比1952年增长175倍，年均增长8.1%。1960年我国经济总量占全球经济的比重仅为4.37%，2018年已升至16%左右，稳居世界第二大经济体地位。我国经济增速明显高于世界平均水平，成为世界经济增长的第一引擎。1979—2012年，我国经济快速增长，年平均增长率达到9.9%，比同期世界经济平均增长率快7个百分点，也高于世界各主要经济体同期平均水平。1961—1978年，中国对世界经济增长的年均贡献率为1.1%。1979—2012年，中国对世界经济增长的年均贡献率为15.9%，仅次于美国，居世界第二位。2013—2018年，中国对世界经济增长的年均贡献率为28.1%，居世界第一位。人均收入不断增加，1952年我国人均GDP仅为119元，2018年达到64644元，高于中等收入国家平均水平。城镇化率快速提高，1949年我国的城镇化率仅为10.6%，2018年我国常住人口城镇化率达到了59.58%，经历了人类历史上规模最大、速度最快的城镇化进程，成为中国发展史上的一大奇迹。工业成就辉煌，2018年，我国原煤产量为36.8亿吨，比1949年增长114倍；钢材产量为11.1亿吨，增长8503倍；水泥产量为22.1亿吨，增长3344倍。基础设施建设积极推进，2018年年末，我国铁路营业里程达到13.1万公里，比1949年年末增长5倍，其中高速铁路达到2.9万公里，占世界高铁总量60%以上；公路里程为485万公里，增长59倍；定期航班航线里程为838万公里，比1950年年末增长734倍。开放型经济新体制逐步健全，对外贸易、对外投资、外汇储备稳居世界前列。

科技发展实现大跨越。70年来，中国科技实力伴随着经济发展同步壮大，实现了从大幅落后到跟跑、并跑乃至部分领域领跑的历史性跨越。涌现出一批具有世界领先水平的重大科技成果。李四光等人提出"陆相生油"理论，王淦昌等人发现反西格玛负超子，第一颗原子弹装置爆炸成功，第一枚自行设计制造的运载火箭发射成功，在世界上首次人工合成牛胰岛素，第一颗氢弹空爆成功，陈景润证明了哥德巴赫猜想中的"1+2"，屠呦呦等人成功发现青蒿素，天宫、蛟龙、天眼、悟空、墨子、大飞机等重大科技成果相继问世。相继组织实施了一系列重大科技计划，如国家高技术研究发展（863）计划、国家重点基础研究发展（973）计划、集中解决重大问题的科技攻关（支撑）计划、推动高技术产业化的火炬计划、面向农村的星火计划以及国家自然科学基金、科技型中小企业技术创新基金等。研发人员总量稳居世界首位。我国研发经费投入持续快速增长，2018年达19657亿元，是1991年的138倍，1992—2018年年均增长20.0%。研发经费投入强度更是屡创新高，2014年首次突破2%，2018年提升至2.18%，超过欧盟15国平均水平。按汇率折算，我国已成为仅次于美国的世界第二大研发经费投入国家，为科技事业发展提供了强大的资金保证。

人民生活显著改善。我们党始终把提高人民生活水平作为一切工作的出发点和落脚点，深入贯彻以人民为中心的发展思想，人民获得感显著增强。70年来特别是改革开放以来，从温饱不足迈向全面小康，城乡居民生活发生了翻天覆地的变化。我国人均国民总收入（GNI）大幅提升。据世界银行统计，1962年，我国人均GNI只有70美元，1978年为200美元，2018年达到9470美元，比1962年增长了134.3倍。人均GNI水平与世界平均水平的差距逐渐缩小，1962年相当于世界平均水平的14.6%，2018年相当于世界平均水平的85.3%，比1962年提高了70.7个百分点。在世界银行公布的人均GNI排名中，2018年中国排名第71位（共计192个经济体），比1978年（共计188个经济体）提高104位。组织实施了一系列中长期扶贫规划，从救济式扶贫到开发式扶贫再到精准扶贫，探索出一条符合中国国情的农村扶贫开发道路，为全面建成小康社会奠定了坚实基础。脱贫攻坚战取得决定性进展，贫困人口大幅减少，为世界减贫事业作出了重大贡献。按照我国现行农村贫困标准测算，1978年我国农村贫困人口为7.7亿人，贫困发生率为97.5%。2018年年末农村贫困人口为1660万人，比1978年减少7.5亿人；贫困发生率为1.7%，比1978年下降95.8个百分点，平均每年下降2.4个百分点。我国是最早实现联合国千年发展目标中减贫目标的发展中国家。就业形势长期稳定，就业总量持续增长，从1949年的1.8亿人增加到2018年的7.8亿人，扩大了3.3倍，就业结构调整优化，就业质量显著提升，劳动力市场不断完善。教育事业获得跨越式发展。1970—2016年，我国高等教育毛入学率从0.1%提高到48.4%，2016年我国高等教育毛入学率比中等收入国家平均水平高出13.4个百分点，比世界平均水平高10.9个百分点；中等教育毛入学率从1970年的28.0%提高到2015年的94.3%，2015年我国中等教育毛入学率超过中等收入国家平均水平16.5个百分点，远高于世界平均水平。我国总人口由1949年的5.4亿人发展到2018年的近14亿人，年均增长率约为1.4%。人民身体素质日益改善，居民预期寿命由新中国成立初的35岁提高到2018年的77岁。居民环境卫生条件持续改善。2015年，我国享有基本环境卫生服务人口占总人口比重为75.0%，超过中等收入国家66.1%的平均水平。我国居民基本饮用水服务已基本实现全民覆盖，超过中等偏上收入国家平均水平。

思想文化建设取得重大进展。党对意识形态工作的领导不断加强，党的理论创新全面推进，马克思主义在意识形态领域的指导地位更加巩固，中国特色社会主义和中国梦深入人心，社会主义核心价值观和中华优秀传统文化广泛弘扬。文化事业繁荣兴盛，文化产业快速发展。文化投入力度明显加大。1953—1957年文化事业费总投入为4.97亿元，2018年达到928.33亿元。广播影视制播能力显著增强。新闻出版繁荣发展。2018年，图书品种51.9万种、总印数100.1亿册（张），分别为1950年的42.7倍和37.1倍；期刊品种10139种、总印数22.9亿册，分别为1950年的34.4倍和57.3倍；报纸品种1871种、总印数337.3亿份，分别为1950年的4.9倍和42.2倍。公共文化服务水平不断提高，文艺创作持续繁荣，文化事业和文化产业蓬勃发展，互联网建设管理运用不断完善，全民健身和竞技体育全面发展。主旋律更加响亮，正能量更加强劲，文化自信不断增强,全党全社会思想上的团结统一更加巩固。改革开放后,我国对外文化交流不断扩大和深化,已成为国家整体外交战略的重要组成部分。特别是党的十八大以来,文化交流、文化贸易和文化投资并举的"文化走出去"、推动中华文化走向世界的新格局已逐渐形成,国家文化软实力和中华文化影响力大幅提升。

生态文明建设成效显著。70年来特别是改革开放以来,生态文明建设扎实推进,走出了一条生态文明建设的中国特色道路。党的十八大以来,以习近平同志为核心的党中央高度重视生态文明建设,将其作为统筹推进"五位一体"总体布局的重要内容,形成了习近平生态文明思想,为新时代推进我国生态文明建设提供了根本遵循。国家不断加大自然生态系统建设和环境保护力度,开展水土流失综合治理,加大荒漠化治理力度,扩大森林、湖泊、湿地面积,加强自然保护区保护,实施重大生态修复工程,逐步健全主体功能区制度,推进生态保护红线工作,生态保护和建设不断取得新成效,环境保护投入跨越式增长。20世纪80年代初期,全国环境污染治理投资每年为25亿—30亿元,2017年,投资总额达到9539亿元,比2001年增长7.2倍,年均增长14.0%。污染防治强力推进,治理成效日益彰显。重大生态保护和修复工程进展顺利,森林覆盖率持续提高。生态环境治理明显加强,环境状况得到改善。引导应对气候变化国际合作,成为全球生态文明建设的重要参与者、贡献者、引领者。[①]

新中国70年的辉煌成就充分证明,只有社会主义才能救中国,只有改革开放才能发展中国、发展社会主义、发展马克思主义,只有坚持以人民为中心才能实现党的初心和使命,只有坚持党的全面领导才能确保中国这艘航船沿着正确航向破浪前行,不断开创中国特色社会主义事业新局面,谱写人民美好生活新篇章。

---

① 文中所引用数据皆来自国家统计局发布的《新中国成立70周年经济社会发展成就系列报告》。

繁荣中国学术　发展中国理论
传播中国思想

70年来，我国哲学社会科学与时代同发展、与人民齐奋进，在革命、建设和改革的各个历史时期，为党和国家事业作出了独特贡献，积累了宝贵经验。

一　发展历程

——**在马克思主义指导下奠基、开创哲学社会科学**。新中国哲学社会科学事业，是在马克思主义指导下逐步发展起来的。新中国成立前，哲学社会科学基础薄弱，研究与教学机构规模很小，无法适应新中国经济和文化建设的需要。因此，新中国成立前夕通过的具有临时宪法性质的《中国人民政治协商会议共同纲领》明确提出："提倡用科学的历史观点，研究和解释历史、经济、政治、文化及国际事务，奖励优秀的社会科学著作。"新中国成立后，党中央明确要求："用马列主义的思想原则在全国范围内和全体规模上教育人民，是我们党的一项最基本的政治任务。"经过几年努力，确立了马克思主义在哲学社会科学领域的指导地位。国务院规划委员会制定了1956—1967年哲学社会科学研究工作远景规划。1956年，毛泽东同志提出"百花齐放、百家争鸣"，强调"百花齐放、百家争鸣"的方针，"是促进艺术发展和科学进步的方针，是促进中国的社会主义文化繁荣的方针。"在机构设置方面，1955年中国社会科学院的前身——中国科学院哲学社会科学学部成立，并先后建立了14个研究所。马克思主义指导地位的确立，以及科研和教育体系的建立，为新中国哲学社会科学事业的兴起和发展奠定了坚实基础。

——**在改革开放新时期恢复、发展壮大哲学社会科学**。党的十一届三中全会开启了改革开放新时期，我国哲学社会科学从十年

"文革"的一片荒芜中迎来了繁荣发展的新阶段。邓小平同志强调"科学当然包括社会科学",重申要切实贯彻"双百"方针,强调政治学、法学、社会学以及世界政治的研究需要赶快补课。1977年,党中央决定在中国科学院哲学社会科学学部的基础上组建中国社会科学院。1982年,全国哲学社会科学规划座谈会召开,强调我国哲学社会科学事业今后必须有一个大的发展。此后,全国哲学社会科学规划领导小组成立,国家社会科学基金设立并逐年开展课题立项资助工作。进入21世纪,党中央始终将哲学社会科学置于重要位置,江泽民同志强调"在认识和改造世界的过程中,哲学社会科学和自然科学同样重要;培养高水平的哲学社会科学家,与培养高水平的自然科学家同样重要;提高全民族的哲学社会科学素质,与提高全民族的自然科学素质同样重要;任用好哲学社会科学人才并充分发挥他们的作用,与任用好自然科学人才并发挥他们的作用同样重要"。《中共中央关于进一步繁荣发展哲学社会科学的意见》等文件发布,有力地推动了哲学社会科学繁荣发展。

——**在新时代加快构建中国特色哲学社会科学**。党的十八大以来,以习近平同志为核心的党中央高度重视哲学社会科学。2016年5月17日,习近平总书记亲自主持哲学社会科学工作座谈会并发表重要讲话,提出加快构建中国特色哲学社会科学的战略任务。2017年3月5日,党中央印发《关于加快构建中国特色哲学社会科学的意见》,对加快构建中国特色哲学社会科学作出战略部署。2017年5月17日,习近平总书记专门就中国社会科学院建院40周年发来贺信,发出了"繁荣中国学术,发展中国理论,传播中国思想"的号召。2019年1月2日、4月9日,习近平总书记分别为中国社会科学院中国历史研究院和中国非洲研究院成立发来贺信,为加快构建中国特色哲学社会科学指明了方向,提供了重要遵循。不到两年的时间内,习近平总书记专门为一个研究单位三次发贺信,这充分说明党中央对哲学社会科学的重视前所未有,对哲学社会科学工作者的关怀前所未有。在党中央坚强领导下,广大哲学社会科学工作者增强"四个意识",坚定"四个自信",做到"两个维护",坚持以习近平新时代中国特色社会主义思想为指导,坚持"二为"方向和"双百"方针,以研究我国改革发展稳定重大理论和实践问题为主攻方向,哲学社会科学领域涌现出一批优秀人才和成果。经过不懈努力,我国哲学社会科学事业取得了历史性成就,发生了历史性变革。

二 主要成就

70年来,在党中央坚强领导和亲切关怀下,我国哲学社会科学取得了重大成就。

马克思主义理论研究宣传不断深入。新中国成立后,党中央组织广大哲学社会科学工作者系统翻译了《马克思恩格斯全集》《列宁全集》《斯大林全集》等马克思主义经典作家的著作,参与编辑出版《毛泽东选集》《毛泽东文集》《邓小平文选》《江泽民文选》《胡锦涛文选》等一批党和国家重要领导人文选。党的十八大以来,参与编辑出版了《习近平谈治国理政》《干在实处 走在前列》《之江新语》,以及"习近平总书记重要论述摘编"等一批代表马克思主义中国化最新成果的重要文献。将《习近平谈治国理政》、"习近平总书记重要论述摘编"翻译成多国文字,积极对外宣传党的创新理论,为传播中国思想作出了重要贡献。先后成立了一批马克思主义研究院(学院)和"邓小平理论研究中心""中国特色社会主义理论体系研究中心",党的十九大以后成立了10家习近平新时代中国特色社会主义思想研究机构,哲学社会科学研究教学机构在研究阐释党的创新理论,深入研究阐释马克思主义中国化的最新成果,推动马克思主义中国化时代化大众化方面发挥了积极作用。

为党和国家服务能力不断增强。新中国成立初期,哲学社会科学工作者围绕国家的经济建设,对商品经济、价值规律等重大现实问题进行深入研讨,推出一批重要研究成果。1978年,哲学社会科学界开展的关于真理标准问题大讨论,推动了全国性的思想解放,为我们党重新确立马克思主义思想路线、为党的十一届三中全会召开作了重要的思想和舆论准备。改革开放以来,哲学社会科学界积极探索中国特色社会主义发展道路,在社会主义市场经济理论、经济体制改革、依法治国、建设社会主义先进文化、生态文明建设等重大问题上,进行了深入研究,积极为党和国家制定政策提供决策咨询建议。党的十八大以来,广大哲学社会科学工作者辛勤耕耘,紧紧围绕统筹推进"五位一体"总体布局、协调推进"四个全面"战略布局,推进国家治理体系和治理能力现代化,构建人类命运共同体和"一带一路"建设等重大理论与实践问题,述学立论、建言献策,推出一批重要成果,很好地发挥了"思想库""智囊团"作用。

学科体系不断健全。新中国成立初期,哲学社会科学的学科设置以历史、语言、考古、经济等学科为主。70年来,特别是改革开放以来,哲学社会科学的研究领域不断拓展和深化。到目前为止,已形成拥有马克思主义研究、历史学、考古学、哲学、文学、语言学、经济学、法学、社会学、人口学、民族学、宗教学、政治学、新闻学、军事学、教育学、艺术学等20多个一级学科、400多个二级学科的较为完整的学科体系。进入新时代,哲学社会科学界深入贯彻落实习近平总书记"5·17"重要讲话精神,加快构建中国特色哲学社会科学学科体系、学术体系、话语体系。

学术研究成果丰硕。70年来,广大哲学社会科学工作者辛勤耕耘、积极探索,推出了一批高水平成果,如《殷周金文集成》《中国历史地图集》《中国语言地图集》《中国史稿》《辩证唯物主义原理》《历史唯物主义原理》《政治经济学》《中华大藏经》《中国政治制度通史》《中华文学通史》《中国民族关系史纲要》《现代汉语词典》等。学术论文的数量逐年递增,质量也不断提升。这些学术成果对传承和弘扬中华民族优秀传统文化、推进社会主义先进文化建设、增强文化自信、提高中华文化的"软实力"发挥了重要作用。

对外交流长足发展。70年来特别是改革开放以来,我国哲学社会科学界对外学术交流与合作的领域不断拓展,规模不断扩大,质量和水平不断提高。目前，我国哲学社会科学对外学术交流遍及世界 100 多个国家和地区，与国外主要研究机构、学术团体、高等院校等建立了经常性的双边交流关系。坚持"请进来"与"走出去"相结合，一方面将高水平的国外学术成果译介到国内，另一方面将能够代表中国哲学社会科学水平的成果推广到世界，讲好中国故事，传播中国声音，提高了我国哲学社会科学的国际影响力。

人才队伍不断壮大。 70 年来，我国哲学社会科学研究队伍实现了由少到多、由弱到强的飞跃。新中国成立之初，哲学社会科学人才队伍薄弱。为培养科研人才，中国社会科学院、中国人民大学等一批科研、教育机构相继成立，培养了一批又一批哲学社会科学人才。目前，形成了社会科学院、高等院校、国家政府部门研究机构、党校行政学院和军队五大教研系统，汇聚了 60 万多专业、多类型、多层次的人才。这样一支规模宏大的哲学社会科学人才队伍，为实现我国哲学社会科学建设目标和任务提供了有力人才支撑。

三 重要启示

70 年来，我国哲学社会科学在取得巨大成绩的同时，也积累了宝贵经验，给我们以重要启示。

坚定不移地以马克思主义为指导。 马克思主义是科学的理论、人民的理论、实践的理论、不断发展的开放的理论。坚持以马克思主义为指导，是当代中国哲学社会科学区别于其他哲学社会科学的根本标志。习近平新时代中国特色社会主义思想是马克思主义中国化的最新成果，是当代中国马克思主义、21 世纪马克思主义，要将这一重要思想贯穿哲学社会科学各学科各领域，切实转化为广大哲学社会科学工作者清醒的理论自觉、坚定的政治信念、科学的思维方法。要不断推进马克思主义中国化时代化大众化，奋力书写研究阐发当代中国马克思主义、21 世纪马克思主义的理论学术经典。

坚定不移地践行为人民做学问的理念。 为什么人的问题是哲学社会科学研究的根本性、原则性问题。哲学社会科学研究必须搞清楚为谁著书、为谁立说，是为少数人服务还是为绝大多数人服务的问题。脱离了人民，哲学社会科学就不会有吸引力、感染力、影响力、生命力。我国广大哲学社会科学工作者要坚持人民是历史创造者的观点，树立为人民做学问的理想，尊重人民主体地位，聚焦人民实践创造，自觉把个人学术追求同国家和民族发展紧紧联系在一起，努力多出经得起实践、人民、历史检验的研究成果。

坚定不移地以研究回答新时代重大理论和现实问题为主攻方向。 习近平总书记反复强调："当代中国的伟大社会变革，不是简单延续我国历史文化的母版，不是简单套用马克思主义经典作家设想的模板，不是其他国家社会主义实践的再版，也不是国外现代化发展的翻版，不可能找到现成的教科书。"哲学社会科学研究，必须立足中国实际，以我们正在做的事情为中心，把研究回答新时代重大理论和现实问题作为主攻方向，从当代中国伟大社会变革中挖掘新材料，发现新问题，提出新观点，构建有学理性的新理论，推出有思想穿透力的精品力作，更好服务于党和国家科学决策，服务于建设社会主义现代化强国，实现中华民族伟大复兴的伟大实践。

坚定不移地加快构建中国特色哲学社会科学"三大体系"。 加快构建中国特色哲学社会科学学科体系、学术体系、话语体系，是习近平总书记和党中央提出的战略任务和要求，是新时代我国哲学社会科学事业的崇高使命。要按照立足中国、借鉴国外，挖掘历史、把握当代，关怀人类、面向未来的思路，体现继承性、民族性，原创性、时代性，系统性、专业性的要求，着力构建中国特色哲学社会科学。要着力提升原创能力和水平，立足中国特色社会主义伟大实践，坚持不忘本来、吸收外来、面向未来，善于融通古今中外各种资源，不断推进学科体系、学术体系、话语体系建设创新，构建一个全方位、全领域、全要素的哲学社会科学体系。

坚定不移地全面贯彻"百花齐放、百家争鸣"方针。 "百花齐放、百家争鸣"是促进我国哲学社会科学发展的重要方针。贯彻"双百方针"，做到尊重差异、包容多样，鼓励探索、宽容失误，提倡开展平等、健康、活泼和充分说理的学术争鸣，提倡不同学术观点、不同风格学派的交流互鉴。正确区分学术问题和政治问题的界限，对政治原则问题，要旗帜鲜明、立场坚定，敢于斗争、善于交锋；对学术问题，要按照学术规律来对待，不能搞简单化，要发扬民主、相互切磋，营造良好的学术环境。

坚定不移地加强和改善党对哲学社会科学的全面领导。哲学社会科学事业是党和人民的重要事业，哲学社会科学战线是党和人民的重要战线。党对哲学社会科学的全面领导，是我国哲学社会科学事业不断发展壮大的根本保证。加快构建中国特色哲学社会科学，必须坚持和加强党的领导。只有加强和改善党的领导，才能确保哲学社会科学正确的政治方向、学术导向和价值取向；才能不断深化对共产党执政规律、社会主义建设规律、人类社会发展规律的认识，不断开辟当代中国马克思主义、21世纪马克思主义新境界。

《庆祝中华人民共和国成立70周年书系》坚持正确的政治方向和学术导向，力求客观、详实，系统回顾总结新中国成立70年来在政治、经济、社会、法治、民族、生态、外交等方面所取得的巨大成就，系统梳理我国哲学社会科学重要学科发展的历程、成就和经验。书系秉持历史与现实、理论与实践相结合的原则，编撰内容丰富、覆盖面广，分设了国家建设和学科发展两个系列，前者侧重对新中国70年国家发展建设的主要领域进行研究总结；后者侧重对哲学社会科学若干主要学科70年的发展历史进行回顾梳理，结合中国社会科学院特点，学科选择主要按照学部进行划分，同一学部内学科差异较大者单列。书系为新中国成立70年而作，希望新中国成立80年、90年、100年时能够接续编写下去，成为中国社会科学院学者向共和国生日献礼的精品工程。

是为序。

目　录

绪　论 ………………………………………………………… (1)

第一章　技术经济学：回顾与展望 ……………………… (4)
第一节　中国技术经济学发展历程简述 ………………… (4)
第二节　技术经济学发展展望 …………………………… (19)

第二章　技术经济学理论体系研究 ……………………… (26)
第一节　技术经济学理论体系的演变 …………………… (26)
第二节　技术经济学的主要研究对象和主要理论流派 …… (32)
第三节　技术经济学重点研究领域的理论基础 ………… (41)
第四节　技术经济学理论体系的构建 …………………… (54)
第五节　技术经济学理论发展展望 ……………………… (56)

第三章　技术经济学方法体系研究 ……………………… (59)
第一节　酝酿创立期的研究方法 ………………………… (59)
第二节　技术经济学方法的拓展 ………………………… (65)
第三节　技术经济方法的丰富 …………………………… (73)
第四节　技术经济方法体系构建 ………………………… (79)

第四章　项目评估与可行性分析研究 (85)
  第一节　发展历程 (85)
  第二节　项目评估体系的形成 (94)
  第三节　项目评估典型案例 (117)

第五章　科技创新与经济增长研究 (127)
  第一节　科技创新发展历程 (127)
  第二节　科技创新与经济增长关系 (139)
  第三节　科技创新对经济增长的贡献测度 (146)

第六章　技术评价与预见研究 (159)
  第一节　技术评价 (159)
  第二节　技术预见 (182)

第七章　科技创新政策研究 (199)
  第一节　科技创新政策的发展历程和主要特点 (199)
  第二节　科技创新政策制定的理论和方法 (204)
  第三节　科技创新政策分析的理论演进和分类 (209)
  第四节　科技创新政策评估的理论和方法 (214)

第八章　价值工程研究与应用 (220)
  第一节　价值工程研究和应用在中国的发展历程 (221)
  第二节　价值工程分析理论与方法 (230)
  第三节　价值工程应用典型案例分析 (244)

第九章　创业研究 (250)
  第一节　中国创业研究历程 (250)
  第二节　中国创业研究组织体系 (258)

第三节 中国创业研究理论和方法论的演进 …………（268）
第四节 中国创业研究的小结与展望 ………………（273）

参考文献 ……………………………………………（276）

后　记 ………………………………………………（303）

绪　　论

　　技术经济学具有显明的中国特色，受到党和国家的高度重视。技术经济学是20世纪50年代借鉴苏联经验，在中国经济建设和发展的实践中不断总结和吸收国外相关学科的理论与方法，逐步发展成熟的具有中国特色、跨技术学科和经济学科的新兴综合性交叉学科。

　　技术经济学的发展几经波折，学科的发展定位和属性不断演化。1963年，党中央、国务院制定的《1963—1972年科学技术发展规划纲要》把技术经济与工业技术等其他六大重点科技规划领域相提并论且单独成章，标志着中国的技术经济学正式诞生，也彰显了技术经济在国家科技发展和经济建设中的重要地位。1978年，党中央、国务院批准的《1978—1985年全国科学技术发展规划纲要》列出了108个重点研究项目，第107项即是"技术经济和生产管理现代化的理论和方法的研究"，归类为"自然科学理论方面"。1992年11月，国家技术监督局发布国家标准（GB/T13745—92）学科分类代码，将技术经济学列为经济学下的二级学科（790.41），下设13个三级学科。1998年，国家教委颁布的《普通高等学校本科专业目录》将技术经济及管理列为工商管理下的二级学科（120204）。

　　经过70年的发展，技术经济学研究范围从建设项目经济评价、价值工程、技术选择、设备更新与技术改造评价等传统领域，扩展到技术进步贡献率测算、技术进步与产业结构、创新管理、创业管理，再到科技政策、创业和创新政策等方面，由此形成了今天技经济学在经济学和管理学两大学科众多领域中迅速扩展的局面。

经过70年的发展，技术经济学取得了卓越的成果。首先，技术经济学的重要作用和影响主要体现在理论和方法的普及和应用上。技术经济学在中国经济建设和发展中发挥了极其重要的甚至是关键性的作用。从新中国成立初期苏联援建的奠定中国工业基础的"156项工程"实施，到改革开放后冶金、化工、机械等行业重大装备及关键技术引进，以及三峡工程、南水北调、高速铁路、载人航天等跨世纪重大工程建设，技术经济分析和可行性研究发挥了重要的决策支持作用，可行性研究已经成为各种项目决策的通用方法和基本依据。其次，项目评价已经形成包含财务评价、国民经济评价、区域和宏观经济影响评价、后评价、社会评价和环境评价的完整体系。技术进步与经济增长、产业结构的关系研究成果丰富，目前已经形成了完整的理论体系和方法论体系。创新实践及其管理理论研究进入一个新阶段，已经建立了包括微观、中观、宏观层次的系统管理的理论体系。创业研究从资源视角、机会视角、社会网络视角、社会资本视角等多元视角的研究成果已经形成若干个创业理论，对于处在转型期的中国企业的涌现和发展起到了极大的促进作用。再次，在国家重大项目决策咨询方面，技术经济评价发挥着基础性的支撑作用，如2006年国务院发布的《国家中长期科学和技术发展规划纲要（2006—2020）》，2010年国务院出台的《关于加快培育和发展战略性新兴产业的决定》，2016年5月中共中央、国务院发布的《国家创新驱动发展战略纲要》等；在推进改革和发展的决策咨询和支撑方面，技术经济工作者提供的大量研究成果和政策建议受到国家领导以及政府部门的批示和采纳，直接为经济社会发展重大实践服务。最后，技术经济学学科教育体系逐步完善，为中国的经济建设培养和输送了大量的专业人才。从1981年开始招收第一批技术经济学专业硕士研究生起，目前已经形成了从学士、硕士到博士的多层次、全等级的完整教育体系。与技术经济学科相关的期刊、图书出版也有较快发展，尤其是近年来，相关著作的数量增加较为明显，相关的期刊建设也受到各界的重视。

站在新时代的起点上，技术经济学面临着重要的发展机遇。进入 21 世纪以来，中国正处于经济社会转型发展的关键历史时期，既处于极好的发展机遇期，又正面临资源、能源和环境压力增大以及科技创新全球化竞争激烈等严峻挑战。新的具有全局性、战略性、长期性、前瞻性的重大技术经济问题层出不穷，如何实现从中国制造向中国创新飞跃，如何依靠创新促进经济的高质量发展，如何建设创新型国家和科技强国等当前所出现的重大技术经济问题，使得技术经济学面临着深化研究以及创新理论和研究方法的巨大压力。未来技术经济分析要不断拓展在宏观领域的应用，更加注重系统性、综合性理论和方法体系的建立，应持续加强科技创新对经济增长的贡献、环境与资源评价、可持续发展、科技发展规划和战略制定、技术创新和管理、战略性新兴产业发展等领域的研究，应继续关注中国转型经济特征，深入剖析中国情境下的创新发展、创新生态、创业网络、创业机会等研究领域的独特性，技术经济政策研究应进一步提高针对性、可操作性和有效性的分析。随着科学技术进步日新月异，中国经济发展质量不断提高，对技术经济学研究的需求将会日益强烈，技术经济学的作用和影响也将在多方面迅速扩大，对中国经济建设和发展继续发挥重要支撑作用。

第 一 章

技术经济学：回顾与展望

中华人民共和国已经走过了 70 年的发展历程。新中国成立之初，农业总产值占工农业总产值 70%，年钢产量只有 15.8 万吨，重工业基础十分薄弱；经过 70 年的艰苦奋斗和卓越发展，中国从一穷二白的落后国家发展成为具有完整国民经济体系、经济总量高居世界第二的社会主义强国。这一过程，是大量固定资产投资、数以万计各类固定资产项目建设累积的过程，也是国民经济的技术基础从无到有、从弱到强、从引进为主到自主研发，逐步走向世界技术发展前列的过程。

在这一过程中，以研究建设项目评价和技术进步为主要内容的中国技术经济学，适应着中国经济发展的需要，从诞生、发展到逐步成熟，为中国经济发展和技术进步，做出了重大贡献。值此新中国成立 70 周年之际，回顾技术经济学的发展历程，认识其发展规律，展望新的发展前景和任务，对推动中国技术经济学的进一步发展，具有重要意义。

第一节 中国技术经济学发展历程简述

中国的技术经济研究，从新中国成立初期的技术经济实践和研究算起，到现在已经有70年的历史了。根据各时期技术经济研究发展的特点，我们把70年来的技术经济研究分为五个阶段，分别是技术经济学的酝酿与创立（1949—1978年），技术经济学的恢复与发展（1978—1992年），技术经济学的繁荣与创新（1992—2006年），技术经济学的开放与融合（2006—2017年），技术经济学的新时代（2017年至今）。以下简要论述各个阶段技术经济研究发展的主要特点和主要进展。

一　技术经济学的酝酿与创立：1949—1978年

新中国成立之后，面对"百废待兴，百业待举"的局面，必须迅速医治战争创伤，恢复国民经济，改善人民生活，巩固人民政权。经过三年的艰苦努力，有系统地恢复了工农业、交通运输业和商业贸易，发展了社会主义国营经济，国民经济得到根本好转，为全面开展社会主义建设打下了良好的基础。1951年，"一五"计划开始试编；1955年，"一五"计划审议通过；中国在"一穷二白"的基础上开始大规模经济建设。对于如何规划经济建设，如何安排建设项目，如何进行项目布局，如何进行项目评价，我们没有经验，只能在摸索中学习、实践。苏联专家带来了全套经济计划方法，也带来了建设项目技术经济分析的理论和方法。中国相关部门的干部和苏联专家一道，把这些理论方法用于"一五"重点建设项目的规划、论证和评估。"一五"计划在重工业优先方针的指导下，开始了以苏联等社会主义国家帮助设计的156个重点项目为中心、限额以上的694个建设项目为主组成的工业建设，建立起了中国工业体系的基础，也推动了中国现代城市规划的起步与发展。鞍山钢铁公司、长春第一汽车制造厂、沈阳第一机床厂、中国第一飞机制造厂、富拉尔基重工业基地、武汉长江大桥、川藏公路、青藏公路等一大批重要项目相继建成。

"一五"期间的建设过程中，引入了苏联技术经济分析理论，充分体现了苏联"生产力均衡布局"和工业区规划理论。尽管这些项目建设也各有其利弊得失，并且由于中苏关系恶化未能全部完成，"文革"前的经济建设在"左"的指导思想下也有不按技术经济规律办事的惨痛教训，但技术经济分析的理论和方法却由此发端、引入和实践，并在其后的经济建设实践中不同程度地延续了下来。

1956年，中国制定了《1956—1967年科学技术发展远景规划》（以下简称《12年科技规划》）。这是新中国的第一个科学技术发展规划，是国家发展科学技术事业的一次成功管理实践。通过规划的实施，我国初步建立了一支具有较高素质的科学技术研究队伍，改变了科学技术水平十分落后的状况，资源勘探、工业和农业科技、新兴技术、医学科学技术和基础科学研究等方面都发生了相当显著的变化。同时，《12年科技规划》的实施对中国科研机构的设置和布局、高等院校学科及专业的调整、科技队伍的培养方向和使用方式、科技管理的体系和方法，以及中国科技体制的形成起了决定性的作用。总之，《12年科技规划》对中国各项科技事业的发展产生了极其深远的影响。

20世纪50年代的经济建设实践，培养锻炼了中国第一批技术经济实际工作者和研究者。这些技术经济前辈中，很多人紧密结合实际，努力学习，刻苦钻研，具有远见卓识，在经济建设中发挥了重要作用，也为中国技术经济学的诞生打下了坚实的基础。一些经济学家和实际工作者开始研究讨论技术经济问题。1959年11月13日，于光远在《人民日报》上发表了《用最小的劳动消耗取得最大的使用价值》一文。1960年经济学界开始讨论提高劳动生产率、提高技术应用效果，提高投资效果等问题。[①] 于光远等同志积极倡议和推动建立技术经济学。

1963年中共中央、国务院制定了《1963—1972年科学技术发展规划纲要》（以下简称《规划》），对各项科学技术发展做出部署。这些学科依次为农业科学技术、工业科学技术、医学科学技术、技

[①] 齐建国：《技术经济学发展综述》，《数量经济技术经济研究》1997年第8期。

术经济、技术科学、基础科学。《规划》把技术经济与其他学科并列，标志着中国技术经济学的正式诞生。于光远、徐寿波等对技术经济学的创立做出了重要贡献。"技术经济学"一词，是徐寿波借鉴苏联部门经济中的相应概念提出的，最后由于光远确定的。[①]《规划》的第七章专门规划技术经济学的发展。《规划》指出："一切生产技术，必须既具有技术上的优越性，又具有经济上的合理性，才适宜于推广和应用。所以，生产技术研究成果，应该经过技术经济分析，才能在生产中推广，才能成为国家制订技术措施、技术政策和国民经济计划的完整的科学技术依据。对各项技术的具体内容进行经济效果的计算和分析比较，即进行技术经济的研究，是科学技术工作的一个重要组成部分，是促进科学技术多快好省地服务于社会主义建设的一个重要中间环节。"《规划》还指出："技术经济的研究必须广泛开展。在科学技术工作中经常要遇到各种技术经济问题。应该提倡和鼓励广大科学技术工作者学习和运用技术经济研究的科学方法，结合工作任务，广泛开展这方面的研究工作。""技术经济的研究还必须有专业队伍。""在广泛提倡群众性的技术经济研究的同时，需要建立专业的研究机构，培养专门的人才，组织起专业的技术经济的研究队伍，尽快形成技术经济研究的中心。"《规划》具体提出了11个需要重点研究的方面，包括：（1）合理利用土地的技术经济研究；（2）农林牧副渔综合经营的技术经济分析；（3）农业技术改革的技术经济研究；（4）食物营养构成的技术经济研究；（5）燃料动力的技术经济研究；（6）原料、材料选择的技术经济研究；（7）采用新工艺、新装备和发展产品品种的技术经济研究；（8）建筑工业的技术经济研究；（9）综合运输的技术经济研究；（10）工业生产力的结构、布局和生产规模的技术经济研究；（11）技术经济的理论和方法的研究。

[①] 徐寿波：《我国技术经济学发展的几个问题》，《数量经济技术经济研究》1987年第1期。

在技术经济学发展历史上,《规划》是一个重要文件,它标志着技术经济学作为一门学科的诞生,阐述了技术经济学在经济建设中的重要作用及其主要研究领域和研究问题,要求建设专业技术经济研究队伍。在《规划》中,"技术经济"一词贯穿全文,共出现52次,足见对技术经济分析的重视。这些阐述,严格、生动,今天读来,仍然感到亲切。遗憾的是,在当时的政治经济环境下,这一规划未能得到切实落实。

一些学者和实际工作者开始关注、研究日常生产领域的技术经济问题。这一时期可以查到的公开发表的文献有数百篇。主要涉及劳动生产率、技术经济定额、技术改造、生产专业化协作、技术经济效果、技术经济分析、厂址选择、技术政策、时间因素、农业布局、生产力布局等领域。

"文革"时期,技术经济学建设中断并遭到严重破坏,技术经济研究完全停滞。

这一时期引进和创建的技术经济学,以苏联的技术经济分析理论为基础,是计划经济时代的技术经济学,所研究的是计划经济体制下的项目技术经济分析和技术经济问题。这是与当时我国的经济发展阶段和经济体制特点相适应的。

二 技术经济学的恢复与发展:1978—1992年

党的十一届三中全会以后,中国经济从百废待兴中调整恢复,在波动中快速增长。各方面改革陆续推开,探索改革的目标模式。这期间,我国第一代技术经济专家和技术经济学家积极倡议,恢复技术经济研究,推广技术经济分析方法。第二代技术经济学家逐渐走到前台。经过两代技术经济学家共同努力,技术经济学得到迅速复兴和蓬勃发展。

这期间与技术经济学发展相关的重要事件包括:

1977年12月,全国科学技术规划会议在北京召开。1978年3月全国科学大会在北京隆重举行,大会审议通过了《1978—1985年全国科学技术发展规划纲要（草案）》（以下简称《八年规划纲要》）。同年10月，中共中央转发《八年规划纲要》。《八年规划纲要》列出了108个重点科学技术研究项目，"技术经济和生产管理现代化的理论和方法的研究"被列为第107项，由中国社会科学院和国家计委经济研究所负责落实。

同年11月，全国技术经济和管理现代化科学规划工作会议召开。会议通过了《技术经济和管理现代化理论方法的研究规划（1978—1985）》。会议建议成立技术经济和管理现代化两个研究会。建议建立全国技术经济学和管理现代化的专门研究机构。建议教育部和各大专院校恢复和扩大各自的技术经济学和现代化管理科学的系、科[1]。

同年11月，中国技术经济研究会在北京成立，隶属于中国科学技术协会，第一届干事会总干事为徐寿波。1985年11月召开第一次全国会员代表大会，于光远任第一任理事长。

1979年，联合国工业发展组织可行性研究处处长W.勃伦斯应邀来华，举办了第一期可行性研究培训班，以后又举办过几期类似的培训班。参加学习的学员来自各专业设计院、大专院校以及有关管理部门。由此，逐渐形成了一个全国范围内学习和研究可行性研究理论和方法的热潮。在与西方学术界隔绝30年后，工程项目可行性研究理论和方法引入我国，并逐步得到推广。1980年1月，在于光远同志积极倡议和指导下，国家编制委员会批准筹建中国社会科学院技术经济研究所，负责人为李德仁和徐寿波。1982年改为数量经济与技术经济研究所，由乌家培、李德仁、徐寿波等同志领导筹备工作。1985年中国社会科学院数量经济与技术经济研究所正式成立，李京文任所长。

---

[1] 薛葆鼎：《加强技术经济学和现代化管理科学的研究》，1978年11月15日在全国技术经济和管理现代化理论和方法研究规划工作会议闭幕式上的总结发言，《薛葆鼎文集》，中国社会科学出版社2003年版。

1981年，国务院成立技术经济研究中心，马洪任总干事，下设技术经济研究部。1990年，国务院经济研究中心、技术经济研究中心、价格研究中心等合并成为国务院发展研究中心，技术经济研究部一直延续。其职能为：研究国家中长期的科技发展、技术创新、技术进步和技术装备政策等重大技术经济政策；分析宏观技术经济发展趋势；对重大建设项目和地区开发项目以及科技政策、投资政策、产业政策和区域经济等方面进行研究。1982年，中国国际工程咨询公司（简称中咨公司）成立，承担国家计委审批的大型建设项目评价工作。第一任董事长为薛葆鼎，总经理为李云洁。中咨公司成立后，承担了各级政府和企业委托的咨询业务数千项，涉及项目投资数万亿元，完成了一系列行业和地区发展规划的编制与咨询评估任务，开展了许多宏观专题研究。中咨公司完成的主要项目有：西气东输、西电东送、青藏铁路、京沪高速铁路、上海国际航运中心、南水北调、长江口深水航道整治、国家大剧院、国家储备粮库等一大批世人瞩目、影响重大、意义深远的重大项目的咨询服务，为国家经济建设作出了贡献。1983年2月，国家计委颁发《关于建设项目进行可行性研究的试行管理办法》（以下简称《办法》）。这是第一部把可行性研究纳入基本建设程序的国家主管部门的正式文件，也是在我国基本建设领域大规模推行可行性研究方法的开始。《办法》规定："建设项目的决策和实施必须严格遵守国家规定的基本建设程序。可行性研究是建设前期工作的重要内容，是基本建设程序中的组成部分。""可行性研究的任务是根据国民经济长期规划和地区规划、行业规划的要求，对建设项目在技术、工程和经济上是否合理和可行，进行全面分析、论证，作多方案比较，提出评价，为编制和审批设计任务书提供可靠的依据。"《办法》还规定了可行性研究的主要内容。

为了贯彻国家计委的这一规定，迫切需要技术经济学界做出艰苦努力，提出适应中国经济体制特点和经济发展状况的各类建设项目评价的理论、方法和标准；需要在相关领域大力普及可行性研究知识；需要通过高等教育及其他方式培养可行性研究的实用人才。

这一时期，相关院校、研究机构、设计院、咨询公司的理论工作者和实际工作者，对此进行了大量研究，取得了重要成果。在此基础上，国家计委组织各方面专家，编制了《建设项目经济评价方法与参数》（第一版）[以下简称《方法与参数》（第一版）]，并于1987年9月，颁布实施。《方法与参数》（第一版）由《关于建设项目经济评价工作的暂行规定》《建设项目经济评价方法》《建设项目经济评价参数》及《中外合资经营项目经济评价方法》等部分组成。《方法与参数》（第一版）成为全国建设项目评价的依据，一些部门也据此编制颁布了各自行业的《方法与参数》。

《方法与参数》（第一版）的试行，加强了大中型建设项目的前期工作，对于避免项目决策失误，合理利用投资，提高投资效益，推动我国建设项目决策科学化进程，发挥了积极作用。在此期间，技术经济研究机构、学会和高校的技术经济专业在全国各地如雨后春笋般铺开。各地陆续建立了技术经济与管理现代化研究会，各行业的技术经济分会相继成立。技术经济学教学在全国高校经济、管理和工程专业普及，并开始培养技术经济专业硕士和博士研究生，技术经济的研究和教学体系初步形成。

1992年11月，国家技术监督局发布国家标准（GB/T13745—92）学科分类代码，经济学（790）下列技术经济学（790.41），下再设13个三级学科。这一标准至今仍是有效标准。

全国技术经济方面的杂志有50多种。其中包括：《数量经济技术经济研究》，中国社会科学院数量经济与技术经济研究所主办；《技术经济》，中国技术经济研究会主办；《化工技术经济》，中化国际咨询公司主办；《电力技术经济》，北京经济技术研究院、湖南省电力公司和中国电力财务有限公司主办；《技术经济与管理研究》，山西省人民政府经济研究中心主办；等等。

一批重要著作问世，并涌现出一批学科带头人。主要代表如下：《论社会主义生产中的经济效果》，于光远，1978年，此书汇集了于光远在20世纪50—60年代写的关于经济效果的论文;《技术经济和管理现代化文集》,1979年,收集了1978年11月召开的"技术经济和管理现代化理论和方法的研究"规划工作会议的部分报告和书面发言,这是第一本技术经济学的会议文集;《技术经济学概论》,徐寿波,1980年;《矿山设计经济评价方法》,陶树人,1981年;《技术经济理论与方法》,李京文,1985年;《工业技术经济学》,傅家骥,1986年;《技术进步与经济增长》,史清琪等,1985年;《技术进步的评价理论与实践》,王积业主编,1986年;《技术进步与产业结构》4卷,李京文、郑友敬主编,1986年;《建设项目经济评价方法与参数》,国家计委,1987年;《基本建设经济效果研究》,薛葆鼎、林森木、丁华等,1987年;《技术经济手册》(理论方法卷),李京文、郑友敬等,1990年;《开发大西南》6卷,1991年。以及一批译著:《经济学与技术进步》,库姆斯等,1989年;《技术进步与经济理论》,多西等,1992年;等等。

这一时期技术经济工作者积极参与了大量技术经济实践,其中主要包括:宝山钢铁工程项目的技术经济论证,山西省能源重化工基地建设论证,三峡水利工程项目的技术经济论证,各地方各行业大中型建设项目的技术经济论证,一些省市的发展规划、发展战略研究与制定等。这些研究和建议在全国经济建设中发挥了重要作用。

20世纪80年代前后,中国经济从恢复走向高速增长,并开始了市场导向的体制改革。这一时期的技术经济学,也从恢复走向迅速发展,并显现出体制转型时期的种种特点。

三 技术经济学的繁荣与创新:1992—2006年

进入20世纪90年代以后,中国经济发展的内外环境发生了质的变化。1992年邓小平"南方谈话"以后,党的十四大确立了社会主义市场经济体制的改革目标,计划经济体制向市场经济体制转变的方向明确,速度加快,技术进步的体制结构开始变化,技术进步的体制机制研究需要调整。1995年5月,中共中央、国务院做出关于加速科学技术进步的决定,确定实施科教兴国战略。当月全国科学技术大会召开,要求贯彻落实《中共中央国务院关于加速科学技术进步的决定》。1996年3月,八届全国人大四次会议通过了《国民经济和社会发展"九五"计划和2010年远景目标纲要》,指出要实现两个根本性转变,即经济体制从计划经济体制向社会主义市场经济体制转变和经济增长方式从粗放型向集约型转变。这期间,中国经济进入一个持续增长的新时期,投资项目大量增加,投资额大幅度增长,投资体制改革加速,以信息技术为主的高技术群取得突飞猛进的发展。因此,项目评价理论方法需要做出重大调整。

2001年11月,中国加入世界贸易组织。这标志着中国对外开放迈出关键一步,逐步全面融入国际经济技术竞争,各个产业面临世界强势企业的激烈竞争,技术进步的边界扩大到全球。2002年11月,党的十六大提出全面建设小康社会的奋斗目标。2003年10月,党的十六届三中全会提出树立和落实科学发展观,探索促进全面发展、协调发展和可持续发展的新思路、新途径。2004年7月25日,国务院颁布了《国务院关于投资体制改革的决定》,这是我国投资项目决策改革的一个新的里程碑。

同时,这一时期,西部大开发、振兴东北老工业基地、促进中部地区崛起区域协调发展战略逐步推开。固定资产投资以20%以上的速度持续增长,投资规模越来越大,投资项目成千上万,一批大项目进行论证、上马。同时,投资管理体制改革不断深化。

为适应这一时期对技术经济研究的需要,技术经济学的研究领域不断深入和扩展,如:市场经济体制下项目评价探索,超大型项目的评价,技术进步、技术创新理论,生产率研究,高技术发展及产业化研究,信息化理论和应用研究等。技术经济研究进入一个新的发展阶段。

各种技术经济学专著和论文大量出现,其中不乏重要的著述和真知灼见。

《建设项目经济评价方法与参数》(第二版)修订完成,1993年

4月由国家计委和建设部发文颁布实施。《建设项目经济评价方法与参数》(第二版)根据当时的环境条件的变化,对第一版做了丰富和补充,对财务评价、国民经济评价、不确定性分析、方案比较方法做了详细的阐述,并对改扩建项目、交通运输项目及非工业项目经济评价的特点进行了说明。项目评价方面的重要著作还有:《超大型工程建设项目评价》,郑友敬主编,1994年,等等。

全要素生产率成为新的研究领域。全要素生产率是宏观经济学的重要概念,是分析经济增长源泉的重要工具,也可作为政府制定长期可持续增长政策的重要参考。20世纪90年代初,中国社会科学院数量经济与技术经济研究所李京文教授领导的团队,与被称为"生产率之父"的美国乔根森教授和日本庆应大学黑田昌裕教授合作,使用乔根森教授提出的"超越对数生产函数"方法,分别对中美日全要素生产率进行了测算和比较,课题的成果为专著《生产率与中美日经济增长》,这一成果被认为是中国生产率研究的先驱。生产率研究的其他重要著作还有:《体制转换中的中国工业生产率》,郑玉歆、罗斯基,1993年;《中国生产率分析前沿》,李京文、钟学义主编,1998年;等等。

生产率研究成果受到国家有关部门的高度重视,已被采用作为衡量经济增长质量和技术进步贡献的重要指标。

为了贯彻科教兴国战略和经济增长方式的转变,技术进步理论以及之后拓展的国家创新体系研究风起云涌。国外技术进步理论研究文献不少,但大多以发达经济为背景,难以适应我国的具体情况。为了促进我国技术进步,普及技术进步理论知识,探索和建构我国技术进步体制、机制和政策体系,成为我国技术进步研究学者的重要任务。

应该说,这一领域研究成绩斐然,重要著作数以百计。其中主要有:《技术创新》,傅家骥,1992年;《宏观技术经济论》,田江海,1993年;《技术创新经济学》,柳卸林,1993年;《技术进步经济学——中外技术创新比较研究》,王海山,1993年;《技术进步跟踪观测系统研究》，郑友敬，1994年；《技术进步系统论》，刘满强，1994年；《科技富国论》，李京文，1995年；《技术创新国家系统的改革与重组》，齐建国等，1995年；《科学技术进步导论》，董忠志，1996年；《知识经济与国家创新体系》，中国社会科学院研究生院、中国科学院研究生院，1998年；《论技术进步》，郭军主编，1999年；《21世纪的中国技术创新系统》，柳卸林、吴贵生、史清琪等，2000年；《产业技术进步论》，何荣天，2000年；《中国农村经济技术创新分析》，国风，2001年；《技术进步机理与数量分析方法》，肖耀球等，2002年；《技术进步与新经济》，尹翔硕，2002年；《汽车工业系统优化与技术创新》，邹广德等，2004年；《中小企业技术创新》，宋清稳，2005年；《电力技术经济分析原理》，肖先勇等，2005年；《建筑工程技术经济分析》，张洪力等，2005年；等等。

国家自然科学基金、国家社会科学基金和国家软科学基金对技术经济类的课题资助增加。同时，技术经济学研究队伍不断壮大，一批学术新秀开始涌现。

这一时期，各地技术经济学者继续参加经济建设实践，李平等技术经济学者参加了一大批国家建设项目的评价工作，其中包括：西部大开发、振兴东北老工业基地、促进中部地区崛起相关建设项目的评价，京沪高速铁路项目的技术经济论证，南水北调工程的技术经济论证，高速磁浮交通系统的技术经济论证，以及各行业各地区的建设项目论证工作。一些建议受到中央和各地主管部门的重视。

四 技术经济学的开放与融合：2006—2017年

2006年1月，全国科学技术大会召开，胡锦涛同志提出走中国特色自主创新道路，建设创新型国家的任务，这是事关社会主义现代化建设全局的重大战略决策。2006年2月，国务院发布《国家中长期科学和技术发展规划纲要（2006—2020年）》，确定到2020年，全社会研究开发投入占国内生产总值的比重提高到2.5%以上，力争科技进步贡献率达到60%以上，对外技术依存度降低到30%以下，本国人发明专利年度授权量和国际科学论文被引用数均进入世界前五位。

2006年3月，全国人大通过"十一五"规划纲要，提出坚持以科学发展观统领经济社会发展全局；加快转变经济增长方式；把增强自主创新能力作为科学技术发展的战略基点和调整产业结构、转变增长方式的中心环节，大力提高原始创新能力、集成创新能力和引进消化吸收再创新能力；在优化结构、提高效益和降低消耗的基础上，实现2010年人均国内生产总值比2000年翻一番；资源利用效率显著提高，单位国内生产总值能源消耗比"十五"期末降低20%左右。

这期间，中国经济发展速度加快，2007年经济总量超过德国，位列世界第三。2010年，中国国内生产总值超过日本，成为世界第二大经济体，创造了世界经济发展的奇迹。但是，中国经济发展也面临着低端产能过剩和高端产能不足的问题，传统的依靠资源和要素投入的发展方式难以为继。2010年，中国根据经济形势和科技形势发展的需要，开始提出大力发展战略性新兴产业的任务。2015年，面对传统产业产能过剩的形势，中国提出了供给侧结构性改革。同时，随着"一带一路"倡议的大力推进，中国的对外开放格局进一步扩大。

以上种种，为技术经济学提出了新的任务和课题，如落实区域协调发展、建设和谐社会的要求，深化区域经济评价、社会评价和环境影响评价；探索落实节能减排、保护环境和自主创新的评价；结合国际技术经济竞争，探索各产业加强自主研发、掌握核心技术、实现自主创新的途径；科学发展观与创新型国家研究；知识经济研究；循环经济研究；环境技术经济研究；能源技术经济研究；可持续发展研究；科技创新体制机制研究；技术政策研究；科技政策评估；等等。

《建设项目经济评价方法与参数》（第三版）修订出版，2006年

7月由国家发改委、建设部发文颁布执行,这是项目评价领域的又一件大事。新版适应了市场经济体制的逐步建立,以及财政税务改革后的要求,汲取了世界银行、亚洲开发银行、英国财政部等机构的评价方法,对第二版做了较大修改。

这一时期比较引人注目的著作还有:《中国工业技术创新经济分析》,秦宇,2006年;《中国区域创新体系建设的途径与选择》,陈辉、徐根兴,2006年;《现代循环经济理论与运行机制》,齐建国,2006年;《能源技术经济分析评价》,雷仲敏等,2006年;《国家系统的改革与重组》,齐建国等,2007年;《技术进步规律性研究》,钟学义、陈平主编,2008年;《国家创新体系发展报告2008》,国家创新体系建设战略研究组,2008年;《东北老工业基地创新体系建设研究》,张少杰、曲然等,2008年;《环京津区域创新体系建设研究》,孙大为,2008年;《技术创新经济学》(第2版),柳卸林,2014年;《技术经济学及其应用》,齐建国,2014年;《21世纪技术经济学》(2015年卷),李平,2015年;《中国创新发展报告(2016)》,陈劲,2016年;《要素集聚、技术创新与区域产业结构升级》,徐晔,2016年;等等。

这一时期,中国技术经济工作者立足经济社会发展的现实,积极参加了一大批建设项目的评价工作,其中包括:应对国际金融危机进行的投资建设项目评价,京津冀协同发展,中国制造2025,雄安新区等重大项目的评价和工作,等等。

五 技术经济学的新时代:2017年至今

2017年10月,党的十九大顺利召开。党的十九大指出中国特色社会主义进入了新时代,我国社会的主要矛盾已经变成了人民日益增长的美好生活需要和不平衡不充分的发展之间的矛盾,实现高质量发展成为这一时期经济社会发展的内在要求。加快创新型国家建设,充分发挥创新引领发展第一动力作用,既是解决中国现实矛盾的主要途径,也是实现2035年"跻身创新型国家前列"的战略要求。

这一时期，随着新一轮科技革命和产业革命的加速融合，新产业、新技术、新模式和新业态不断涌现，技术经济学的研究对象也发生了很大变化，以大数据、云计算、人工智能为代表的新一代信息技术突飞猛进，新能源汽车技术、电池储能技术、绿色低碳技术等大批新兴产业技术开始出现，协同创新和开放式创新成为这一时期创新的主要模式，突破性技术、颠覆性技术、绿色技术的研究开始迸发。

同时，在创新驱动、科技强国、军民融合等战略的引导下，这一时期的研究主题也发生了重大变化。这一时期的研究主题主要有：创新型国家建设和国家创新体系，高质量发展与新旧动能转换，"一带一路"倡议与区域创新合作，研发投入与创新绩效之间的关系，技术创新、产业结构与经济增长，先进制造业，科技体制改革与科技成果转化，知识产权与自主创新，全要素生产率，可持续发展，创新生态体系、生态经济与环境，科技政策等。

2017年以来，许多学者根据时代要求进行了开创性的研究。比较有影响的著作有：《重点产业结构调整和振兴规划研究——基于中国产业政策反思和重构的视角》，李平，2018年；《用制度创新促进绿色发展》，高世楫，2017年；《技术价值评估：理论与实践》，朴铉瑀，2018年；《协同创新视角下产学研合作效率评价相关问题研究》，吴修国，2018年；《中国科技发展与政策（1978—2018）》，薛澜，2018年；《科技创新与科技成果转化》，王婉，2018年；汤潇，《数字经济》，2019年；《战略性新兴产业技术创新联盟构建及治理研究》，张敬文，2019年；《共享经济：中国的实践、创新与经验》，张玉明，2019年；等等。

同时，由中国社会科学院数量经济与技术经济研究所等单位主办的中国技术经济论坛继续召开并取得了良好的社会反响。论坛围绕"两个百年目标背景下的技术经济学的使命与贡献"与"新时代下的动能转换与创新发展"，交流了技术经济领域的最新研究成果及发展趋势，探讨了动能转换、创新发展、政策体系及制度环境等重大问题，对于促进技术经济学理论创新具有重要意义，在推动学科建设方面发挥了重要作用。

新时代，经济社会的发展对技术经济学提出了新的挑战，技术经济学面临新的任务和使命，学科的发展也面临重大机遇，需要新一代的技术经济学研究者不断实现理论与方法创新，才能适应新时代的要求，为新时代的发展做出更大的贡献。

第二节　技术经济学发展展望

一　中国技术经济学具有广阔的发展前景和强大生命力

技术经济学是技术学与经济学之间的交叉学科，是应用经济学的一个分支。技术经济学是应用理论经济学的基本原理，研究技术领域的经济问题和经济规律，研究技术进步与经济增长之间的相互关系，研究技术资源的最佳配置，寻找技术与经济的最佳结合，以求实现经济的高质量发展。

技术经济学在中国的诞生和发展不是偶然的，有其深厚的理论根源和现实基础。技术经济学生命力的最深厚的根源，在于中国经济发展现实涌现的大量技术经济问题，及其对解决这些问题所需要的技术经济理论方法的需要。20世纪"一五"期间大规模经济建设期间如此，改革开放以后中国经济持续高速增长时期更是如此。党中央提出落实科学发展观、转变经济增长方式、提高自主创新能力、建设创新型国家等战略任务和目标，经济建设中出现了大量新的技术经济问题，需要我们面对和研究。从长远说，生产是人类生存的必要条件，技术是生产的基础，技术进步是人类永恒的主题，与其伴随的技术经济和技术进步理论研究也会长久地存在下去。

党的十八大以来，习近平总书记把创新摆在国家发展全局的核心位置，高度重视科技创新，围绕实施创新驱动发展战略、加快推进以科技创新为核心的全面创新，提出一系列新思想、新论断、新要求。

习近平总书记指出："我国经济总量已跃居世界第二位，社会生产力、综合国力、科技实力迈上了一个新的大台阶。同时，我国发展中不平衡、不协调、不可持续问题依然突出，人口、资源、环境压力越来越大。"①"我们必须及早转入创新驱动发展轨道，把科技创新潜力更好释放出来。"②习近平总书记强调："我国创新能力不强，科技发展水平总体不高，科技对经济社会发展的支撑能力不足，科技对经济增长的贡献率远低于发达国家水平。"③"我们必须把创新作为引领发展的第一动力，把人才作为支撑发展的第一资源，把创新摆在国家发展全局的核心位置。"④

紧密结合中国经济发展的实际，落实习近平总书记的重要论述，研究和解决新时期中国技术经济问题，不断完善和发展技术经济学理论和方法，是中国技术经济学界面临的光荣使命。

二 建设项目评价应在新形势下不断深化和拓展

中国当前建设项目投资，出现一些新的特点：超大型、巨型项目增加，大型公共建设项目增多，海外投资项目数量增加、规模扩大，高新技术项目增多，尖端科技项目出现，对项目的环境、资源、社会效益要求更加严格，等等。这就要求项目评价理论方法向深度和广度拓展。

近年来，一些超大型甚至巨型项目，投资巨大，投资回收期

---

① 《习近平：敏锐把握世界科技创新发展趋势 切实把创新驱动发展战略实施好》，《人民日报》2013年10月2日第1版。

② 同上。

③ 《在党的十八届五中全会第二次全体会议上的讲话（节选）》（2015年10月29日），《求是》2016年第1期。

④ 同上。

很长，该如何平衡其项目短期收益与长期收益，项目效益和宏观效益，如何确认回收期的合理性？对大型公共建设项目，如何评价其必要性，如何平衡其社会效益和经济效益，提高决策民主化、科学化水平？对高新技术项目和尖端技术项目，如新一代信息技术、新材料、新能源、人工智能项目，如何评价其技术的可行性，如何预测市场前景和预期项目收益，如何确认项目的必要性，如何确定合理的投资额，如何评价项目效益？如何加强建设项目的环境、资源、社会效益评价？所有这些，亟待项目评价理论方法的深化和完善。

随着中国经济实力的增强，越来越多的企业走出国门，开始对外投资尝试。这其中，有很多成功的经验，也有不少失败的教训。特别是随着"一带一路"倡议的推进，大量基础设施项目沿"一带一路"沿线国家开展。对外投资项目、对外并购项目、海外中资项目、跨国合作项目等大量出现，这为对外投资项目的评价提出了新的课题。如何评价投资环境和风险，如政治风险、经济风险、外汇风险，考虑当地的法律环境和文化因素，预测项目成本和收益，都需要项目评价理论方法的拓展和创新。

三　围绕创新型国家建设，深入技术进步、技术创新理论研究

中国的产业技术基础，70年前在一穷二白的基础上起步，20世纪50年代打下初步基础，80年代以后几轮大规模技术引进，取得长足进步，部分产业技术达到国际水平。2010年，中国制造业总产值在世界制造业总产值中占比达到19.8%，超过美国的19.4%成为世界第一制造业大国。2015年，中国制造业总产值占世界的比重已达22%，自此以后，连续多年稳居世界第一。在一些领域，已达到世界先进水平，开始和世界领先企业比肩并进。

当今时代，中国经济和世界经济都正在面临着第四次工业革命

和全球化的崭新挑战，技术进步对推动经济增长起到了关键性作用[1]。以互联网、大数据、人工智能为代表的新一代信息技术蓬勃发展，呈现数字化、网络化、智能化的发展特点，对各国经济发展、社会进步、人民生活带来重大而深远的影响。

中国经济，已经在世界舞台上举足轻重。但是总体而言，大而不强。多数产业技术水平，与世界先进水平还有差距。很多产业的技术引进之路已经走到尽头，一流技术不可能买到。从中国制造走向中国创造，从技术引进走向自主研发，建设创新型国家，是历史的必然。在面临全球经济技术竞争的背景下，我们必须下决心自主研发，艰苦奋斗，全面提升我国产业技术水平，使我国经济真正做大做强。

2013年7月17日，习近平总书记在中国科学院考察工作时指出："党的十八大提出实施创新驱动发展战略，强调科技创新是提高社会生产力和综合国力的战略支撑，必须摆在国家发展全局的核心位置。我们要实现全面建成小康社会奋斗目标，实现中华民族伟大复兴，必须集中力量推进科技创新，真正把创新驱动发展战略落到实处。"[2]

全面推动我国经济的技术进步，首先，要在尖端技术领域有所突破，把关键领域的关键技术掌握在自己手里，把握高技术发展的主动权。其次，要用高新技术改造传统产业，全面提升传统产业的技术水平，做强传统产业。最后，关注民生领域和中小企业的技术改造和技术升级，大力提高产品质量，满足"人民日益增长的美好生活需要"。这方面，我们以往比较薄弱，今后有待加强。

建设创新型国家，是一项长期艰巨的任务。创新型国家的建设

---

[1] 蔡昉：《经济学如何迎接新技术革命？》，搜狐网，http://www.sohu.com/a/321951812_739032。

[2] 《在中国科学院考察工作时的讲话》，人民网，http://theory.people.com.cn/n1/2016/0303/c402884-28168984.html。

首先需要体制机制和良好的支持环境来保证。我们的社会主义市场经济体制已基本形成，但还不完善。科技体制改革、企业改革进程大半，但科技、经济有机连接、顺畅运行的局面还未完全形成。特别是广大中小企业，技术能力不足，管理水平较低，竞争力不强，自主创新之路还需努力。这些都要认真研究，厘清事实，发现问题，寻求解决之道。

技术进步总要落实到各个行业上。目前中国各行业的技术水平总体上与国际先进水平仍有相当差距，真正掌握核心技术、具有持久竞争力的行业、企业还不多，各个行业的情况又千差万别，都要逐一厘清，探索各个行业的创新之路。特别要在资源、环境的刚性约束下，适应节能减排、循环经济、可持续发展要求，探索各个行业的技术进步之路。这方面的研究还比较薄弱，还要努力加强。

推动新时期中国经济的全面技术进步，是中国技术经济学界的繁重而光荣的使命。我们必须紧密联系实际，深入研究全面推进我国技术进步的战略、路线，改进完善技术创新体制机制，完善技术创新的政策体系，为全面实现创新型国家做出自己的贡献。

四　加强全球视角下的技术经济研究

我们正进入一个新的历史时期。在经历了有限对外交流、对外开放、走出国门之后，中国正和平崛起成为世界大国，正全面融入世界，成为世界的中国。对此，我们要充分认识，从容应对。

我们的技术经济研究，要实现根本性的视角转变，从局限国内、目光向外，转移到放眼全球。我们的所有研究领域，都要转移到国际视角下重新审视。中国的技术和产业系统，是国际技术和产业系统中的一个子系统，是国际技术进步和国际技术运行中的一个环节。任何产业的技术进步研究，都应搞清我们在国际技术和产业系统中的地位和作用，都应探求在国际技术进步轨迹上运行、升级的途径。

同时，我们要关注全球性的技术经济问题。要仔细研究各个产业链的来龙去脉，演变趋势。运筹帷幄，未雨绸缪，在世界经济技术发展的大局中，更加主动地规划我国产业发展方向、发展策略和发展重点，优化我们的产业结构和技术结构。

五 技术经济学应充分发挥决策支撑作用

技术经济学是在中国经济社会实践中发展起来的特色学科，也是典型的应用型学科。从技术经济学的诞生开始，就开始为大型项目建设提供评价理论和评价方法。从"一五"计划时期的156个工业建设项目，到20世纪80年代的宝山钢铁工程、三峡水利工程的技术经济论证，到90年代的西部大开发建设、京沪高速铁路项目、南水北调工程的技术经济论证，到21世纪的京津冀协同发展、雄安新区建设等重大项目的评价，技术经济研究为我国大型建设项目提供了评价理论和方法，一大批技术经济工作者为党和国家提供了大量的研究报告和政策建议，对中国科技和经济事业的发展产生了极其深远的影响。技术经济学充分发挥了咨政建言、理论创新、社会服务的重要功能，为中国特色社会主义建设提供了重要决策支撑。

新时代，我们要勇立时代潮头，立足科技与经济发展的前沿，继续发挥技术经济学的学科优势，为国家科技发展与经济决策提供理论与方法支撑，争取为中国特色社会主义建设做出新的更大贡献。

六 加强技术经济人才队伍建设

技术经济学在中国的发展，经历了20世纪50年代到60年代的初创，和80年代以后的恢复和发展，已经形成了相当规模的技术经济人才队伍，包括理论工作者和实际工作者，分布在研究机构、大专院校、政府部门、咨询机构、设计机构和各类企业。中国技术经济学的发展历史，也经历了三代人的前赴后继的努力。第一代技术经济专家创下了技术经济学这份家业。他们大都已离我们而去，但他们鞠躬尽瘁的奉献精神、严谨的治学态度和广博的学识，给我们留下了宝贵的财富。第二代技术经济专家将技术经济学发扬光大。他们中的一些人仍老骥伏枥，耕耘不止。新一代技术经济学人已经拿过接力棒，成为当今技术经济学研究的中坚。几代人的努力，创造了技术经济学的辉煌。

今天技术经济学的发展也面临着一些问题。最主要的，首先是与中国技术经济实践的要求还不适应。中国的经济发展和技术进步，提出了大量的技术经济问题，对我们提出了严峻挑战，这是技术经济学发展的动力。中国经济走入世界，以及建设创新型国家战略的确立，是技术经济学发展的机会。中国技术经济学人应该抓住机会，砥砺前行。

其次是研究队伍分散，组织性不强，各自为政，重复研究，力量分散，相互之间的交流也不够。同时，中国技术经济学研究也存在人才不足、人才层次结构不合理、缺少复合型人才等问题，不能满足学科的发展需要。针对这些问题，应该提高这支队伍的组织程度，扩大交流协作，整合研究领域，组织重大现实和理论问题的研究，推出有分量的研究成果，在学术实践中涌现学科带头人，促进学科更大发展。

第二章
技术经济学理论体系研究

　　技术经济学是具有中国特色的应用经济学的一个分支。它是从苏联引进，在中国经济建设和社会经济发展的实践中，经过不断总结和吸收国内外相关学科的理论与方法，逐步发展成为跨技术学科和经济学科的新兴综合性交叉学科。

　　技术经济学是一门处于发展过程中的学科。由于在经济建设各时期所面临的任务和问题不同，技术经济学的研究对象和范围在发展和变动，对技术经济学内涵与外延的认识也在不断拓展和深化。概括来说，技术经济学旨在探索技术发展的经济规律，经济发展的技术规律，技术与经济相互作用、相互影响、更好结合、协调发展的规律，目标是取得更好的经济效益、环境效益和社会效益。经过70年的发展，技术经济学已经初步形成了具有中国特色的理论架构和方法体系。

第一节　技术经济学理论体系的演变

　　关于技术经济学的理论基础，学术界历来存在着不同的看法，学者们对技术经济学理论基础问题的讨论一直在持续。事实上，从技术经济学在中国发展的历史来看，其理论基础并不是固定不变的，而是随着经济体制改革的深入、学科内容体系的扩展不断发展变化的。

一 初步建立时期的理论基础：1949—1980 年

早在 20 世纪 50 年代中国第一个五年计划展开大规模经济建设期间，中国就开始运用技术经济论证方法对项目的综合经济社会效益及可行性进行论证评估。20 世纪 50 年代初期，中国正处在计划经济时期，在积贫积弱的基础上开始大规模经济建设，苏联专家在指导 156 个重大项目建设时，带来了全套经济计划方法，也带来了技术经济分析、工程经济理论和方法。在技术经济学的初创期，中国学习苏联的经验，开展了对大型建设项目进行技术经济论证的工作，指导经济实践的基本经济理论主要基于苏联的马克思主义政治经济学。当时，技术经济学是以马克思的剩余价值理论和扩大再生产理论为理论基础，对国民经济发展中涉及的技术与经济问题进行研究；项目评价方法主要是以经济效果理论为基础；技术经济的理论主要是指微观的应用理论。需要指出的是，在技术经济学的创建期，也涉及生产率理论，主要是传统的劳动生产率理论。

二 引进时期的理论基础：1980—1990 年

20 世纪 70 年代末 80 年代初，随着中国经济的对外开放，在西方发达国家应用了 40 多年的投资项目决策工具——可行性研究开始引进中国。1981 年中国组织力量对大型建设项目经济评价的基本理论和方法论进行研究，在理论研究的基础上，借鉴吸收国外的有益经验，结合中国的实际情况，制定出一套科学的项目经济评价程序、方法和指标等，并首次颁布了各类经济评价所用的国家参数，其中大量参数的测定走在了世界前列。这一时期，项目评价研究工作进展迅速，项目评价的主要理论基础是时间价值理论、费用效益理论等。

改革开放以后，技术经济学科摆脱了"文革"时期停滞不前的局面，进入快速发展期。进入20世纪80年代后，中国改革开放的力度逐渐加大，经济体制的改革方向也逐步向市场经济过渡。作为社会科学的技术经济学，其研究逐步适应这种社会实践的需要，引入国外相关学科的理论成果成为技术经济学发展的必然趋势。技术经济学者不仅积极吸收西方经济学中的微观经济理论，而且也吸收了大量的宏观经济理论，不断丰富技术经济学的理论体系。20世纪80年代，随着西方经济学思想和成果在中国的传播，技术经济学领域的学者们不断从国外引进基础理论，如技术进步理论、技术转让理论、技术评价理论、技术转移理论、技术创新理论等已经成熟的理论，在对原有基础理论不断加强研究的同时，也开始涉猎新的理论研究，包括技术选择理论、技术能力理论、技术扩散理论、技术进化论和技术溢出理论等，这极大地丰富了中国技术进步的理论研究。改革开放初期的技术经济学，其理论基础既有马克思主义政治经济学理论，又有西方经济学的理论。

三 应用于发展实践时期的理论基础：1990—2000年

随着国家在经济体制诸多方面的改革进一步深化，中国经济和社会都发生了很大变化，社会主义市场经济体制初步建立，市场机制已在相当程度上取代了计划指令在资源配置中的基础性作用，原有的经济评价方法与参数在实践中遇到一些新问题，特别是1992年9月1日，国家物价局宣布将571种产品定价权交给企业，22种产品价格下放给省级物价部门，代表价格双轨制走向了尾声。为此，1993年，国家计委和建设部组织专家对大型建设项目经济评价方法与参数进行了补充和修订，制定了更接近市场的、更符合市场化要求的大型建设项目经济评价方法与参数，费用效益理论仍是此阶段项目评价的重要理论基础，项目评价从静态评价和动态评价相结合转向了以动态评价为主的阶段。

进入20世纪90年代以后，技术经济学界的注意力转移到应用研究领域，而且所涉猎的领域越来越广泛，技术创新理论、技术外溢理论、实物期权理论、高新技术产业化发展等理论逐步充实技术经济学的理论。学者们在技术经济学著作中先后提出了经济效益理论、微观评价原理、宏观评价原理、风险理论、决策理论、技术进步理论、技术创新理论、技术评价理论、技术选择理论、资源有效利用理论、生产力与再生产理论等理论及其应用于中国的实践研究等。特别是由于中国加大了改革力度，国有企业大规模裁减在岗职工，企业的技术进步和技术效率得到较大的提升，加上中国高新技术产业的快速发展，促进了传统产业的改造，整体上提升了技术进步的水平，经济增长质量不断提高，技术进步对经济增长的贡献率处于较高水平。运用技术进步与经济增长之间的机理，分析中国经济发展源泉的实证研究开始兴起。

国内的国家创新体系研究始于20世纪90年代中期。1997年年底，中国科学院向中央提交的《迎接知识经济时代，建设国家创新体系》的研究报告得到中央领导的高度重视，揭开了国内对国家创新体系研究的序幕。在这一时期，企业制度和产权制度进一步改革，突出了企业的技术创新模式，强化了企业的创新功能。近年来，我国学者加强了对国家创新体系的理论研究和分析。陈劲、李飞（2011）结合生态系统理论，从生态物种进化视角重新审视国家创新体系，阐述了国家技术创新体系中生存、演化和优化的三阶段创新发展机理，丰富并完善国家创新体系的研究。[①] 吴晓园、许明星等（2011）从演化经济学的视角出发，用动态的观点探析国家创新系统的层级结构、功能及层次之间的作用机理，而后分别从企业、区域与国家三个层级进一步考察新技术的产生、发展、改进和扩散的演化过程，指出层级间个人或集体行为有机联系并相互作用，使国家

---

① 陈劲、李飞：《基于生态系统理论的我国国家技术创新体系构建与评估分析》，《自然辩证法通讯》2011年第1期。

创新系统有效运行。① 盛四辈、宋伟等（2012）通过对国家创新体系这一理论的文献综述，在构建具有我国特色的自主创新战略群的基础上，从系统演进的动力学机制视角对我国国家创新体系的发展进行了研究，并在理论分析的基础上对影响我国国家创新体系演进的重要参量进行了协整分析、格兰杰因果分析，分析了我国国家创新体系发展中的主要问题。② 李中国、皮国萃（2012）在对近年来国内外有关国家创新体系的研究进行了系统的梳理后，概括出国家创新体系研究的若干发展趋势，包括：在全球化背景下探究国家创新体系，将国家创新体系进一步分解为区域创新体系和部门创新体系，通过建构模型推动国家创新体系理论的发展，关注高度发达的工业化国家之外的国家的创新体系，重视对不同国家的国家创新体系绩效的比较研究，以及探讨高等教育与国家创新体系之间的关系和交互作用。③ 李平、蔡跃洲（2014）对国家创新体系概念的提出和发展完善过程进行了回顾，提出国家创新体系的定位基本是由各种制度和不同主体共同构成的、通过动态互动促进技术创新的复杂社会系统，而着眼于国家创新体系，从系统论角度研究创新活动开展以及创新能力影响因素，就形成了一种新的创新理论框架，即"国家创新体系理论"。④ 田浩（2017）从中观视角对国家创新体系的结构与功能进行分析，为国家创新政策制定提供一定的理论依据。⑤ 眭纪刚（2019）对创新体系理论及其在中国科技体制改革中

---

① 吴晓园、许明星、钟俊娟：《基于演化经济学的国家创新系统层级研究》，《技术经济与管理研究》2011 年第 7 期。
② 盛四辈、宋伟、翁磊：《系统论视角的我国国家创新体系理论模型构建与实证研究》，《中国科技论坛》2012 年第 4 期。
③ 李中国、皮国萃：《国家创新体系研究：进展与趋势》，《科技管理研究》2012 年第 23 期。
④ 李平、蔡跃洲：《新中国历次重大科技规划与国家创新体系构建——创新体系理论视角的演化分析》，《求是学刊》2014 年第 5 期。
⑤ 田浩：《国家创新体系：从概念到研究方法》，《兰州学刊》2017 年第 6 期。

产生的作用进行了系统的研究和回顾，明确了国家创新体系理论对中国科技体制改革和科技创新发展的指导意义。[①] 从总体上来讲，上述关于国家创新体系理论的研究都没有超过纳尔逊、朗德沃尔和弗里曼的研究范畴。

四　创新发展时期的理论基础：2000 年至今

21 世纪以来，自中国加入世界贸易组织后，中国对外开放迈出关键一步，逐步全面融入国际经济技术竞争。[②] 随着中国在投融资、金融、财税、外贸等领域出台了一系列重大改革措施，投资环境发生了深刻变化。为保证项目评价工作能够适应经济发展的需要，保障决策的科学性，2006 年，国家发改委和建设部颁发了《建设项目经济评价方法与参数》（第三版），增加了大型建设项目对地区、区域经济和宏观经济影响进行分析的内容，设定了特大型项目的评价指标和分析方法体系。此阶段区域发展理论和福利经济学理论开始引进，丰富了项目区域影响评价的理论基础。

2006 年 1 月，胡锦涛同志在全国科技大会上宣布中国未来 15 年科技发展的目标；2006 年 2 月，国务院发布《国家中长期科学和技术发展规划纲要（2006—2020 年）》，提出到 2020 年建成创新型国家的战略目标，技术经济领域的学者围绕创新型国家内涵、特征以及测度，国家创新能力、创新绩效以及国家创新体系等研究不断拓展深入。

近 10 年来，中国处于经济社会转型发展的关键历史时期，既处于未来科技革命和产业变革的发展机遇期，又正面临经济步入新常态，结构性问题突出，资源、能源和环境压力增大，科技创新的全

---

① 眭纪刚：《国家创新体系理论对中国科技体制改革的驱动作用》，《经济导刊》2019 年第 4 期。

② 刘满强、陈平：《技术经济学：回顾与展望》，《技术经济与管理研究》2010 年第 3 期。

球化竞争等战略性挑战。新的具有全局性、战略性、长期性、前瞻性的重大技术经济问题层出不穷，如何加快转变经济发展方式，加快经济结构优化，尽快走上创新驱动、内生增长的轨道，突破资源、环境的刚性约束，提高中国经济发展质量和效益；如何建设创新型国家，提高可持续发展能力，实现从中国制造向中国创新飞跃，这些都为技术经济学研究提出了新的任务和课题，同时也促进了技术经济学理论基础的深化和拓展。具体表现在：一是技术进步、技术创新与经济增长的机理研究成果丰富且不断深化，技术创新与转变经济增长方式的关系的分析也逐渐增多。二是随着建设创新型国家和创新驱动发展战略的提出，有关创新型国家和创新驱动发展战略的内涵、特征、机理等的相关研究不断开拓和深化。三是项目评价理论研究逐步成熟和规范。项目评价指标体系不断深化和精炼，系统性、综合性和可操作性有所加强，项目评价理论研究的拓展为重大项目的决策提供了分析的依据。四是创新与创业管理研究迅速崛起，成果迅速积累。创新研究在创新能力的影响因素分析、创新能力的评价体系、知识管理、创新集群、创新网络和创新系统研究、共性技术、创新平台和创新扩散等领域的理论研究发展迅速。创业网络的研究主要围绕资源视角、关系视角、认知视角及动态演化等方面展开。在创业机会研究领域，主要围绕社会网络视角、个体认知视角、创业者特质视角和机会等的相关理论研究逐渐兴起。

第二节 技术经济学的主要研究对象和主要理论流派

一 技术经济学的主要研究对象和研究领域

技术经济学以技术变化和经济发展的相互关系为主要研究对象，其根本任务是为中国经济建设实践服务，是经济建设科学决策的主要工具之一，其研究成果为各层级的技术经济决策提供理论和方法论支撑。中国技术经济学的创立和发展是基于对忽视技术发展的经济规律的批判,对技术活动及其发展规律的经济学分析,一直都是中国技术经济研究学者关注的重要研究领域,而且偏重应用性和对实践的具体指导。

技术经济学的研究领域,按其研究的层面可包括:建设项目的技术经济问题,企业层面的技术经济问题,产业、地区层面的技术经济问题以及宏观经济层面的技术经济问题;按其研究的内容包括项目评估、各层面的技术经济问题、技术进步、技术创新、生产率分析、科技政策、科技发展战略、技术预见、价值工程等领域的技术经济分析等。

在企业层面,技术经济学科主要关注的是企业技术创新管理、技术过程管理、知识产权管理、创新产权的有效配置等。在产业层面,技术经济学科主要关注的是竞争前技术预测与选择、行业共性关键技术、产业技术创新与技术扩散、产业技术标准战略、产业技术升级的路径与战略、高新技术创业管理等。在国家层面,技术经济学科主要关注的是"跨越式发展"的国家技术战略和技术创新战略,国家技术创新体系的机制与建设,基于国家经济安全的科技安全、信息安全等问题。[①]

21 世纪以来中国经济社会发展的新形势进一步拓展了技术经济学的发展空间,同时也为今后学科的完善指出了新的方向,具体体现为以下方面:第一,转变发展方式、建设创新型国家的时代要求,使得自主创新成为学科重要研究领域。第二,以节能减排、环境保护为核心的绿色创新是当前及未来技术经济研究的重要领域。第三,循环经济作为绿色创新实践的具体模式和绿色发展的具体实现形式,也已成为技术经济的重要研究对象。第四,全球经济一体化背景下国际技术转移、扩散呈现新的特点,其中的机遇与挑战并存,如何应对国际技术转移可能遭遇的新障碍,合理利用国际规则,提升国

---

① 傅家骥、程源:《技术经济学前沿问题》,经济科学出版社 2003 年版。

家整体技术水平已经成为当务之急,也应成为未来技术经济学的研究对象。[①] 第五,国家间的科技创新竞争态势逐渐激烈,技术预见、应对百年未有大变革背景下的科技发展战略规划、颠覆性创新对新兴产业的发展影响等领域也日益成为技术经济学研究的重点领域。

二 技术经济学的主要理论流派

中国学者对技术经济理论基础的研究多散见于教材和少量专著中,而专门的学术论文较少。在教材和专著中,对技术经济理论基础进行研究比较有代表性的教材有:《论社会主义生产中的经济效果》,于光远,1978 年;《技术经济学概论》,徐寿波,1980 年;《技术经济学》,吴岐山等,1986 年;《技术经济理论与方法》,李京文,1987 年;《工业技术经济学》,傅家骥,1986 年;《技术经济学》,许晓峰,1996 年;《技术经济手册》(理论方法卷),李京文、郑友敬等,1990 年;《技术经济学》,陶树人,2003 年;《技术经济学概论》,吴添祖,1998 年;《技术经济学》,武春友等,1998 年;《技术经济学前沿问题》,傅家骥等,2003 年;等等。

迄今为止,关于技术经济学的学科定义和理论可以归纳为以下四个流派。

1. 计划—效果学派

代表人物是徐寿波。该学派认为从广义上来看,技术经济学中的技术是"包括劳动工具、劳动对象和劳动者的劳动方法技能等内容的总称",而经济的含义是指"节约"。[②] 因此,"广义的技术经济学,也可以说是生产与生产力节约学"。"技术经济研究的对象是技术经济问题","由于各种技术经济问题大都是以各种技术政策、技术措施和技术方案的经济效果形式出现,所以各种技术政策、技

[①] 蔡跃洲:《技术经济方法体系的拓展与完善——基于学科发展历史视角的分析》,《数量经济技术经济研究》2011 年第 11 期。

[②] 徐寿波:《技术经济学概论》,上海科学技术出版社 1980 年版。

措施和技术方案的经济效果也就构成了技术经济学的研究对象"。"具体地说，就是研究技术的经济效果问题，或者说是技术的可行性和经济的合理性问题。"[①] 需要特别注意的是，在徐寿波（1980、1986）建立的技术经济理论框架里，所说的"经济效果"指的是国民经济层次的宏观经济效果，至于企业或项目的经济利益（包括经济损失）则忽略不计。1984 年、1986 年和 1988 年，徐寿波在《技术经济学》中先后提出了八个技术经济学理论：技术经济比较原理、技术经济效果原理包括技术经济矛盾统一原理、经济效果指标原理、经济增量原理、时间效应原理、供求效应原理、系统相关原理、六力替代原理。

1984 年，吴岐山在其主编的《技术经济学》一书中指出："技术经济的基本原理，揭示着技术经济领域中一些基本的规律性问题。"吴岐山认为，这些基本原理包括：一是科学技术要密切结合生产，不断提高劳动生产率；二是技术经济的不平衡性；三是技术经济的可比性、包括产品质和量的可比规范、时间动态的可比原理、成本效益的比较原理、系统分析原理、技术经济社会协调发展原理。

许质武（1993）探讨了技术经济学的基本理论体系[②]。许质武认为，技术经济学的基本理论体系可以概括如下：一是技术和经济相互关系原理；二是技术进步原理；三是经济效益及其评价原理；四是技术进步与经济效益关系原理；五是技术经济分析的可比性原理；六是资金时间价值和资金等值换算原理；七是市场供求原理和规模经济原理等。李纯波（1987）讨论了技术经济学基本理论的构成问题[③]。他认为技术经济学基本原理主要有四个：一是技术与经济发展的杠杆性原理，即技术属于生产力范畴，是提高劳动生产率，

[①] 徐寿波：《技术经济学》，江苏人民出版社 1986 年版。
[②] 许质武：《技术经济学内容体系及发展趋势探析》，《数量经济技术经济研究》1993 年第 1 期。
[③] 李纯波：《技术经济学原理》，《冶金经济分析》1987 年第 1 期。

扩大经济效果的强大动力，对促进经济发展起着杠杆性作用。二是技术与经济发展的不确定性原理，即技术手段的先进性与经济效果的最佳性，二者之间是一种不确定的关系。三是技术与经济发展的可替代性原理，即就一定时间与一定条件而言，为实现某一确定指标的产品（或工程项目）技术与经济的关系存在不同程度的可替代性。四是技术与经济发展的不平衡性原理，即对任何经济区域或经济单位，在制定一切经济发展规划与确定技术开发方向时，技术与经济的关系有如下规律：各地区资源条件的不平衡，资源利用时间的不平衡以及产品需求目标的不平衡，从而决定技术开发方向也必然是不平衡的。①

2. 关系—效果学派

代表人物是李京文、郑友敬。该学派认为经济是"社会生产和再生产过程，即包括生产、分配、交换和消费的社会经济活动"，认为"技术经济学的研究对象主要是技术和经济的关系，是技术与经济之间的最佳结合及其运行规律，其目的是求得最佳经济效果"。②"在技术与经济的关系中，经济居于支配地位，技术进步是为经济服务的。技术作为人类进行生产斗争和改善生活的手段，从它的产生就具有明显的经济目的，因此，任何一种技术，要推广应用，首先必须考虑其经济效果问题。""经济发展是技术进步的起因、归宿和基础。"郑友敬（1985）的见解是"技术经济学是立足经济，寻求技术与经济的最佳关系，寻求它们协调发展的规律，研究各种不同技术赖以生存的条件，并通过技术比较、经济分析和效果评价，确定技术先进、经济合理的最优经济界限"。③该学派拓宽了技术经济学的研究内容，将技术进步的经济学规律等纳入研究视野。郑友敬

---

① 李纯波：《技术经济学原理》，《冶金经济分析》1987年第1期。
② 李京文：《技术经济的过去、现在和未来》，《数量经济技术经济研究》1987年第1期。
③ 郑友敬：《技术经济基本理论与分析方法》，中国展望出版社1985年版。

(1995) 指出，技术经济学在理论研究上涉及十个方面：一是对经济效益理论的研究；二是对技术进步理论的研究；三是对技术选择理论的研究；四是对技术转让理论的研究；五是对技术经济评价理论的研究；六是对技术经济比较理论的研究；七是对技术经济决策理论的研究；八是对时间价值理论的研究；九是对生产率理论的研究；十是对人力资源开发与利用的研究。①

孙续元（2001）指出，技术经济学基本原理部分的基础来自经济效益论，具体内容包括经济效益的科学概念及表示方法研究，经济效益的最佳标准、指标及指标体系的设计研究，评价及评价方法的研究、指标算法的研究等。② 他认为，技术经济学的基本理论包括两大类，一是技术经济学基本理论的实体理论是建立在技术管理研究及技术创新研究上的，主要包括技术进步理论、技术选择理论和技术转让理论。二是技术经济学基本理论的分析理论是建立在经济分析理论的基础上的，主要包括技术经济比较理论、评价理论、决策理论及时间价值理论。

3. 技术资源最优配置学派

代表人物是傅家骥、吴贵生等。该学派认为"技术经济学是一门研究如何最有效地利用技术资源促进经济增长规律的科学。它的理论基础是经济增长理论"。③ "在现代社会里，技术已成为一种以知识为基础的再生资源，而且在再生过程中可以不断进步。但是，相对于社会的需求来说，技术不论在质量上还是在数量上都是有限的。因此，我们任何时候都无法解决技术资源的稀缺问题。我们所能做到的，仅仅是如何最有效地利用它，这是技术经济学所要研究的基本问题。"因此，"技术经济学是研究如何最有效地利用技术资

---

① 郑友敬：《技术经济学的发展回顾与趋势展望》，《数量经济技术经济研究》1995 年第 6 期。

② 孙续元：《技术经济学理论的构建、发展与前瞻》，《经济评论》2001 年第 3 期。

③ 傅家骥、吴贵生：《技术经济学》，中国经济出版社 1987 年版。

源，以促进经济更有效地增长的科学。它属于经济学范畴，是一门应用经济学"。有效利用资源，促进经济增长，就是要在微观上提高资源使用效率，从而在宏观上建立资源优化配置。"主要因素是宏观而不是微观。"技术经济学的根本任务是探讨技术资源优化配置的理论与方法，揭示技术资源配置与经济增长之间存在的关系及其运动规律。[①]

张文泉（1994）提出技术经济学有十大基本原理：一是供求动态平衡原理；二是综合效益原理；三是资源最优配置原理；四是和谐原理；五是生产要素替代原理；六是优化原理；七是可比性原理；八是标准化原理；九是时间效应原理；十是层次原理。[②]

4. 投入产出转换效率学派

代表人物是钟学义、李平等。该学派是从技术经济学作为经济学分支的观点来定义技术、技术进步和技术经济学的概念，认为经济活动中投入产出过程达到均衡或平稳状态时投入与产出之间的转换过程就称为技术。基于技术的这种定义，投入与产出之间的关系就可以作为技术关系来描述，从而可以用经济函数（生产函数、成本函数、价格函数等）、投入产出表或者费用与效益之间的关系来描述技术的作用。该学派认为，从经济学的观点来看，当单位投入量对产出的贡献增加时，其增加部分就是技术进步，也就是说只要单位投入的产出量增加了，就有了技术进步。因此，投入产出过程转换效率的提高就是技术进步。因而，经济学中研究的技术进步实际上是指产出增长中扣除因劳动投入和资本投入（依原来的技术进步水平而言）增加的作用之后，所有其他因素作用的总和。即，除劳动投入和资本投入增加使经济产出量增长之外，其他使经济增长的所有因素均为技术进步。"技术的进步"是技术进步的基础，但不是

[①] 钟学义、陈平：《技术、技术进步、技术经济学和数量经济学之诠释》，《数量经济技术经济研究》2006年第3期。

[②] 张文泉：《关于技术经济学发展的思考与探讨》，《技术经济》1994年第Z1期。

技术进步的全部内容。该学派认为，技术经济学就是研究经济活动达到均衡或平稳状态时投入与产出之间转换效率的科学。

赵树宽、赵英才（1996）撰文讨论了技术经济学的基本原理包括技术的经济效果原理，技术的社会效益原理，技术的可行性原理，科技是第一生产力原理，技术与经济相关性原理，技术进步与经济增长原理，技术、经济、社会协调发展原理。赵树宽、赵英才还指出，上述原理只能是技术经济学原理体系中的一部分，并且是不系统的。随着技术经济学研究的深入，新的基本原理将会不断被发现，旧的原理可能因实践的发展而被淘汰。[①]

也有一些学者对技术经济理论有更为宽泛的总结。例如赵国杰（1996）指出，技术经济学的理论基础是多学科的，即包括技术学原理、经济学原理、生态学原理、社会学原理和价值理论（文化学原理）。[②] 井浩涌等（2002）指出，技术经济学的理论基础包括剩余价值理论和扩大再生产理论、边际效用理论和边际生产力理论、产权经济理论、历史上关于科学技术发展及其作用的理论。[③] 此外，张金锁（2001）提出了区域增长极发展模式，[④] 彭建刚（2003）提出了（实物）期权评价决策原理。[⑤]

综上所述，可以看到几种有代表性的技术经济学定义均认为技术经济学的核心方法是费用效益分析，技术经济学的理论基础是马克思的扩大再生产理论和福利经济学。

三 技术经济学的学科定位

任何一门学科在研究自己的特定对象时都有必要借鉴吸收其

[①] 赵树宽、赵英才：《技术经济学研究对象的探讨—技术经济学学科体系研究之一》，《技术经济》1996 年第 4 期。

[②] 赵国杰：《技术经济学》，天津大学出版社 1996 年版。

[③] 井浩涌、陈立新等，《技术经济学》，北京交通大学出版社 2014 年版。

[④] 张金锁：《技术经济学原理与方法 第 2 版》，机械工业出版社 2001 年版。

[⑤] 彭建刚：《技术经济学》，西南财经大学出版社 2003 年版。

他学科的相关知识，完成对自己的特定对象的研究。技术经济学亦如此，根据技术经济学的研究内容，其研究的领域涉及经济学、科学学、技术学、工程学、社会学、哲学等。在进行技术经济研究时，除需要经济科学知识外，往往还涉及技术自然属性的研究，这反映了技术经济学的特点，即反映了技术科学与经济科学之间的相互渗透、交叉和联系。技术经济学和相关学科的交叉和联系并不能改变技术经济学的经济学科性质，技术经济学的学科性质属于经济学。

一门学科的理论基础是由该门学科的性质决定的。如认为技术经济的学科性质是交叉科学或综合科学，则其理论基础是自然科学、技术科学和经济科学。如认为技术经济学的学科性质属于经济学，技术经济学的理论基础则是经济科学。

技术经济学是一门技术学和经济学相结合的交叉学科，属于应用经济学的一个分支。技术经济学的理论属于应用经济学范畴的重要依据是技术经济学的理论和方法在学术思想上具有完整的应用经济学的思想和特征。应用经济学是一个相对于理论经济学而存在的广义概念，是指直接服务于生产或其他社会经济实践的经济科学，包括应用理论和应用技术，它以理论经济科学成果为理论基础，同时也为理论经济科学提供新的研究课题和研究手段。

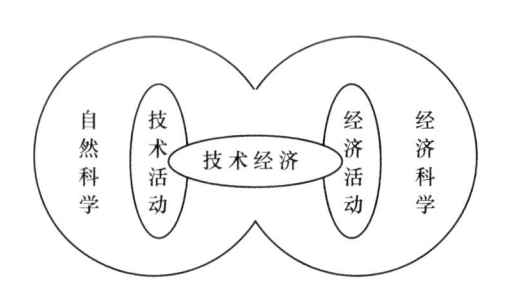

图2—1 技术经济学科的定位

第三节　技术经济学重点研究领域的理论基础

按照技术经济学的研究对象和重点领域，分别对各研究领域的基础理论进行总结分析。

一　可行性研究的理论基础

经过多年的发展，建设项目经济评价工作已经由最初所注重的财务评价、国民经济评价，发展为同时关注社会和环境问题所带来的经济影响、对地区社会发展的影响，进而发展形成自身系统性较强的地区经济影响评价、社会评价和环境评价体系。

（一）时间价值理论

时间价值这一概念源自西方经济理论。其实，早在技术经济学的创建期，中国学者已经意识到在进行技术方案选择时应考虑时间因素，这在徐寿波的《技术经济学概论》中已经体现出来了。

1986年，傅家骥将资金的时间价值的含义归纳为两方面，一方面，将资金用作某项投资，资金在流通—生产—流通中得到一定的收益或利润，即资金增了值。资金在这段时间内所产生的增值，就是资金的"时间价值"。另一方面，如果放弃资金的使用权力，相当于失去收益的机会，也就相当于付出了一定的代价。在一定时期内的这种代价，就是资金的"时间价值"。[1] 1982年，苏挺介绍了国外的时间价值概念，指出国外学者分析时间价值的依据是人们共有的"时间偏好"，并给出了各种复利系数的计算公式，此外，还介绍了如何用贴现方法来评价项目。[2]

---

[1] 傅家骥：《工业技术经济学》，清华大学出版社1986年版。
[2] 苏挺：《"货币的时间价值"浅谈》，《外国经济与管理》1982年第1期。

(二) 经济效果理论

20世纪50年代中期,以于光远为代表的国内经济学者陆续开始了对社会主义经济效果实质、经济效果范围、经济效果指标体系等问题的讨论。1959年,于光远在《人民日报》上发表了《用最小的劳动消耗,取得最大的使用价值》一文。在这篇文章中,于光远倡导经济工作者应把计算经济效果的理论和计算经济效果的方法以及对在各种条件下,各种产品生产的经济效果进行具体的分析和计算作为一个重要的研究任务。如前所述,徐寿波对宏观经济效果进行了较为详尽的论述。

(三) 费用效益理论

费用效益分析是指在使用技术的社会实践中对效果与费用及损失进行比较,以便实现最佳经济效果。大型建设项目的费用和效益比较分析分为内部效应分析和外部效应分析。内部效应是指项目主体付出的费用或得到的收益,分别称为内部费用、财务费用或内部效益、财务收益。外部效应是"第三方"由于此项目而蒙受的损失或得到的收益,分别称为外部费用或外部效益。内部费用与外部费用之和称为完全费用、社会费用或国民经济费用;而内部效益与外部效益之和称为完全效益、社会效益、社会福利或国民经济效益。通常项目主体并不关心降低外部费用,也不关心增加外部效益。目前中国的许多项目主体经济常靠牺牲外部效益来降低内部费用,增加内部效益,但大大增加了外部成本。

(四) 福利经济学理论

福利经济学为项目评价提供了基本概念、原理、福利标准和一般性理论基础。福利经济学中的完全竞争模式、社会效用理论、边际分析、帕累托最优准则和帕累托改进原则成为项目"成本—效益"分析的基石。

根据新福利经济学原理,当国民经济发生变化时,受益者的受益总量足以补偿受损者的受损总量时,就是社会福利的改进。如果支付补偿者的境况因此而变坏，接受补偿者的境况也没有改善，社会福利将会受到损失，必须寻找代价较小的办法来减少外部不经济。一个具体的大型基础设施建设项目的建设，达到国家宏观上的整体最优，并不意味着微观上的每个利益主体也同时达到最优。政府的职能不同于消费者和生产者，其任务是保证社会资源得到有效的分配和使用。在大型基础设施建设项目造成外部影响时，政府应当承担起调整外部影响的任务。

（五）区域发展理论

从五大发展理念出发，应力争实现各地区的均衡协调发展，但由于各地区的发展基础与条件不同，各地区结构失衡的程度不同，各地区不可能实现绝对的均衡，所以在一定时期内，政府须采取适度倾斜的发展政策，实行不平衡的增长，进而在发展进程中实现各地区新的协调发展。

1. 区域不平衡发展论

赫尔西曼、缪尔达尔等人认为，由于不同部门、不同区域有着不同的增长率，存在经济水平和发展速度上的差距，这种非均衡链是经济发展的动力。由于聚集经济的存在，发达区域会因市场的作用而持续、累积地加速增长，并同时产生扩散效应（Spread Effect）和回流效应（Back Wash Effect）。[①] 在市场机制作用下扩散效应小于回流效应，因此发达区域更发达，不发达区域更不发达。要消除这种逐渐扩大的两极分化，必须在制度方面进行重大调整、改革，可以有选择地在若干部门和区域投资，通过带动作用实现整个区域的发展。

2. 增长极理论

弗朗索瓦·佩鲁等人认为促进落后地区经济发展的关键是采取不平衡发展战略，配置一两个规模较大、增长迅速且具有较大乘数效应的中心城市，实行重点开发。这类中心城市，就是该区域的增

---

① Gunnar Myrdal, 1968, *Asian Drama*, New York: Pantheon.

长极。当增长极形成之后就要吸纳周围的生产要素，使本身日益壮大，并使周围区域成为极化区域。当极化作用达到一定程度且增长极扩张到足够强大时会从增长极产生向周围地区的扩散作用，从而带动周围区域经济增长。许多国家试图运用这一理论消除落后地区的贫困，促进各地区经济协调发展，并取得了较好的效果。但是增长极理论仍存在一些问题，譬如增长极的合理数量、增长极本身的起始规模与合理规模、增长极内部产业配置和结构优化、增长极的确定与主导产业选择等方面的研究尚待完善。

3. 梯度理论

梯度理论源于美国学者弗农（1966）的"工业生产生命周期阶段论"。[①] 梯度理论认为可利用生产力的梯度转移规律，实现地区经济的均衡发展，首先让有条件的高梯度地区引进和掌握先进技术，然后逐步依次向下级梯度的地区转移；随着经济的发展，推移的速度加快，可以逐步缩小地区间的差距，实现经济分布的相对均衡，进而实现国民经济的平衡发展。

但是随着经济的发展和实际情况的转变，原有的梯度理论受到质疑：反梯度推移论的拥护者认为梯度推移理论的结果将会是，落后地区永远赶不上先进地区，落后国家永远赶不上先进国家。只要有需要并具备条件，落后地区可以引进先进技术、进行大规模开发，而不用过多地关注区域所处的梯度。因此落后地区可直接引进世界最新技术，实现超越发展，然后向二级梯度、一级梯度反推移。

二　技术进步与经济增长的理论基础

尽管中国对技术进步问题的研究早在20世纪50年代就开始了，但那时的"技术进步"仅仅是作为一个技术术语而存在的，所谓的"技术进步"往往指的是物化技术上的进步，所做的研究也只是定性

---

① Raymond Vernon, 1966, "International Investment and International Trade in the Product Cycle", *The Quarterly Journal of Economics*, Vol. 15, No. 2.

的分析。技术经济学者在 20 世纪 80 年代以前对技术进步作用的研究较少，而且研究不够深入。但从 20 世纪 80 年代以来，对技术进步与经济增长的关系以及经济增长方式及其转变有关问题的研究，越来越系统和深入。而且一系列重大技术经济课题的理论和实证研究取得了重要成果，如"技术进步和产业结构优化""技术进步与经济增长""生产率与经济增长""转变经济增长方式"等，不仅在一系列理论问题上有所突破，而且对各级政府制定政策产生了重要影响。

技术进步与经济增长的理论基础主要是经济增长理论和社会主义增长理论。

西方的经济增长理论经过 300 年的发展，逐渐从劳动决定论，经由资本决定论向技术决定论演进，经过了从古典经济增长理论、现代经济增长理论至新经济理论的发展。

（一）经济增长因素分析理论

20 世纪 50 年代，罗伯特·索洛等人以新古典经济增长模型对资本决定论提出了挑战。1957 年，索洛首先试图估计资本积累和技术进步对美国 1909—1949 年经济增长的相对贡献。美国经济学家丹尼森建立了一个增长来源的分析和估算体系，在对 9 个工业发达国家经济增长的因素分析后，发现要素投入增加的贡献只占 1/3，有将近 2/3 来自要素投入增加以外的因素，其中主要是技术进步，这证实和巩固了索洛的观点。这些模型强调技术进步对经济增长的决定作用，故被称为"技术进步决定论"。舒尔茨在对一些国家经济所做的实证分析中发现：经济发展中资本—劳动比率长期呈下降趋势；国民收入增长快于土地、资本和劳动投入的增长；工人实际工资大幅度增长。1973 年，哈比森在《作为国家财富的人力资源》一书中对人力资本的作用作了如下的概括：人力资源"构成了一个国家财富的最终基础，资本和自然资源都是生产中的被动因素，只有人是生产中的主动因素。显然，一个国家如果不能增进本国人民的知识和技能，并在本国经济中加以有效地利用，那么，它就不可能在其他方面有任何进展"。

1984年，从徐寿波所著《技术经济学概论》第二篇第八章"技术方案的经济衡量标准及其公式"的论述中可以看出，当论及"技术方案的社会劳动消耗量"时，已经触及"生产要素理论"。该书指出："一般说来，任何技术方案的社会实践都必须具有以下三个基本条件：即从事劳动的人（包括工人、技术员、管理人员等）、从事劳动所必需的劳动装备和工具（如工厂、机器、设备仪表、工具等）和劳动对象（如原料、材料、燃料、种子、饲料、资源、土地等）。"这表明，当时技术经济学的研究是在"生产要素三元论"的指导下进行，"生产要素三元论"指的是将劳动力、劳动手段和劳动对象视为基本的生产要素。徐寿波这一观点的实质是经济增长因素分析理论。

（二）新经济增长理论

在20世纪80年代中期，以罗默、卢卡斯及其追随者为代表的一批经济学家，在对新古典增长理论重新思考的基础上，提出了一组以"内生技术变化"为主要内容的论文，探讨了长期经济增长的可能前景，重新激发了人们对经济增长问题的兴趣，掀起了一股"新增长理论"（或称内生增长理论）研究的浪潮。新增长理论的突出之处是强调经济增长不是外部力量（如外生技术变化、人口增长），而是经济体系内部力量（如内生技术变化）的产物，重视对知识外溢、边干边学、人力资本积累、研究与开发、递增收益、开放经济、劳动分工和专业化以及垄断化等问题的研究，重新阐释了经济增长率和人均收入的广泛而持久的跨国差异，对国际经济学和中国经济实践的经济增长产生了广泛而深远的影响。[①]

（三）社会主义经济增长理论

马克思并没有在严格的意义上使用"经济增长"这一概念，而是采用"扩大再生产"的概念来表述的。马克思关于经济增长的理论包括三个部分：资本积累的规律、扩大再生产的实现条件和资本主义经济增长过程中利润率下降的趋势。

---

① 庄子银：《新经济增长理论的五大研究思路》，《经济学动态》1997年第5期。

卡莱茨基于1967年出版了《社会主义经济增长理论导论》一书，阐述了他的社会主义经济增长思想和理论体系。卡莱茨基将社会主义国家的经济增长率区分为自然增长率和实际经济增长率。他认为，自然增长率是由外生变量决定的增长率，外生变量主要是指劳动生产率的增长率和劳动人口的自然增长率。实际增长率则是由内生变量决定的经济增长率。他进一步认为社会主义经济增长率还存在一个由外生变量规定的最高限，它取决于劳动生产率增长率和劳动人口的自然增长率。投资率和其他内生变量决定的实际增长率，不可能突破技术进步和人口自然增长所规定的界限。实际增长率达到自然增长率水平，表示技术进步、自然增长的劳动人口得到充分利用。[①] 他认为以下途径可以提高经济增长率：一是提高资本集约化程度，即提高投资系数；二是缩短设备生命周期，加速折旧与更新，即提高折旧系数；三是提高现有生产能力利用率，即提高改善系数。

综上所述，无论马克思理论还是经济增长理论的发展过程都体现了人类对于经济增长的认识是一个不断演进、不断深化的过程。300多年来，西方经济增长理论经历了一条由"物"到"人"、由外生增长到内生增长的演进道路。从斯密重视分工，李嘉图重视资本积累，约翰·穆勒重视合作和规模经济到熊彼特重视创新，这些思想都从一定侧面反映了经济增长的实际。每一种观点都是西方以至世界经济发展到一定程度的产物。从确立劳动在经济增长中的特殊地位到崇尚物质资本积累的资本决定论，从重视技术进步的作用到强调以人的素质为中心的知识、技术和人力资本的积累，清晰地勾勒出了一条人类在迈向工业化的进程中对经济增长源泉的认识渐趋深化的发展轨迹。

三 建设创新型国家的理论基础

西方技术创新理论的研究和发展已形成了新古典学派、新熊

---

① 张富春：《资本与经济增长》，经济科学出版社2000年版。

彼特学派、制度创新学派和国家创新系统学派四大理论学派。这些创新理论为研究国家创新体系和创新型国家提供了广泛的理论支撑。

(一) 熊彼特的创新理论

熊彼特的整个经济理论体系都是以创新为核心来解释资本主义的发生、发展及其变化规律,他从经济运动的内部去寻找推动经济增长、社会进步、历史发展的深厚基础和本质动因,强调创新活动在资本主义历史发展进程中的主导作用。在熊彼特看来,资本主义经济处于不断运动变化发展之中,其本质特征就是运动和发展,是某种破坏均衡而又恢复均衡的力量发生作用的结果,这种推动经济发展的内在力量就是"创新"。他认为:创新的过程是一个创造性的破坏过程,在创新的持续过程中,具有创新能力和活力的企业蓬勃发展,一批批老企业被淘汰,一批批新企业在崛起,促使生产要素实现优化组合,推动经济不断发展,再加上"创新"是多种多样、千差万别的,其对经济发展的影响就有大小、长短之分,这就形成了发展周期的升降、起伏和波动。

近 20 多年来,以熊彼特创新理论、演化经济学、复杂性科学、系统理论等为基础,新熊彼特理论这一跨学科理论体系迅速发展起来。新熊彼特理论突出量变到质变、动态非均衡、产业经济分析,对产业、金融、公共部门及相互关系和作用的研究构成理论的基本框架。[1] 新熊彼特增长理论打破了经济增长是平衡连续发展的结论,强调新兴产业对一国经济增长与发展的重要性,认为增长是对现有经济关系的突破,是基于创新的非均衡破坏,是一种"创造性的毁灭"(Aghion 和 Howitt, 1992),[2] 在破坏的过程中,创新不断涌现,推动经济系统从微观到中观,再到宏观的根本性质变,使技术后发

---

[1] 李如鹏:《熊彼特经济创新理论》,《学海》2002 年第 2 期。

[2] Aghion P. & Howitt P., 1992, "A Model of Growth through Creative Destruction", *Econometrica*, Vol. 60, No. 2.

国家有了追赶甚至超越的可能（Lee 和 Malerba，2017）。[1] 新熊彼特增长理论不仅为创新驱动发展体系的建设提供了新的视角和理论指导，同时也为经济发展政策的制定提供了新思路。[2]

（二）国家创新系统理论

技术创新的国家创新系统学派以英国学者克里斯托夫·弗里曼、美国学者理查德·纳尔逊等人为代表。该学派通过对日本、美国等国家或地区创新活动特征的实证分析后，认为技术创新不仅仅是企业家的功劳，也不是企业的孤立行为，而是由国家创新系统推动的。国家创新系统是参与和影响创新资源的配置及其利用效率的行为主体、关系网络和运行机制的综合体系，在这个系统中，企业和其他组织等创新主体，通过国家制度的安排及其相互作用，推动知识的创新、引进、扩散和应用，使整个国家的技术创新取得更好绩效。弗里曼提出了技术创新的国家创新系统理论，将创新主体的激励机制与外部环境条件有机地结合起来，并相继发展了区域创新、产业集群创新等概念和分支理论。[3]

（三）建设创新型国家和完善创新生态系统的理论

建设创新型国家的核心思想就是以创新为主线，系统阐述国家经济社会发展的整体概念体系。这是近 30 年来发达国家对其社会经济发展进程进行研究总结而得出的成果，也是发达国家依靠创新谋求经济社会快速发展过程的实践归纳。这种思想方法从更深层次的角度透彻地分析了导致国与国之间经济发展差异的根本原因，同时也向世界展示了一条依靠不断完善本国创新体系，提高自身创新能力、创新效率以谋求经济社会和谐发展的道路。最重要

---

[1] Lee K. & Malerba F., 2017, "Catch-up Cycles and Changes in Industrial Leadership: Windows of Opportunity and Responses of Firms and Countries in the Evolution of Sectoral Systems", *Research Policy*, Vol. 46, No. 2, pp. 338 – 351.

[2] 柳卸林、高雨辰、丁雪辰：《寻找创新驱动发展的新理论思维——基于新熊彼特增长理论的思考》，《管理世界》2017 年第 19 期。

[3] 周新川、陈劲：《创新研究趋势探讨》，《科学学与科学技术管理》2007 年第 5 期。

的是,由于创新型国家的理论对创新活动的特征及进程进行深入分析,使得进一步分析国家层面的创新活动效率以及加快创新型国家建设成为可能。[1]

从学术研究层面来看,值得回顾的研究主要包括波特的国家竞争力理论(包括瑞士洛桑学院和世界经济论坛基于该理论开展的世界竞争力评价工作),以及美国哈佛大学杰佛里·萨克斯教授关于创新型国家的最直接的论述。杰佛里·萨克斯是第一个提出中国要成为技术创新国家的经济学家。他认为中国是世界上最大的技术引进、吸纳和升级的国家,但还不是最创新的国家之一,尤其在那些可以为世界提供所需要产品的有关技术方面。他认为,一个国家要想成为创新型的国家,需要构建技术创新的科学基础,积极使用现有知识形成的技术创新规模效应和集聚效应,建立有利于技术创新的足够大的市场,构建有利于技术创新的体制基础等。

近年来,中国加快建设创新型国家,重视创新生态系统建设。创新生态系统理论缘起于20世纪90年代,基于生态学的基础理论与方法,强调创新研究应由关注系统中要素的构成转向关注要素之间、系统与环境之间的动态过程。摩尔(1993)[2] 最早提出创新生态系统,如同生物系统一样,从要素的随机选择不断演变到结构化的社群,从系统的角度,企业不再是单个产业的成员,而是横跨多个产业的生态系统的一部分。在一个生态系统之中,企业在创新中不断发展,提升能力,依赖合作与竞争进行产品生产,满足客户需求并最终不断创新。创新生态系统理论的主要内涵是,一个区域内各种创新主体及创新支撑要素、创新种群、创新群落及其与创新环境之间,通过物质流、能量流、信息流的联结传导,形成共生竞合、

---

[1] 张磊、王淼:《西方技术创新理论的产生与发展综述》,《科技与经济》2007年第2期。

[2] Moore J. F, 1993, "Predators and Prey: A New Ecology of Competition", *Harvard Business Review*, Vol. 73, No. 3, p. 75.

动态演化的开放、复杂创新系统,具有多样性共生、自组织演化和开放式协同等特征。[1]

四 转变经济增长方式,促进经济、社会和环境协调发展的理论基础

经济增长方式是指推动经济增长的各种要素的组合方式和各种要素组合起来推动经济实现增长的方式。或简单地说,是指经济增长来源的结构类型。其中最重要的动力源泉来自全要素生产率的贡献率的提高。这实际上也就是意味着科技进步对经济增长方式转变具有核心作用。

除了前述的新经济增长理论、经济增长因素分析理论和社会主义经济增长理论之外,科技进步与产业结构关系理论和发展经济学中的发展模式理论也是本领域的重要理论基础。

(一) 科技进步与产业结构关系理论

科技进步对产业结构的影响是多方面的,通过刺激需求结构、改变就业结构、促使新兴产业出现、改变国际竞争格局等促进产业结构发生变化。例如,技术进步通过提高资源使用率、产业劳动生产率改造传统行业,催生新兴产业,最终促进产业结构升级。[2] 此外,科技进步也可以改变一个国家(地区)在国际市场上的竞争能力,特别是对外贸易占国民经济比重较大的国家(地区),其产业结构就会随着竞争能力的变化而变化。实际上,第二次世界大战之后,科技进步已使国际竞争格局发生巨大变化。一些国家地区(如日本、东亚"四小龙"等)在国际市场上的竞争能力迅速增加,并带动了这些国家(地区)的产业结构发生变化。科技进步改变产业结构的过程是使产业结构不断合理化、高级化的过程,在这一过程中,带

---

[1] 李万、常静等:《创新3.0与创新生态系统》,《科学学研究》2014年第12期。
[2] 董树功:《战略性新兴产业的形成与培育研究》,博士学位论文,南开大学,2012年。

动了整个经济的协调发展，从而使宏观结构效益和资源配置效率得到提高。

针对中国经济从高速增长转向中高速增长的"新常态"背景下的结构失衡问题，中央提出了供给侧结构性改革。供给结构的问题可以具体表现在企业、产业和区域三个层面。其中，在产业层面的突出表现有：国际产业链分工地位有待提升，产业亟待从低附加值环节向高附加值环节转型升级；行业结构高级化程度不够，产业中以重化工主导的资源型产业、资金密集型产业占比过大，产能过剩问题突出，而新一代信息技术、高端装备、新材料、生物医药等技术密集型产业还有待进一步发展；产业融合程度还有待提升，工业化和信息化的深度融合水平、制造业和服务业的融合水平都需要进一步提高。其背后深层次的原因可以归结为生产要素结构性矛盾，或者是经济增长的动力结构需要改革。总之，供给侧结构性改革，是针对由于供给结构不适应需求结构变化的结构性矛盾而产生的全要素生产率低下问题所进行的结构调整和体制机制改革。因此，供给侧结构性改革的核心在于创新。创新是发展的第一动力，在各项创新活动中，科技创新居于主导地位、发挥引领作用。供给侧结构性改革，关键在于坚持创新引领，深化以科技创新为核心的全面创新，激发企业特别是高新技术企业的主体活力和创新能力，以科技创新促进产业创新，形成以战略性新兴产业为引领、先进制造业为基础、现代服务业为主体的现代产业新体系。

（二）发展经济学的发展模式理论

中国社会主义市场经济是中国特色社会主义的重要组成部分。改革开放以来，中国首先在朝着市场经济方向进行探索，先后提出"计划调节为主，市场调节为辅""有计划的商品经济"等设想，并进行实践探索；而后深刻总结了国内外社会主义建设的经验教训，明确提出建设社会主义市场经济的改革道路之后，用了十年左右初步建立起社会主义市场经济体制。中国社会主义市场经济，立足于中国社会主义初级阶段的基本国情。它的建立与成长贯穿于中国三种"转轨"交织在一起的"转轨"时期：一是经济体制上从计划经济转向市场经济；二是经济结构上从"二元经济"转向现代化工业经济；三是增长方式从粗放型转向集约型、可持续发展型。这三种"转轨"交织在一起，要在短短数十年内完成发达国家过去200年才完成的事，其复杂性、艰巨性可想而知。中国在转轨时期所面临的问题，是发达国家过去未曾遇到或经历过的，也是以发达的资本主义市场经济为研究对象的现代西方经济学所从未研究过的。

中国是在经济全球化、信息化时代进行工业化的，中国工业化虽比发达国家晚了200年，但充分利用后发优势，并总结出一系列宝贵经验。例如，面临资本和资源短缺的现实问题提出了"利用两种资源和两个市场"总战略，以迎接国际产业转移；还总结出"以信息化带动工业化，以工业化促进信息化"的新型工业化道路。此外中国还坚决摒弃西方国家过去走过的"先污染、后治理"的发展道路，而是提出了绿色发展理念，并据此倡导"资源节约型经济""环境友好型经济""循环经济"。这些发展方式都浓浓地凝聚了"中国特色"，都是中国国情和中国人民智慧及创造性的结晶。[①] 社会主义在发展中必须处理好经济发展与保护资源、环境的关系。在谋划未来的发展时，既要充分考虑资源和环境的承受力，又要统筹考虑当前发展和未来发展的需要。

党的十八届五中全会在全面总结中国改革开放和社会主义现代化建设的成功经验、深入分析当今世界经济政治发展态势的基础上，为了科学编制和实施"十三五"规划，提出了"创新、协调、绿色、开放、共享"的发展理念，追求的是人与自然、经济和社会的全面发展、协调发展和可持续发展，因而克服了以往发展观在发展途径、方式上的片面性缺陷，提出了完整的统筹兼顾发展模式，这无疑充实、完善了发展经济学的发展模式理论。

---

① 白永秀、吴丰华：《新中国60年社会主义市场经济理论发展阶段研究》，《当代经济研究》2009年第12期。

第四节　技术经济学理论体系的构建

一　从基础理论和应用研究的视角构建

（一）基础理论的构成

技术经济学是应用经济学的理论和方法研究技术生成的规律性、新旧技术替代过程的规律性、技术进步和技术创新的规律性以及技术资源配置与经济增长之间的关系及其运动规律的科学。技术经济学的基础理论应包括马克思的扩大再生产理论、技术周期理论、技术进步和技术创新理论、经济增长理论等。

（二）应用理论的构成

技术经济学的应用理论除了技术创新的转移和扩散、技术选择理论等之外，向前延伸到前端是技术生成的制度、环境和政策，涉及科技创新战略和科技创新政策等领域，后端延伸到技术效果的评价，包括技术效果的载体——工程项目的评价。另外，技术经济学除了研究现存科技资源的优化配置外，还研究科技资源的创造和开发。因此技术经济学的应用理论应包括经济效果理论、技术转移理论、技术选择理论、技术扩散理论等理论。

这里需要指出的是经济效果理论应是属于应用理论的范畴。20世纪80年代以前，中国技术经济学的研究主要受苏联的影响，其理论基础主要是马克思主义政治经济学，而经济效果理论可以视作随技术经济学自身产生和发展起来的一种理论，不应视作其基础理论。工程项目是技术发挥生产力作用的重要载体，因此应用经济效果理论分析工程项目的可行性，实质上是评价和研究技术在经济上的可行性和在应用上的先进性与适用性。从这个角度来看，经济效果理论应是技术经济的应用理论之一。

二　从研究领域的视角构建

技术经济学不能由传统的或经典的经济学理论和方法来替代，二者之间存在着一种自然的延拓、发展和交叉关系。事实上，技术经济学与传统的或经典的经济学理论的主要区别在于，后者主要是描述性研究（即它是试图描述经济如何运行的一种科学，而不涉及应该怎样运行的问题），技术经济学则主要是规范性研究（即它是在尝试建立一系列规则和方法以实现特定的经济目标）。[①]

（一）社会主义经济学理论基础

中国社会主义市场经济是中国特色社会主义的重要组成部分，中国的发展需要社会主义经济学理论的指导。马克思主义扩大再生产理论、剩余价值理论、经济效果理论、社会主义经济增长理论是研究社会主义市场经济的理论基础。

（二）技术经济学的宏观理论基础

在国家层面，技术经济学科主要关注的是国家科技创新政策、以科技创新为核心的全要素生产率对国民经济增长的贡献、创新驱动发展战略、国家创新体系建设、转变发展方式、建设创新型国家等。

经济增长因素分析理论、新经济增长理论、创新理论、国家创新系统理论、建设创新型国家理论等是技术经济学的宏观经济理论基础。

（三）技术经济学的中观理论基础

产业经济学和区域经济学构成了中观经济学。在产业层面，技术经济学科主要关注的是产业技术创新与技术扩散、技术预测与选择、行业共性关键技术、产业技术标准战略、产业技术升级的路径与战略、高新技术创新与科技产业园区的发展、产业创新政策、以技术创新为核心的全要素生产率对于行业增长的贡献。在地区层面，技术经济学科主要关注的是区域科技创新体系、区域科技创新能力、

[①] 孙续元：《技术经济学理论的构建、发展与前瞻》，《经济评论》2001年第3期。

项目对于区域经济发展及地区协调发展的作用等。

区域不平衡发展理论、增长极理论、梯度理论、产业技术转移和技术转让理论、产业技术创新、产业技术扩散、产业技术选择理论等是技术经济学的中观理论基础。

（四）技术经济学的微观理论基础

微观研究领域主要是研究建设项目的技术经济问题和企业层面的技术经济问题。时间价值理论，费用效益理论，微观经济效果理论，福利经济学中社会效用理论、边际分析、帕累托最优准则和帕累托改进原则以及企业技术创新理论、企业技术扩散理论、技术能力理论等是技术经济学的微观理论基础。

（五）技术经济学的发展理论基础

经济增长方式转变是一个与制度变迁、产业结构调整、资本形态变化等因素密切关联的长期的动态过程。新中国成立70年，中国经济增长已经历了不少于10个周期，尤其是改革开放前30年"高位平稳型"，到步入经济发展新常态，影响经济长期发展的重要因素是结构性问题，或者归因为经济发展方式的转变。[①]

对发展中国家的分析和比较，依据的是发达国家的分析工具和经验，往往并不能解决发展中国家的问题。因此，需要对社会主义的发展模式和发展道路进行总结和提炼，发展经济学的发展模式理论、技术进步与产业结构关系理论都是技术经济学的发展理论基础。

第五节　技术经济学理论发展展望

中国技术经济学的根本任务，是为中国经济建设实践服务，并在此基础上丰富和完善技术经济学的理论、方法体系。中国技术经

---

① 张旭：《转变经济发展方式的发展经济学考察》，《理论学刊》2010年第3期。

济学的发展，不能脱离中国的技术经济实践及其提出的问题和需要。未来中国经济社会发展将比以往任何时候都更需要科技创新的支撑，当前中国应着眼于新的战略目标，通过系统谋划和顶层设计，完善国家创新体系，不断提高国家创新能力，为经济社会可持续发展提供强有力支撑。在实践需要的基础上，研究、建立新理论、新方法，应用于实践，并接受实践的检验和修正，如此往复，这应该是中国技术经济学理论发展的一般规律。

首先，应加强技术经济学基础理论研究。技术经济学的发展历史已经表明技术经济学具有广阔的发展前景和强大的生命力。然而，作为一门新型的学科，技术经济学毕竟还十分年轻，随着科学技术和经济的发展，理论架构有待完善，原有的理论方法有待延伸和拓展到新的应用领域，新的理论化方法有待纳入。相当多的理论问题依然处在争鸣过程之中。学科理论创新已经成为技术经济学未来发展的首要问题。随着改革开放，市场经济体系的不断完善，技术和经济发展的实践推动着技术经济学的研究范畴也在不断拓展。表现出专项研究领域不断增加，从微观领域向宏观领域不断渗透，从简单定量分析向应用复杂系统模型深化的发展趋势。技术经济研究今后应注重基础理论的研究，以便发现新的规律，进行理论创新，并建立先进适用的研究方法体系，尤其要在建设创新型国家、推动科技创新、提高生产率等方面进行理论和方法论探索。学科的基础理论体系建设应进一步明确方向，以尽早形成有自身特色的理论体系。

其次，技术经济应加强重大现实问题实践研究的理论提炼。技术经济学在中国的诞生和发展不是偶然的，有其深厚的理论根源和现实基础。技术经济学生命力最深厚的根源在于中国经济发展现实涌现的大量技术经济问题以及对解决这些问题的技术经济理论方法的需要。例如，在大型建设项目技术评价中，由于大型建设项目具有影响范围大、作用深远、技术复杂、不确定性高以及利益相关者众多的特点，对区域发展的影响举足轻重，因而评价理论与方法的科学性和规范性成为大型项目决策的关键,[①] 因此,也需要进一步探索和总结大型建设项目技术评价的理论基础。由于新的重大技术经济问题层出不穷,涉及领域急剧扩大,技术经济学面临不断创新的巨大压力和客观需求。目前技术经济的研究成果较多,但是研究的方向比较分散,真正有针对性、有分量的精品成果还不多。

最后,加强技术经济学理论研究队伍的建设。技术经济学在中国已经形成了相当规模的研究队伍,包括理论研究的学者和实际的工作者,分布在研究机构、大专院校、政府部门、咨询机构、设计机构和各类企业。但是技术经济学的发展仍面临着研究力量不足的现状,从事基础研究的人员较少,特别是年轻的研究人员严重匮乏。而且目前技术经济的研究力量分散、组织性不强、相互之间的交流不充分。今后应该提高理论研究队伍的组织力度,扩大交流协作,整合研究领域,组织重大现实和理论问题的研究,推出有分量的研究成果,促使学术实践中涌现学科带头人,促进学科更大发展。

---

① 李平、王宏伟:《大型建设项目区域经济影响评价理论基础及其评价体系》,《中国社会科学院研究生院学报》2011年第3期。

第 三 章
技术经济学方法体系研究

技术经济学属于典型的应用学科，从现实需求中诞生，在实践应用中得以完善。同时，技术经济学具有显著的多学科特征，融合了科技、经济、管理等多个学科。正是由于上述特征，技术经济学研究方法具有很强的开放性，一方面，技术经济学吸纳了多个学科的研究方法，围绕自身的研究形成相对完整的体系；另一方面，技术经济学有很强的"实用主义"属性，只要是能够解决技术经济现实问题的，技术经济学就把它纳入本学科之中，并没有"门第之见"和"故步自封"。

第一节 酝酿创立期的研究方法

新中国成立后百废待兴，为了尽快恢复和建立国民经济体系，国家开始着手建设一批大型项目，而项目的投资、选址、技术路线等方面均需要相应的理论方法加以支撑，经济建设的需求催生了技术经济的形成与发展。由于历史原因，技术经济的创立并非一帆风顺，经历了一段时期停滞，直到改革开放后才又重新步入正轨。从阶段划分来看，1949年至1978年被认为是技术经济的酝酿创立期。

一　创立背景和研究领域

新中国成立初期，经济面临"一穷二白"的局面，加快经济建设、建立完善的工业体系、恢复发展工农业生产成为当务之急。1949年10月21日，中央人民政府政务院经济委员会成立，开始着力恢复发展国民经济生产。在财力十分有限的条件下积极开展基础建设。1950—1952年国家投资分别达到11.34亿元、23.46亿元和43.56亿元，投资规模持续上升。与此同时，基本建设的相关制度也开始建立。1951年1月5日发布了《对于一九五一年基本建设工作步骤的执行规定》，同年3月28日发布了《基本建设工作暂行办法》，1952年1月9日发布了《基本建设工作执行办法》，就设计、施工、监督拨款和编制计划等程序问题进行了系统、严格的规定。[1]

为了有计划推动国民经济发展，中国开始着手编制第一个五年计划。1955年3月，中国共产党全国代表会议讨论通过了"一五"计划草案；同年7月30日，第一届全国人民代表大会第二次会议讨论通过了《中华人民共和国发展国民经济的第一个五年计划》（1953—1957年）。"一五"计划将建立工业基础作为重点内容，在基本任务中提出"集中主要力量进行以苏联帮助我国设立的一百五十六个建设单位为中心的、由限额以上的六百九十四个建设单位组成的工业建设，建立我国的社会主义工业化的初步基础"。[2] 虽然出现了波折，但总体上看，中国"一五"期间经济取得了较好的发展，工业总产值得到了较大幅度的提升。在经济建设的实践中，中国学者对项目建设中的经济规律和相关的理论方法有了更加深刻的认识。针对忽视经济规律、不算经济账等思想，孙冶方提出用最少的劳动消耗取得最大的经济效果是社会主义

---

[1]　汪海波：《中华人民共和国工业经济史》，山西经济出版社1998年版。
[2]　同上。

经济活动的最高准则的观点;[①] 1959年11月13日于光远在《人民日报》发表《用最小的劳动消耗，取得最大的使用价值》一文，强调对经济规律的重视。对项目建设经济规律的认识为技术经济学创立奠定了基础。

1961年1月党的八届九中全会正式批准实行调整、巩固、充实、提高"八字方针"，国民经济发展重新进入调整阶段。1962年经济调整工作取得明显成效，中央科技领导小组决定在苏联专家帮助制定的第一个全国科学技术十二年（1956—1967年）规划的基础上，独立自主制定第二个全国科学技术长远发展规划（1963—1972年），技术经济被作为主要工作领域之一。[②] 技术经济创立有很强的现实基础，直接来源于国民经济建设的需要，有明确的应用指向，因此，尽管不同学者的理解有所差异，但技术经济评价是技术经济学的起点，并作为技术经济的主体内容一直贯穿于技术经济酝酿创立阶段。

二 关于技术经济评价方法的讨论

技术经济评价核心是对技术或项目的经济效果进行评价，如何确定评价标准则成为经济效果评价的关键，也直接决定了技术经济指标和方法的确定。新中国成立初期我国经济思想主要受到苏联的影响，1952年斯大林发表了《苏联社会主义经济问题》一书，随后苏联《政治经济学教科书》出版，在中国经济学界受到极大关注，成为当时主流的理论观点。同时，中国当时处于社会主义建设的起步阶段，很多理论问题还有待探索。20世纪50年代末到60年代初，学者关于经济效果界定展开讨论，形成了不同的观点。

---

① 张卓元等：《新中国经济学史纲（1949—2011）》，中国社会科学出版社2012年版。

② 徐寿波：《技术经济学》，经济科学出版社2012年版。

元[①]和金理[②]对关于经济效果的讨论进行了较为全面的梳理。从中可以看出，新中国成立初期学者关于社会主义制度下经济效果的讨论范围相当广，几乎涵盖了经济效果内涵、具体指标、计算方法、指标间相互关系等各个方面。

关于社会主义制度下经济效果实质代表性的观点包括：既定的劳动支出量下生产出尽可能多和尽可能好的产品，或者在产品数量和质量既定下消耗最少的劳动量；除了用最少的劳动消耗取得最多的使用价值外，还要体现多快好省的要求和满足社会需要的要求；劳动耗费和有用效果的比较即为有用经济效果；经济效果一方面要讲求劳动消耗的效果，另一方面要讲求资金占用的效果，并把两种效果正确地结合起来。

关于评价经济效果指标，普遍认为，评价经济活动的效果，不可能只采取某一个指标而必须采用一系列的指标，对于不同部门、地区和生产单位进行经济效果评价时要采取不同的指标体系和重点指标；但对于指标体系构成的看法存在一定差异。有观点指出，为了综合反映各项经济活动对社会劳动生产率的影响，需要成本、劳动生产率、单位投资产量、投资偿还期、产品品种和质量、减轻劳动和改善劳动条件等指标；有观点认为，应以社会劳动生产率为主要指标，另外采用一些指标作为补充，补充指标包括资金占有量、成本、利润率等；还有观点认为，主要指标包括反映劳动力利用状况的活劳动生产率、反映企业费用支出效果的成本利润率以及反映固定资产投资效果的指标。

对劳动生产率的看法也存在差别，主要表现在两个方面：一方面是关于评价经济效果的准则，有观点认为，社会主义制度下经济

[①] 元：《关于社会主义制度下经济效果问题讨论中的不同论点简介》，《经济研究》1962年第2期。

[②] 金理：《我国经济学界近年来关于社会主义经济效果问题的讨论》，《经济研究》1963年第1期。

效果是比较劳动耗费和有用效果，劳动生产率应该成为评价经济效果准则；另外的观点则认为，受到生产力水平和技术水平的限制，不能将劳动生产率作为评价经济效果的准则。另一方面则集中在劳动生产率的含义和计算方面，有人认为劳动生产率是活劳动的生产率，也就是产品中新创造价值的倒数；另外的观点则认为既包括活劳动又包括物化劳动的生产率，应该为产品价值的倒数，持这种观点的学者在具体劳动生产率计算方面也存在差异，有的认为应采用不变价格总产值和现价总产值的比例，也有的认为应通过国民收入和劳动者数量的比例关系来计算劳动生产率。

"社会主义制度下经济效果问题，是一个复杂的问题，牵涉的方面很多，内容非常丰富。这里面既有理论问题和方法问题，也有具体的计算和评价问题。"[1] 上述讨论反映了中国学者对技术经济评价方法的探索，也为我国技术经济评价方法的形成奠定了理论基础。

三 技术经济评价方法的探索

在经历了较为充分的讨论后，根据中央的部署，开始构建技术经济评价方法。1964年，徐寿波发表了《技术经济研究的目的、任务和方法》一文，对技术经济研究的方法和步骤进行了较为详细的论述，为技术经济评价提供了方法基础。文章提出，"技术经济科学研究的方法必须是采用调查研究和理论研究相结合，以及数学计算和论证分析相结合的方法"，[2] 具体的工作程序分为五个步骤：（1）列出各种可能的技术方案；（2）分析各种可能的技术方案在技术经济方面的内部和外部的利弊关系；（3）建立各种技术方案的经济指标和各种参变数之间的函数关系；（4）计算求解经济公式和方程式；（5）技术方案的综合技术经济的评价。针对不同类型项目，

---

[1] 作沅：《社会主义制度下经济效果的几个问题的探讨》，《中国经济问题》1962年第5期。

[2] 徐寿波：《技术经济研究的目的、任务和方法》，《科学通报》1964年第7期。

文章具体给出了技术方案经济指标和参变量之间三种不同形式的经济方程式和公式及其适应的项目类型。文章虽然没有探讨技术经济评价的指标，但从操作层面提出了技术经济评价的基本方法，对于技术经济评价工作具有很强的指导性。

1965年，徐寿波编写的《技术经济方法论问题》获得了国家科委可燃矿物综合利用专业组专家一致认可，由于"文革"的影响直到1980年才以"技术经济学概论"为书名公开出版。[①] 该书按照科学技术发展规划纲要的要求，全面系统地提出了技术经济学的学科体系，成为技术经济创立阶段最具代表性的研究成果。该书[②]从经济效果最一般的形式，即从效果和劳动消耗量的比较出发，分别就技术方案社会使用价值量和社会劳动消耗量的内涵与构成，提出经济效果衡量标准的公式。在此基础上，根据实际工作的需要，提出了价值形态的一般公式。由于经济效果存在除法和减法两种形式，同时考虑了工资费用的差异，共形成两类四种指标：基于除法的"社会劳动生产率Ⅰ"和"社会劳动生产率Ⅱ"；基于加法的"社会纯收入"和"社会净产值"。"社会劳动生产率Ⅰ""社会纯收入"分别与"社会劳动生产率Ⅱ""社会净产值"之间的差异主要体现在前者计算了工资费用，后者没有包含工资费用。上述指标适用于满足相同需求的各个技术方案之间的经济比较，针对满足不同需求的各个技术方案的经济比较问题，又提出了基于净经济效益和附加物资、劳动力、投资和土地资源的经济标准指标——"附加纯收入""附加净产值"，从而形成了较为完备的经济效果评价方法体系。围绕上述衡量标准，对具体计算过程中涉及的技术指标、经济指标、计算期、主要构成的计算、经济效果系数的确定、价格修正和时间因素的计算方法进行了详细描述。作为中国第一本比较系统、完整的技术经济学专著，该书以经济效果为基础构建了技术经济评价的

---

① 徐寿波：《技术经济学》，经济科学出版社2012年版。
② 徐寿波：《技术经济学概论》，上海科学技术出版社1980年版。

方法体系，代表了改革开放前中国学者对技术经济学的探索。"它沟通了著名经济学家于光远所提出的经济效果评价的理论方法，与现实社会生产领域的大量技术经济问题的联系，推动了经济效果理论的实际运用，对这一学科的建设迈出了重要的一步。"[1]

第二节 技术经济学方法的拓展

"文革"使我国国民经济遭受了极大损失，"文革"结束后亟须进行调整，重新确立发展战略，党的十一届三中全会明确了将工作重点转移到社会主义现代化建设上来，开启我国经济社会发展的新篇章。作为经济建设的重要理论支撑，技术经济迎来了新的发展阶段。同时，改革开放一方面使我国学者增强对国际相关理论方法的了解，拓宽了视野；另一方面随着经济快速发展，对技术与经济发展的关系有了更加深刻的感悟，关于技术经济学的内容更加丰富。1983 年，在北京举办了技术经济学科体系讨论会，对于技术经济学的研究对象形成三种主要观点：研究各种不同技术政策、技术方案、技术措施的经济效果；研究技术与经济相关关系；研究技术因素与经济因素的内在联系。[2] 技术经济内涵的丰富推动了技术经济研究领域和研究方法的拓展。从改革开放到 20 世纪 90 年代中期，技术经济研究方法拓展包括两个方向：一是技术经济评价方法的丰富，特别是与国际相关方法的接轨；二是围绕新的研究领域，新的研究方法的引入融合。

---

[1] 龙富：《评徐寿波同志的〈技术经济学概论〉一书》，《技术经济》1982 年第 2 期。

[2] 龙富：《技术经济学科讨论会在京举行》，《数量经济技术经济研究》1984 年第 1 期。

一 技术经济评价方法的拓展

改革开放伊始,尊重经济规律再次被经济学者呼吁。1978年10月6日,胡乔木在《人民日报》发表重要文章《按照经济规律办事,加快实现四个现代化》,指出:"我们在制订和执行计划的过程中,一定要利用价值规律,反映价值规律的要求,一定要求所有企业(包括国防工业)严格实行时间节约,不断争取劳动耗费、物资耗费(即所谓'物化劳动'的耗费)和经济效果的最优比例,严格进行经济核算,努力降低单位产品的成本,努力提高劳动生产率和资金利润率,否则就会给社会主义事业造成很大的损失和混乱。"在于光远的倡导下,技术经济被纳入《1978—1987年十年科学技术发展规划》。[1] 1978年11月,全国技术经济和管理现代化科学规划工作会议通过了《技术经济和管理现代化理论方法的研究规划(1978—1985)》。

随着改革开放政策的实施,中国相关工作开始与国际接轨。1979年,联合国工业发展组织可行性研究处处长W.勃伦斯应邀来华举办了第一期可行性研究培训班,可行性研究的方法引入我国,以可行性研究为主体的技术经济评价的研究开始大量出现,可行研究方法也开始在实际工作中得到应用。1981年3月,国务院文件明确规定:"所有新建、扩建大中型项目以及所有利用外资进行基本建设的项目都需要有可行性研究报告。"

可行性研究起源于美国,在美国开发田纳西流域时开始推行,第二次世界大战后在世界范围内广泛应用。可行性研究是在调查、分析的基础上对项目、技术方案进行综合性评价的一种方法,是世界范围内应用最为广泛的技术经济评价方法。"可行性研究是计算、分析、评价各种技术方案、建设项目和生产经营决策的经济效果的

---

[1] 董福忠、张德昂:《技术经济:回顾与展望——关于技术经济学史的对话(2)》,《技术经济》1996年第4期。

一种科学方法，是技术经济分析的一种重要手段。这种科学分析方法运用多种学科的成果，通过对技术方案或建设项目的各个方面关系的研究，预测方案或项目的经济效果是否可行，是否能够取得最佳的经济效果。"①

项目建设大体可以分为三个阶段，即投资前期、投资时期和生产时期，可行性研究主要集中在投资前期，而对投资时期和生产时期发挥决定性影响。可行性研究主要包括三个阶段：机会研究、预可行性研究和可行性研究。② 由于贯穿于项目建设的全过程，可行性研究涵盖市场预测、资源条件评价、建设规模与产品方案、场地选择、技术方案、设备方案、工程方案、原材料燃料供应、运输与公用辅助工程、环境影响评价、劳动安全卫生与消防、组织机构与人力资源配置、项目实施进度、项目估算、融资方案、财务评价、国民经济评价等，③ 几乎囊括了项目建设的各个方面。由于涉及范围广，可行性研究属于经济学、管理学、统计学、工程技术交叉研究领域，包含了多学科的研究方法。综合来看，可行性研究的研究方法可以分为如下几类：④ 经济预测法，具体方法包括专家评估预测法、时间序列预测法、回归预测法等；经济决策法，具体可以分为确定型决策、风险及非确定型决策；网络计划法，主要是通过网络图来进行分析计划；时间价值计算，即考虑资金的时间价值；经济评价法，包括企业经济评价和国民经济评价；不确定分析法，包括线性盈亏平衡分析和非线性盈亏平衡分析；敏感性及概率分析法。

在具体评价指标方面，可行性研究主要是基于成本收益分析，同时充分考虑资金的时间价值，也就是考虑的机会成本，具体测算是以复利为基础的不同时期资金价值的折算，并通过投入和产出之

---

① 李京文：《技术经济学理论与方法》，四川科学技术出版社1987年版。
② 谢文蕙：《可行性研究的目的与方法》，《建筑经济》1981年第1期。
③ 《投资项目可行性研究指南》编写组：《投资项目可行性研究指南》（试用版），中国电力出版社2002年版。
④ 玄龙范：《工业项目可行性研究》，延边大学出版社1988年版。

间的比较形成多种评价指标,按照是否考虑时间因素分为静态评价指标(静态投资回收期、总投资收益率、资本金净利润率、利息备付率、偿债备付率、资产负债率)和动态评价指标(内部收益率、净现值、净现值率、动态投资回收期)[①]。技术方案比较方面则充分考虑不同项目和技术路线的特点,特别是注重不同方案之间的关联关系,同时通过不同经济变量变化影响进行不确定性和风险分析。大型项目的评价,由于考虑的因素较多,所以往往采用多指标的指标评价体系,而在衡量项目或技术方案国民经济整体效果时,则更加关注直接和间接影响,影子价格、影子工资、影子汇率、社会折现率等方法被广泛采用。

二 技术进步理论方法的引入

改革开放使中国经济活力得到较大激发,工业化步伐明显加快,经济保持了高速增长。按照不变价格计算,1990年我国国内生产总值是1980年的2.43倍,年均增速超过9%[②]。与此同时,我国经济体制也在加快调整。1984年确立了社会主义商品经济,经济学者提出应明确市场取向的改革;1987年10月至1988年6月,国家体改委组织中国社会科学院、北京大学、中共中央党校、中国人民大学等单位分别开展中期改革规划研究;1993年,党的十四届三中全会通过了《关于建立社会主义市场经济体制若干问题的决定》,确定了社会主义市场经济体制的基本框架。[③] 在经济体制改革和经济增长方式转变的背景下,经济学者开始关注经济增长的内在动力。技术进步是经济增长的主要动力,如何认识技术在经济增长中的作用开始成为技术经济学者研究的重点。傅家骥提出了技术经济认识的三个

---

① 刘晓君主编:《技术经济学》,科学出版社2008年版。
② 笔者按照统计年鉴计算。
③ 张卓元等:《新中国经济学史纲(1949—2011)》,中国社会科学出版社2012年版。

发展阶段，反映了技术经济学者相关的思考：第一阶段，技术经济学是技术的经济效果学，主要研究技术实践的经济效果，虽然技术经济分析和论证的实用价值很高，但只是一种方法论；第二阶段，技术经济学是研究技术和经济相互关系的学科，是研究技术与经济矛盾对立的统一，研究技术与经济相互促进、相互制约和协调的科学，该阶段理论依据不足；第三阶段，技术经济学是一门应用的经济学，以技术的运用为前提研究经济增长规律的科学。[①] 在经济实践和理论需求双重作用下，技术进步成为技术经济重要研究领域。

技术进步是经济增长理论的主要研究对象，从方法角度技术进步研究要解决两个方面的问题。一是如何评价技术进步，特别是在经济增长框架下技术进步的定量测度；二是为技术进步与经济增长、经济发展关系研究提供支撑。

在技术进步测算方面最为典型的方法是全要素生产率。与集中于单一要素的传统生产率不同，全要素生产率综合考虑各种要素整体效率，因为是涵盖了劳动、资本等要素的综合效果，往往被认为是技术进步的重要衡量指标。经过丁伯根、斯蒂格勒、法布里坎、肯德里克等学者的探索，全要素生产率研究内容不断丰富。美国著名经济学家索洛在全要素生产率方面做出重要贡献，建立了全要素生产率可操作的模型。1989年，李京文、郑友敬主编出版了《技术进步与经济效益》一书，该书为全国哲学社会科学"七五"规划重点课题研究成果。该书不仅系统阐释了技术进步对经济发展战略、经济体制改革的作用，而且相对全面地介绍了技术进步理论的发展演化，详细介绍了索洛技术进步的模型和具体测算方法，以及后续的相关研究进展。20世纪80年代，乔根森在生产率研究方面做出重要贡献，"系统地阐明了以资本服务的租金价格为基础的新古典投资理论，根据在增加的投资中物化的新技术解释了生产率的变动"，

[①] 傅家骥：《对技术经济学研究对象和理论基础的探讨》，《数量经济技术经济研究》1987年第5期。

"乔根森理论的核心是构造生产者行为模型的经济计量学方法,其目的在于确定各种投入直接替代的性质、技术差别等特征和规模经济的作用"[①]。1993年出版的《生产率与中美日经济增长研究》对乔根森的理论和研究方法进行了较为详细的介绍,并以此为基础对中国、美国、日本生产率进行了研究。

与技术进步测度相对明确不同,技术进步与经济增长关系研究更为复杂。大多数研究基本上集中在技术进步对经济增长作用的测量,而论述两者深层次关系则需要复杂的模型加以支撑。1988—1989年,李京文、郑友敬先后主编出版了四本关于技术进步与产业结构的著作,分别是《技术进步与产业结构——概论》《技术进步与产业结构——模型》《技术进步与产业结构——分析》和《技术进步与产业结构——选择》,在技术进步与经济发展方面进行了深入探索。在相关研究中引入了"大道定理理论",构建了系统性的"大道模型"。大道性质可以概括为,[②] 当产出的均衡增长路径由一个描述封闭的社会再生产系统的投入产出关系式唯一确定时,从任意一个初始状态到最终时刻取得最大资产积累,或最大消费量累积的产出的最优增长路径,具有以下两个性质:如果规划期足够长,那么最优增长路径在大道的一个给定领域之外的阶段数,是与规划期不相关的一个有限数;除了规划期的初始阶段和终端阶段的有限的阶段内,最优增长路径连续地处于大道的给定领域之内。大道理论由线性规划引申而来,在社会经济研究中具有一定的优势。

除此之外,在这一时期也有学者基于生产函数分析了技术进步与经济增长的机制。例如,对索洛模型进行扩展,分析技术进步对

---

① 李京文、[美] D. 乔根森、郑友敬、[日] 黑田昌裕等:《生产率与中美日经济增长研究》,中国社会科学出版社1993年版。

② 李京文、郑友敬主编:《技术进步与产业结构——模型》,经济科学出版社1989年版。

通货膨胀的影响;[①] 通过构建两部门模型,分析了技术进步对生产要素密集度、要素价格、产出水平、贸易条件和国民福利产生的贸易效应。[②]

三 技术创新理论方法的引入

在对技术进步作用认识逐步增强的同时,如何提高技术进步水平成为另一个重要的技术经济问题。技术进步更多地关注技术进步与宏观经济的关系;而技术创新则侧重技术进步的内在机制,更加强调技术进步的机理研究。两者既有区别,同时又相辅相成。20世纪80年代末我国经济出现了较大幅度的波动,探索提高经济活力的方式和途径成为这一时期研究的重点。

1992年,傅家骥发表文章,提出技术经济学除了研究技术实践的经济效果,寻求提高经济效果的途径和方法之外,还是研究技术创新促进技术进步的科学。文章指出:"在技术经济学研究的这两大类问题中,其中对现有资源的优化配置问题,国内研究较多,理论和方法也相对成熟,成果较多。但关于以技术创新为标志的技术资源的创造开发研究不多,要发展和完善我国技术经济学科,需要开拓新的研究领域。"[③] 并从四个方面强调了技术创新对经济发展的重要性,即技术创新是现代经济增长的主要源泉,技术创新是提高经济增长质量的唯一出路,技术创新是创造高质量的供给与需求促进经济健康发展的根本之路,技术创新是使我国经济走出困境,启动市场和恢复经济的可行之路。

在倡导技术创新研究的同时,有关学者也积极引入和介绍技术创新理论和方法。傅家骥、姜彦福、雷家骕于1991年在《经济学动

[①] 袁桓:《技术进步对经济增长中通货膨胀的影响的索洛模型》,《数学》1994年第1期。

[②] 信玉红:《技术进步促进经济增长的贸易效应》,《抚顺石油学院学报》1995年第3期。

[③] 傅家骥:《对技术经济学研究对象的看法》,《工业技术经济》1992年第1期。

态》上发表文章，介绍国外技术创新理论的发展，[①] 从熊彼特创新理论开始，将相对独立的"技术创新理论"分为四个阶段，即分解研究和引入阶段，系统开发阶段，体系深造与再度分解研究阶段，综合、重点、实用、回归性研究阶段，在其中强调了经济史、经济统计、管理科学、信息理论、市场竞争理论、案例分析、技术预测、企业家精神等理论方法在技术创新中的应用。技术创新涉及众多主体，同时渗透到经济社会的各个层面，内容相对庞杂，理论体系构建存在一定困难。从世界范围来看，演化经济学形成了相对完善的理论体系。1992年，由钟学义、沈利生、陈平等翻译的《技术进步与经济理论》一书成为这一时期乃至很长时间相关理论介绍的代表性著作。该书汇集了来自12个不同国家的知名经济学家对主流经济理论的批评和相关理论的构想，虽然主题为技术进步，但更多反映了国际关于技术创新理论的认识，内容相当丰富，不仅包括微观企业层面的战略，而且也涉及宏观经济的演化和技术扩散，尤其是关于国家创新体系的论述，为国家创新政策的制定提供了研究思路和方法。

技术创新是经济发展的根本性动力，特别是随着经济发展的逐渐深入，技术创新的重要性更加突出。从20世纪90年代以来，技术创新成为技术经济理论研究的重点内容。由于内容较为庞大，技术创新的研究内容和研究方法也呈现多样性的特点，从企业层面的创新管理、创新策略到行业层面的创新环境、产业竞争，再到国家层面的创新生态、创新体系乃至创新文化都成为研究重点，此外，创新评价、创新能力、技术预见也被广泛研究。"技术创新经济学是在技术学、经济学、科学学、数学、计算机科学、政策学、社会学、行为学等多学科基础上而形成的一门综

[①] 傅家骥、姜彦福、雷家骕：《技术创新理论的发展》，《经济学动态》1991年第7期。

合性学科,它横跨了社会科学、自然科学和技术科学的众多领域。"[1] 从研究方法来看,技术创新的研究方法更加多元,管理学、经济学、科学学、系统理论、演化理论、生态理论、社会学的方法被大量应用,案例研究、计量分析、统计分析、经济模型都在技术创新研究中发挥重要作用。柳卸林认为创新研究的方法可以从两个维度来看:既包括经济学的定量分析法和叙述法,又包含规范研究和实证研究。"在实证研究中,创新研究与经济学一样,'使用逻辑和几何学的演绎法以及统计推断和经验推断的归纳法',获取资料的手段有调查、问卷、统计、案例。历史的、比较的方法,也是创新研究者喜欢的方法。"[2]

20 世纪 90 年代开始,技术创新研究呈现出爆发式发展。通过中国知网篇名和关键词搜索,发现 1990 年以来技术创新相关文献有 62000 多篇,而 1990 年之前的相关文献仅有 66 篇。

第三节 技术经济方法的丰富

20 世纪 90 年代中后期,随着社会主义市场经济体系的建立,中国经济研究与国际的交流日渐加深,推动了中国经济学的研究。在这种背景下,技术经济学与相关学科的融合逐步加深,一些新的理论和方法在技术经济研究中得以应用。在主体研究领域相对稳定的情况下,研究方法呈现多元化是这一时期技术经济学发展的特点。需要说明的是,技术经济涉及众多研究领域,以下仅选择了一些典型的技术经济方法进行介绍,并不代表技术经济学方法发展的全部,只是展示这一阶段技术经济方法演进的特点。

---

[1] 李廉水:《技术创新经济学》,安徽人民出版社 1994 年版。
[2] 柳卸林:《技术创新经济学》,中国经济出版社 1993 年版。

一 计量经济方法的普遍应用

计量经济是基于数学、统计学来分析经济变量之间的关系的分析方法，是经济实证研究最为基础的方法。20 世纪 80 年代中国开始引入计量经济的方法，通过一段时期的准备，1998 年 7 月教育部高等学校经济学科专业教学指导委员会将《计量经济学》确定为高等学校经济学门类各专业的共同核心课程，计量经济学开始被全面普及。据统计，高等院校财经类专业开设《计量经济学》课程的比例分别为：1980 年为 0；1987 年为 18%；1993 年为 51%；1997 年为 92%；2006 年为 98%。[①] 随着计量经济学的普及，计量经济也开始在技术经济领域广泛应用。

从 20 世纪 20 年代末诞生以来，计量经济学逐渐形成了丰富的模型体系。李子奈以 20 世纪 70 年代为标准，将计量经济学分为经典计量经济学和现代计量经济学，现代计量经济学又分为时间序列计量经济学、微观计量经济学、非参数计量经济学和面板数据计量经济学。[②] 从具体模型来看，又可以分为经典回归模型、时间序列模型、联立方程模型、分位数回归模型、空间计量模型等众多类型。

随着学科的融合发展，计量经济成为技术经济研究的主要工具，在经典计量经济模型被广泛应用的基础上，现代计量经济模型在技术经济分析中发挥重要作用。有学者对计量经济学方法在能源问题研究中应用进行了梳理，协整关系、因果关系、面板数据模型、空间计量模型均有所应用。[③] 分位数回归被应用到技术创新、能源分析、产业创新分析、全要素生产率影响因素分析等众多领域。与之

---

① 李子奈：《我国计量经济学发展的三个阶段与现阶段的三项任务》，《经济学动态》2008 年第 11 期。

② 李子奈、刘亚清：《现代计量经济学模型体系解析》，《经济学动态》2010 年第 5 期。

③ 刘晋：《关于用计量经济学方法研究能源问题的研究综述及评价》，《当代经济》2014 年第 17 期。

类似，空间计量模型在技术创新、技术进步、能源环境、区域创新、产业创新等研究中也被较多采用。

二　全要素生产率研究方法发展

全要素生产率是技术进步的主要评价指标，全要素生产率的测算一直以来是技术经济研究的重点领域。索洛模型是全要素生产率测算的基本方法，在索洛模型的基础上，学者不断拓展全要素生产率的研究，又形成拓展索洛余值、随机前沿、数据包络等系列研究方法。在早期的研究中，全要素生产率测算主要采用索洛余值，20世纪90年代中后期我国全要素生产率测算方法开始多样化。

随机前沿方法通过在确定性前沿模型基础上引入随机扰动项，构建随机前沿生产函数，以此来模拟企业的生产行为，进而将全要素生产率分解为前沿技术进步和技术效率两个部分，以求对企业技术变化进行更加准确和全面的描述。1995年，郑玉歆等[1]较早地采用随机前沿分析方法，利用广州、深圳、厦门、上海4个城市棉纺、服装和家用电器3个行业300家企业调查数据，测算了企业的技术效率、配置效率、技术进步以及生产率的变动情况。20世纪90年代中后期以来，特别是2000年之后随机前沿分析方法被广泛应用到全要素生产率测算中。通过知网篇名"随机前沿"检索，1995年之前没有一篇文献，1995年之后超过600篇，涉及宏观、行业、区域、贸易、环境、资源等众多领域效率问题的研究。

数据包络分析（DEA）是以线性规划为基础，对同类型的多输入、多输出决策单元进行相对有效性评估的非参数分析方法。DEA属于非参数研究方法，相对于传统的生产函数理论，应用DEA对同类型多输入、多输出决策单元分析时，不需要预先估计参数，由于量纲无关性、无假设权重，DEA在避免主观因素和简化算法、减少

---

[1] 郑玉歆、张晓、张思奇：《技术效率、技术进步及其对生产率的贡献——沿海工业企业调查的初步分析》，《数量经济技术经济研究》1995年第12期。

误差等方面具有优势。[1] 考虑不同因素，DEA 又包括基于不同测度，基于不同生产可能集假定，蕴含不同偏好，基于不同变量类型，基于统计特征、区间数、模糊数等多种 DEA 模型，可以应用于规模收益分析、最小成本问题、最大收益问题、技术进步贡献率估算、区域经济预警等众多领域。[2] 相对于随机前沿方法，数据包络分析在中国应用较早，20 世纪 80 年代就有相关的介绍书籍和文章，但由于受到计算条件和数据的限制，90 年代后期，特别是 2000 年之后数据包络分析才被广泛应用。通过知网篇名"数据包络"检索，1995 年之前文献不足 30 篇，而 2000 年之后相关文献则超过 1000 篇。

三 经济模型的应用

模型是现代经济学研究的有机组成部分，对于推动经济学发展起到了重要作用。现代经济学发展构建了一系列基础性的模型，为应用研究提供了理论和方法支撑。可计算一般均衡模式是比较有代表性的经济基础模型，其基础来源于瓦尔拉斯的一般均衡理论，即消费者和生产者的最优化行为在一定条件下能够并将导致该经济体系中每个产品市场和生产要素市场的需求量和供给量之间的均衡，20 世纪 50—60 年代，以阿罗、德布鲁为代表的经济学家实现了一般均衡从抽象模型变为实用的政策分析工具。[3] 可计算一般均衡模型是通过建立一系列相关的方程，在一定规则下模拟生产者、消费者、政府等经济主体的行为，来反映经济运行的状况和特点。

由于具有较好的经济理论基础，同时兼容了投入产出、线性规划模型的特点，且强调了经济主体、经济要素之间的相互作用，可计算一般均衡模型应用范围较为广泛，特别是在税收政策、能源政

---

[1] 张宏军、徐有为、程恺、张睿、尹成祥：《数据包络分析研究热点综述》，《计算机工程与应用》2018 年第 10 期。

[2] 杨国梁、刘文斌、郑海军：《数据包络分析方法（DEA）综述》，《系统工程学报》2013 年第 6 期。

[3] 赵永、王劲峰：《经济分析 CGE 模型与应用》，中国经济出版社 2008 年版。

策、环境政策及改革政策评价方面具有独特的优势。1983年,杨小凯在《武汉大学学报》(社会科学版)发表了《可计算一般均衡(CGE)模型——一种新的经济计划和最优价格计算方法》,对可计算一般均衡做了介绍;1988年,谢伏瞻等在《数量经济技术经济研究》上发表了《结构主义CGE模型及其发展》,介绍了CGE模型的特点和发展情况。20世纪90年代后期,中国学者开始开发分析中国问题的可计算一般均衡模型,促进了一般均衡模型在我国的应用。进入21世纪,可计算一般均衡得到了快速发展,在政策评估、能源环境、贸易环境评价等方面得到较多应用。

四 物质流核算与分析

"物质资源"是土地和水资源之外的有形的实物性资源,是经济增长的重要要素投入。随着工业化的快速推进,资源环境问题日益突出,提高资源利用效率,最大限度地减轻资源供给压力和对生态环境的不利影响,实现可持续发展成为经济社会发展的迫切要求,掌握物质资源利用的状况和动态变化是实现资源高效利用的重要前提。物质流核算与分析为资源高效利用提供基础性研究方法。严格来讲,物质流核算与物质流分析研究重点有所差别。物质流核算侧重于系统物质流动情况的描述,可以分为经济系统的物质流核算、经济系统的物质流平衡、实物型投入产出表;物质流分析则是指在一定时空范围内关于特定系统的物质流动和贮存的系统性分析,是利用物质流核算的信息对物质使用效率进行评价的方法。[①]

物质流起源于生态学的思想,20世纪60年代末经济学家开始将相关分析引入到经济学研究中,20世纪90年代物质流研究进入高速发展阶段,相应的方法在美国、德国、日本得到应用。2000年左

[①] 吴开亚:《物质流分析:可持续发展的测量工具》,复旦大学出版社2012年版。

右，中国学者开始采用物质流核算与分析方法研究中国资源环境问题，陈效述等利用物质流方法分析了1989—1996年中国经济系统的物质需求总量、物质消耗强度和物质生产力。① 此后，物质流核算与分析在中国的应用逐渐加快，成为相关研究的重要工具，研究领域包括资源利用效率测算、资源投入核算、污染物排放、资源消耗与经济增长关系等。

五 演化经济学方法的应用

20世纪80年代开始，演化经济学进入系统性的研究阶段。由于视角独特，演化经济学越来越受到经济学者的重视，相关理论方法得到较快发展。概括而言，演化经济学可以理解为"对经济系统中新奇的创生、扩散和由此所导致的结构转变进行研究的经济学新范式"，与传统的经济学强调价格竞争、资源配置、交换不同，演化经济学研究突出创新竞争、资源创造、生产为核心。② 研究角度的不同使得演化经济学形成自身的方法体系，这种方法体系建立在对经济活动的认识基础上。有学者将演化经济学的基本假设概括为复杂行为人假设、心智重要假设、满意假设、不确定性假设、多样性假设、历史重要性假设，并基于此归纳了演化经济的特色研究方法，分别是个体发生和系统发生相结合、历史和地理的相对性分析、比较方法、动态分析方法。③ 同时，有限理性、路径依赖、报酬递增也构成演化经济学的方法基础。

虽然技术创新理论引入过程中已经包含了演化经济学思想，但从20世纪90年代中后期演化经济学理论才开始大量引入中国。创新是演化经济学的基本前提，也是其研究的核心问题，因此，演化

---

① 陈效述、乔立佳：《中国经济—环境系统的物质流分析》，《自然资源学报》2000年第1期。

② 贾根良：《演化经济学的综合：第三种经济学理论体系的发展》，科学出版社2012年版。

③ 商孟华、刘春英：《演化经济学方法论述评》，《文史哲》2007年第5期。

经济学在技术创新领域应用最为普遍。有学者把演化经济学在技术创新研究中的应用归纳为三个方面：技术创新演化过程、技术创新模式的演化、技术创新能力的演化。[①] 随着演化经济理论和方法的引入，中国学者将演化经济学应用到技术创新的众多研究领域，包括企业创新、产业创新、国家创新体系、创新战略、技术范式、技术扩散、环境问题、区域创新、新兴产业发展等。

第四节 技术经济方法体系构建

技术经济学是中国经济学者在充分吸收国际理论知识的基础上，结合中国国情提出的具有中国特色的学科。从最初的基于技术经济评价创立发展，到后期技术进步、技术创新方法的引入，技术经济学是在根据我国经济建设的需要不断调整和丰富研究内容，重点探讨技术和经济之间的关系，为解决经济社会发展面临的技术问题提供理论支持。作为应用学科，技术经济学适应发展需求展现出较好的成长性，而构建相对完整的理论方法体系成为技术经济学迫切需要解决的问题。

一 方法融合与体系探索

技术经济学来自技术经济评价，技术经济评价是技术经济学的基本内容，技术经济评价也经历了从计划到市场的调整，而作为以技术和经济关系为核心的学科，随着时代的要求，技术进步、技术创新成为技术经济的重要研究领域，将技术经济相关领域和方法进行融合，构建完善的方法体系成为技术经济学学者努力的目标。

---

① 孙冰：《基于演化经济学的技术创新相关研究综述》，《管理评论》2011 年第 12 期。

1990年，由李京文、郑友敬主编的《技术经济手册》（理论方法卷）出版，在理论方法体系构建方面做出了积极探索，成为我国技术经济学方法体系建设的基础。对于技术经济方法，该书认为，[①]用于技术经济分析的定量方法，虽然没有专门的分类，但大体上可归纳为以下九种类型：（1）系统分析法，以系统为对象，把要分析研究的对象，用概率、统计、统筹、模拟等办法，经过分析、推理、判断、综合、建立系统分析模型，进而以最优化方法，求得最佳化的结果；（2）可行性分析法，是计算、分析、评价各种技术方案、建设项目和生产经营决策的经济效益与社会效益的科学方法；（3）效益分析法，从多个待选方案中，评选各个方案的成本费用和经济价值，并加以比较，选择出满意的方案；（4）优化规划法，将资源按某种方式分配到各项活动，使其以某种数量表示的效果为最优；（5）决策法，是为达到某种目标而选择行动方案的过程；（6）投入产出法，在一定的经济理论指导下，通过数学方法研究经济系统中投入与产出关系的方法；（7）预测法，探索重大问题的未来趋势，提供决策者所需的信息的一种手段；（8）模拟法，用计算机对经济活动模拟；（9）统筹法，研究建设项目或科研活动中关键路线和计划评审技术等有关问题的科学方法。上述方法虽然分类并不统一，描述方式也不一致，但显示出了较高的概括性和抽象性，对技术经济研究的主要方法和特点进行了较好的总结。在具体的方法内容方面，该书收录了可行性研究、价值工程、效益评价、方案比较、行家调查、投入产出分析、系统分析、层次分析、预测分析、最优化分析、数学规划、大系统优化、随机服务系统、灰色系统分析、网络图论、对策论、决策分析、统筹方法、库存论、数学模型等超过20种方法，尽可能涵盖了技术经济学各领域所用到的基本方法。

[①] 李京文、郑友敬：《技术经济手册》（理论方法卷），学术书刊出版社1990年版。

总体来看,《技术经济手册》(理论方法卷)对于在新的发展时期融合技术经济研究领域,构建系统性的理论方法体系进行了积极探索,既具有传承性,又融入了新发展,对于技术经济方法理论发展具有较强的指导意义。

2000年后,许多新的方法和工具开始在技术经济研究中应用,技术经济的方法体系更加丰富,技术经济方法体系构建面临挑战。雷家骕等在相关技术经济方法体系方面进行了探讨,[①]"一般情况下,很难严格区分哪些方法是专门用于描述问题的方法,哪些方法是专门用于分析问题的方法,这只能视研究问题的特殊需要而定"。该研究认为,技术经济典型的方法主要是层次结构与复杂系统描述法、数学描述与分析法、逻辑与统计分析法、基于案例的类比推理分析法。针对现实技术经济问题往往呈现层次结构,需要用层次结构法加以描述,而复杂且因素多的技术经济问题则需要递阶系统法进行描述,复杂系统描述法适用更为复杂的系统,例如国家创新系统等;数学描述与分析法在经济学中普遍应用,数学方法模型在技术经济学中的应用体现在经济增长理论和创新理论;特定技术经济问题演化规律的把握有赖于逻辑分析法,比较和类比、归纳和演绎、分析和综合等在新技术形成假说、技术创新实践、工程经济和项目评价方面都发挥重要作用;统计分析方法在技术经济问题研究最为常用,具体包括平均分析法、因素分析法、相关性分析、对比分析法、平衡分析法、动态分析法等;在技术经济问题具有较高的复杂性或者数据缺失的情况下,则需要采用类比推理分析法。相比而言,该研究从更加整体的角度对技术经济方法进行归类,具有一定的参考价值。

蔡跃洲从宏观、中观和微观三个维度分别归纳了经济活动评价、技术进步对经济活动的影响、技术活动经济规律三方面研究所涉及

[①] 雷家骕、程源、杨湘玉:《技术经济学的基础理论和方法》,高等教育出版社2005年版。

的各主要学科及方法,[①] 虽然列出了一些具体方法,但更多地体现在学科层面。2014 年出版的《技术经济学及其应用》,从数量模型、运筹规划、概率统计、均衡模拟、成本收益、制度分析、演化分析等角度对研究方法进行了归类描述,[②] 该分类更多考虑了定量研究方法,具有一定的概括性。

二 技术经济方法体系的特点

前文对中国技术经济方法的演进过程进行了梳理,从中可以看出,新中国成立以来围绕着技术和经济两个核心技术经济学不断拓展研究领域和研究方法(如表 3—1),在为经济建设做出贡献的同时,理论方法逐渐丰富和多元。上一部分对技术经济方法体系构建脉络进行了归纳,综合来看,技术经济方法体系具有如下特点。

1. 技术经济方法体系具有以应用为导向的包容性

技术经济的起源具有很强的问题导向,主要是为了解决我国经济建设面临的现实问题,在发展过程中以技术与经济互动关系为出发点面向经济社会发展中的问题构建了理论方法体系。与理论研究学科不同,技术经济学方法体系具有很强的包容开放特征,即以应用为出发点建立和选择最行之有效的方法进行研究,不仅吸收经济学不同分支的研究方法,而且兼容并蓄管理学、工程学、生态学等多个学科的方法,形成多学科交叉的理论方法体系。方法体系的兼容并包一方面提高了技术经济学解决现实问题的效率,"在具体技术经济问题研究中,自然需要选择合理的方法和方法论"[③];另一方面也增强了技术经济学方法体系跨学科特征。

---

① 蔡跃洲:《技术经济学研究方法及方法论述评》,《数量经济技术经济研究》2009 年第 10 期。

② 齐建国、王宏伟、蔡跃洲等:《技术经济学及其应用》,社会科学文献出版社 2014 年版。

③ 雷家骕、程源、杨湘玉:《技术经济学的基础理论和方法》,高等教育出版社 2005 年版。

2. 技术经济学方法体系具有明显的层次性

由于是以应用为导向融合形成的方法体系，技术经济的方法呈现出多元化和多层次的特点，既可以从问题角度进行理解，又可以基于学科角度进行分类，还可以按照分析过程进行归纳，这种多层次性决定了技术经济方法体系构建中的多维度。层次性还体现在不同学科方法的层次方面，经济学方法是技术经济学的主体方法，这不仅反映在技术经济的分析方法主要来自经济学的分支，而且相关学科大多数方法的引入也是以解决经济发展问题为出发点，与经济学的方法相结合或服务于经济学的方法。

3. 技术经济学方法体系具有鲜明的时代性

作为应用性学科，技术经济学主要是解决经济社会发展中的重要技术经济问题，这就需要技术经济学方法必须适应不同阶段经济社会发展和经济管理体制的要求，技术经济学方法具有明显的时代性，反映了我国经济社会发展的阶段性特征。从另一层面上讲，包容性和开放性的特征也决定了技术经济学不断融入每个时代最具代表性的理论方法，用以研究技术经济问题。从发展趋势来看，我国技术经济学融合能力显著加强，技术经济方法体系拓展速度不断提升，大量新的理论方法在技术经济学得以应用。

表3—1　　　　　　　　技术经济方法的拓展路径

	新中国成立初期至改革开放前	改革开放开始至20世纪90年代中期	20世纪90年代中后期至今
技术经济评价	社会劳动生产率Ⅰ、社会劳动生产率Ⅱ、社会纯收入、社会净产值	市场预测、财务评价、国民经济评价、静态评价、动态评价、指标体系、层次分析、概率分析、盈亏平衡分析、敏感性分析	可计算一般均衡模型、物质流核算与分析、绿色经济核算、综合评价、社会成本收益分析、福利分析

续表

	新中国成立初期至改革开放前	改革开放开始至20世纪90年代中期	20世纪90年代中后期至今
技术进步		索洛模型、大道模型、投入产出分析	随机前沿法、数据包络分析、空间计量、分位数回归
技术创新		定性分析、计量分析	历史演进、路径依赖、报酬递增、有限理性、创新体系、空间计量、分位数回归、可计算一般均衡、微观模拟、系统分析、价值链分析、博弈论、制度分析

资料来源：笔者整理，部分参考齐建国、王宏伟、蔡跃洲等《技术经济学及其应用》，社会科学文献出版社2014年版。

第 四 章

项目评估与可行性分析研究

第一节　发展历程

一　改革开放之前30年的早期发展阶段

中国项目评估方法萌芽于20世纪50年代，在"一五"计划时期，伴随着156项大型项目的引进，中国开始学习苏联的经验，对这些大型建设项目进行技术经济分析或称"技术经济论证"，采用的评价方法主要是静态分析方法，如静态投资收益率法、差额投资收益率法、投资效果系数法、投资回收期法、年折算费用法等。中国的经济决策部门在"一五"计划时期，曾提出各重点建设项目在设计阶段，都要进行技术经济论证。此后，中国一直使用这种传统方法评价项目直到20世纪70年代末。

我们可以梳理一下，在改革开放之前30年的早期发展阶段，建设项目评价或技术经济论证还包括哪些内容。首先，评价建设项目布局的经济效果，是进行建设方案比选和技术经济论证的重要内容，早在20世纪60年代，就有学者对此做过较为全面的阐述。[①]（1）在比较建设项目不同选址方案的经济效果时，不应只考虑企业的成本

---

① 胡序威、胡昕主：《工业布局的技术经济论证》，《地理学报》1965年第3期。

效益，还应该考虑从国民经济角度来看的成本效益。比如，对于企业来说，建设项目选址靠近原料、燃料产地比靠近消费地更有利。然而有些情况下，建成项目的成品运输量超过原料运输量，或者由于成品比原料难以运输（如硫酸企业生产的产品），那么在这些情况下，项目选址靠近消费地比靠近原料产地对国民经济更有利。
（2）在论证建设项目的选址方案时，不能孤立地考虑单个企业的投资效果，应与直接有关的部门或企业联系起来进行分析。例如在论证钢铁基地的建设方案时，必须结合分析直接为其服务的煤炭、动力基地和铁路建设的投资和经营费用。假设在某地建设钢铁厂，从企业本身来看，投资效果虽比较好，然而如果其所节省的投资和生产费用不能抵偿由此而引起的在煤矿、电站、铁路建设方面需要增加的投资和经营费用，则这一方案在经济上显然是不够合理的。
（3）项目论证时，既要根据企业本身的技术经济特点，又要结合地区的资源条件进行具体分析。比如，在论证氮肥项目的技术方案和选址方案时，必须分析各合成氨厂采用什么工艺流程，选择什么原料，是天然气、石油气、焦炉气、重油、焦炭还是无烟煤？生产什么产品，是尿素、硫铵还是硝铵？采用多大的成套设备？只有弄清不同技术方案对原料资源、消费对象、运输、动力、用水、用地、劳动力等有关条件的要求，结合各个地区的具体条件和优势，才能分析出不同方案的经济效果。

在对不同方案进行比选和分析时，有时很难直接看出哪一个是最优方案，为此需要进一步对各比较方案的经济效果作数量分析，具体计算各不同方案的经济效果。在改革开放之前30年的实践中，最常用的四个评价指标是：（1）单位产品成本；（2）单位产品投资额；（3）附加投资的偿还年限（或投资效果系数）；（4）劳动生产率。采用以上四个指标基本上能够综合地反映一般建设项目的经济效果。但对各种不同类型的技术方案及选址方案进行具体计算时，通常会根据实际需要采用一些补充指标，包括资源利用程度（如回采率、金属实收率等），产品品位质量，单位产品原材料、燃料、动力消耗量，占地面积，职工人数，等等。

在各比较方案经济效果的计算中，所采用的各项指标需要具有可比性。计算不同方案的经济效果，必须是国民经济的总效果，不能以个别企业、个别部门的单位生产成本、单位投资额等指标进行经济比较，而应采用在消费地的单位产品的社会成本和社会投资总额等可比指标。以建设火电站和水电站的两个比较方案为例，在进行投资比较时，不能只计算火电站本身的投资，应把由建设火电站引发的煤矿、铁路建设等相关投资也计算进去，对水火电站本身投资的计算，除基本建设投资外，还应把为基建提供必要条件的勘探设计费用也计算在内。在比较生产成本时，不能只计算水电站和火电站的发电成本，还需加上从电站到用户的平均输电费用。在20世纪50—70年代的实际工作中，价值指标较难确定，一般都用产品成本指标来代替，但产品成本的变化不能全面地反映价值的变化，有时相互出入较大。因为在生产成本构成中占较大比重的原材料、燃料、动力等费用，都是按照国家统一规定的调拨价格来计算的，与实际的社会费用有相当差距，以此来比较不同方案的经济效果有时可能会造成错觉。例如某些纺织企业原料来自全国各地，而国家调拨的棉花进厂价格都是一样的，如果只从企业生产成本角度来看经济效果，原料基地距企业的远近就没有多大意义了。产品的社会劳动耗费应包括社会生产成本和运输成本两大部分。绝对的社会生产成本难以计算，只能通过对企业和部门生产成本的补充和修订，使它比较接近于社会生产成本。以前对运输成本的计算困难更大，因为那时候铁路运输的成本统计，只是按全国和各铁路局的平均数，不同产品在不同地区、不同运输线上的运输成本基本上得不到反映，如果以全国货物运输平均成本去计算不同产品不同运输里程的运输成本，则与实际运输成本的出入很大，比按运价表计算更不合理。不过，在采用成本指标的时候，也不能完全抛弃价格指标，价格的确定一般也是以社会成本为基础，价格与成本发生显著背离的情况在很大程度上是由价格政策所决定，而国家当时制定价格政策是从国民经济整体利益出发，综合考虑了合理利用资源、调节产需平衡、加速或控制某些部门的发展等多种因素之后作出决定。

在确定了分析比较时采用的主要经济指标并使它们具有可比性以后，就可对各种比较方案的经济效果进行具体计算。通常是先算出各方案的单位产品投资额、单位产品成本（生产成本加产品运输费用）等基本指标，如果这些指标都是最小的方案，就可认为是最优方案，在实际工作中常常需运用数学方法进一步测算，常用的数学方法有简易计算方法（如投资效果计算法）和多指标综合计算方法两大类。

二 积极引入与借鉴国际组织可行性研究与项目评估方法阶段

20世纪70年代后期，中国重回以经济建设为中心的发展轨道，大量经济建设项目上马，其中也包括世界银行等国际组织的援助项目，与此同时可行性研究与现代项目评估方法也被引入。1978年，联合国工业发展组织系统地总结了西方发达国家项目评估与可行性研究的经验，出版了《工业可行性研究编制手册》，1980年又出版了《工业项目评价手册》，为各国特别是发展中国家开展工程建设项目的可行性研究和项目评价提供了较为完备的资料。1979年，联合国工业发展组织可行性研究处处长W.勃伦斯应邀来华举办了第一期可行性研究培训班，参加学习的学员来自各专业设计院、大专院校以及有关管理部门。由此，逐渐形成了一个全国范围内学习和研究可行性研究理论和方法的热潮。各大媒体和专业期刊也进行了广泛的报道和讨论。随着对可行性研究的深入了解，越来越多的专家学者和相关官员认识到可行性研究的科学性和重要性。1981年，中国进出口管理委员会调研室组织翻译了联合国工业发展组织编写的《工业可行性研究编制手册》，由中国财政经济出版社出版发行。同年，中国成立了以转贷世界银行贷款为主要业务的中国投资银行。1983年，中国投资银行在借鉴国际组织可行性研究与项目评估方法的基础上，推出了《工业贷款项目评估手册》（试用本），之后曾多次加以修订，并被译成多种外文在其他发展中国家发行，受到世界银行和许多发展中国家的好评。1984 年，中国对外翻译出版公司翻译出版了联合国工业发展组织编写的《项目评价准则》。

1983 年 2 月，国家计委颁发《关于建设项目进行可行性研究的试行管理办法》（以下简称《管理办法》）的通知，这是第一份将可行性研究纳入基本建设项目决策程序的正式文件，可行性研究由此正式纳入基本建设和投资程序。《管理办法》就可行性研究编制程序、编制内容、预审和复审等方面提出了明确的要求，建设项目的决策和实施必须严格遵守国家规定的基本建设程序。可行性研究是建设前期工作的重要内容，是基本建设程序中的组成部分，其任务是根据国民经济长期规划和地区规划、行业规划的要求，对建设项目在技术、工程和经济上是否合理和可行，进行全面分析、论证，进行多方案比较，提出评价，为编制和审批设计任务书提供可靠的依据。为此要求，利用外资的项目、技术引进和设备进口项目、大型工业交通项目（包括重大技术改造项目），都应进行可行性研究。其他建设项目有条件时，也应进行可行性研究，具体编制范围由各部门、各地区自行确定。没有进行可行性研究的项目，有关决策部门不审批设计任务书，不列入投资计划。《管理办法》还要求，负责进行可行性研究的单位，要经过资格审定，要对工作成果的可靠性、准确性承担责任。要为可行性研究单位客观、公正地进行工作创造条件，任何单位和个人不得加以干涉。为了使建设项目有选择的余地，各部和各省、市、自治区可以有选择地储备一些主要建设项目的可行性研究报告，一旦建设条件具备，就编制和审批设计任务书，列入中长期计划。

1984 年 8 月，国家计委发布了《关于简化基本建设项目审批手续的通知》。该通知规定，需要国家审批的基本建设大中型项目审批程序，原为五道手续，即项目建议书、可行性研究报告、设计任务书、初步设计和开工报告；根据简政放权的要求，简化为项目建议书和设计任务书两道手续。该通知还规定了项目建议书和设计任务书（利用外资、引进技术项目，按国际通常做法采用可行性研究报告形式）的具体内容和要求。大中型基本建设项目的初步设计，下放给各部门、各省、自治区、直辖市审批。初步设计是项目决策后，根据设计任务书要求所做的具体实施方案，应能满足项目投资包干、招标承包、材料、设备订货、土地征用和施工准备等要求。初步设计的内容和具体要求，由各部门、各地区结合部门和地区特点，加以拟定，报国家计委备案。凡列入年度建设计划的项目，应该有批准的初步设计。

1984年，国务院相继出台《国务院批转国家计委关于工程设计改革的几点意见的通知》和《关于改革建筑业和基本建设管理体制若干问题的暂行规定》，规定工程咨询公司和工程承包公司，可从事建设前期工作的经济技术咨询、可行性研究、项目评价以及利用外资的有关工程咨询业务等工作，有条件的也可以承担设计和工程承包任务。国外咨询机构承担国内工程建设项目的咨询业务，一般应同中国有关咨询机构共同合作。工程承包公司接受建设项目主管部门（或建设单位）的委托，或投标中标，对项目建设的可行性研究、勘察设计、设备选购、材料订货、工程施工、生产准备直到竣工投产实行全过程的总承包，或部分承包。另外，在关于改革建设资金的管理办法中提出，除了国家投资的建设项目资金拨改贷之外，建设银行还要积极参与建设项目的可行性研究工作，对建设项目的经济效益和投资回收年限、偿还能力进行评估，提出意见，供建设项目主管部门编报设计任务书（或可行性研究报告）时决策。该规定还要求改革现行的项目审批程序，简化审批手续、下放审批权限、减少环节、提高效率。此后需要国家审批的项目，国家计委只审批项目建议书和设计任务书，利用外资、引进技术项目用可行性研究报告代替。

1982年3月26日，中国煤炭开发总公司和美国西方石油公司岛溪煤炭公司签订协议书，决定合作编制开发山西平朔矿区安太堡露天煤矿的可行性研究报告。这是中国改革开放后首次公开进行这方面的工作。

1986年5月19日,《人民日报》报道了浚鹤地方铁路建设前举行的可行性研究论证会,介绍了鹤壁市政府与中国技术经济研究会合作对地方铁路建设进行可行性研究的成功经验,认为可行性研究在保证项目有效建设、促进地方经济发展方面,起到了非常重要的作用。

三 逐步形成符合中国国情的项目评价标准与规范阶段

在积极引入和借鉴国际组织项目评估与可行性研究方法的同时,国内学术界结合国情开展了较为广泛、深入的研究工作。1984年,国务院技术经济研究中心组织大专院校和实际工作部门的专家组成课题组,研究编写了《建设项目国民经济评价方法与参数》;1985年,组织专家编写出版了《工业建设项目企业经济效益的评价方法》一书;1986年年初,召开了全国第二次"可行性研究和项目评价"研讨会,会议就如何提高投资决策科学化水平,提出了一系列建设性意见。1986年,国家计委组织了"建设项目经济评价方法与国家参数"专题研究专家组,在《工业建设项目企业经济效益的评价方法》和《建设项目国民经济评价方法与参数》的基础上,总结中国可行性研究和项目评价工作的经验和教训,借鉴国外经济评价的理论和方法,结合中国项目投资实践,制定了四个规定性文件,包括:《关于建设项目经济评价工作的暂行规定》《建设项目经济评价方法》《建设项目经济评价参数》和《中外合资项目经济评价方法》。1987年,国家计委正式颁发试行《建设项目经济评价方法与参数》(第一版),对经济评价的程序、方法和指标等做出了明确规定和具体说明,首次颁布了各类经济评价所用的各项参数,从此中国建设项目可行性研究与项目评估有了规范性的指导。

进入20世纪90年代,国家在经济体制等方面的改革进一步深化,中国经济和社会也发生了很大变化,社会主义市场经济体制初步建立,市场机制已在相当程度上取代了计划指令在资源配置中的基础性作用，原有的经济评价方法与参数在实践中遇到一些新问题，需要制定更接近市场、更符合市场化要求的建设项目经济评价方法与参数。为此，国家计委和建设部组织专家对《建设项目经济评价方法与参数》（第一版）进行了补充和修订，于1993年颁发了《建设项目经济评价方法与参数》（第二版）。《建设项目经济评价方法与参数》（第二版）成为当时中国各工程咨询、规划设计单位进行投资项目评价的指导性文件，成为经济决策部门审批设计任务书（可行性研究报告）及审查投资贷款的基本依据。在这一评价方法的基础上，国务院技术经济研究中心、中国社会科学院以及银行系统等多个部门都陆续开展了重大建设项目经济评价办法的研究，探讨适应不同行业具体情况的评价办法。

随着中国在投融资、金融、财税、外贸等领域出台了一系列重大改革措施，投资环境发生了深刻变化。为保证项目评价工作能够适应经济发展的需要、保障决策的科学性，2006年国家发展改革委和建设部颁发了《建设项目经济评价方法与参数》（第三版），标志着中国特色项目评价工作走上了科学化和规范化的道路。值得注意的是，根据对国内外一些特大型项目评价的实践经验和理论总结，《建设项目经济评价方法与参数》（第三版）增加了大型建设项目对地区、区域经济和宏观经济影响分析的内容。

四 全方位建立与完善项目评价方法体系阶段

当前项目评价研究的突出特点，是从单纯的财务评价向技术、财务、经济、环境、社会综合评价转变。20世纪30年代以前，西方经济理论强调自由竞争，企业追求利润最大化，项目评价仅考虑投资的财务效果。第二次世界大战之后，西方国家广泛采纳了凯恩斯理论和福利经济学思想，加强了国家的经济功能，大量增加公共开支，进行公共设施建设，并实行福利政策。由于公共工程与社会福利项目是以社会效益和宏观经济效益为主要目标的，评价的重点也从微观财务评价转向宏观的经济和社会评价。

中国经过40多年的改革开放，目前正处于社会经济体系深刻变革和社会经济转型的关键时期。大量农村剩余劳动力流向城市，加速了城市化进程，同时带来农民就业方式的转变。另外，随着户籍制度改革的不断推进，将会加速人口的自由流动，并造成城市失业压力的持续增加。同时，加入 WTO 也对中国社会经济各方面产生重要影响，并使得人们对减贫、参与、性别、公平、机构发展、少数民族、移民等一系列社会问题更加关注和敏感。在这种环境下，社会评价在投资项目的建设和实施中将显得更加重要。在项目前期准备及监测实施过程中引入社会评价，是解决项目投资活动中可能出现的各种社会问题、规避社会风险的客观需要。

1992 年，在联合国环境与发展大会上，通过了以可持续发展为核心的《21 世纪议程》，指出社会发展要"既满足当代人的需求，又不对后代人满足自身需要的能力构成危害"。可持续发展对项目评价提出了更高要求，不仅特别重视环境资源的价值，而且从动态角度强调对它们永续利用、代际公平等，这是传统经济发展理论所不曾涉及的。在人类可持续发展的模式中，传统的资本或财富定义有所拓展，除有形资本外，还将人力资本和自然资源纳入传统的资本之中。随着环境的变化，人们对于费用和效益的认识不断深化。人们认识到项目将对收入、就业、自然环境、社会环境以及子孙后代等方面产生影响。

可持续发展观以及以人为本发展观的确立，促成了在项目评价中，除了要保证经济、环境可行性外，也应保证社会的可行性。基于这样的认识，世界银行、亚洲开发银行等一些国际金融机构在一些投资项目中引入社会影响分析，中国于 2004 年发布了《中国投资项目社会评价指南》，项目评价已从单一的财务分析和经济分析，发展到技术、财务、经济、区域影响、环境和社会等方面的综合评价。

中国是经济体量排名世界第二的经济发展大国，投资强度很大，各种投资项目成千上万，各类大型公共工程纷纷上马，经济发展与资源、环境的矛盾也日益突出，涉及的社会利益关系日益复杂。在项目评价中，不仅要进行技术评价、财务评价和一般经济评价，还应进行区域经济影响评价、环境影响评价和社会评价。评价的标准也相应地扩展为符合技术可行、经济合理、环境友好、资源节约、社会和谐。建设项目环境影响评价、建设项目社会评价、大型建设项目对区域经济与宏观经济影响分析与评价陆续成为项目评价体系重要成员。

项目后评价也是项目评价体系的重要成员。项目投资是一个连续的动态过程，由前期研究、决策、建设、运行、投资回收等环节组成。项目的成功、投资目标的实现，不仅要有高质量的前期研究，也有赖于其他各阶段的顺利运行及根据项目的进行和情况的变化，对整个进程进行后续评价，并及时采取改进措施。项目的事中和事后评价，不仅可以检验可行性研究和决策的质量、明确前期研究和投资决策的责任，更是项目顺利运行的重要保障。

第二节　项目评估体系的形成

一　项目评估与可行性分析研究理论方法的发展

（一）借鉴西方国家和国际组织项目评价理论与方法

现代项目评价研究，已从单纯的财务评价向技术、财务、经济、环境、社会综合评价转变。在资本主义早期，政府投资的公共项目很少，大部分是私人投资项目。私人企业追逐的是企业的最大利润，因此，当时的投资项目评价就是围绕如何获得最大利润来进行的，并且假设经济环境是在政府自由放任政策下的完全竞争。私营企业主为了尽可能获得最大利润、减少投资风险，在对项目投资之前会站在企业自身的角度，以利润为主要评价目标，用市场价格计算相关效益指标，分析项目的盈利能力，也就是投资项目的财务评价。20世纪30年代之后，西方国家广泛采纳了凯恩斯理论和福利经济学思想，加强了国家的经济功能，大量增加公共开支，进行公共设施建设，政府公共工程项目不断增多，原有的财务评价已不能满足全面评价的需求。原有的财务评价以企业利润最大化为目标，而公共工程项目的评价目标则是以宏观经济效益和社会效益为主，已不再局限于企业利润最大化，费用与效益的含义也不再局限于企业的成本和收入，从客观上讲原有的财务评价方法不能真实地反映项目的社会效益。随着政府管理公共事务的经验积累和人们改善生活的强烈愿望，政府干预经济的需要和作用逐渐增强，这就要求从国民经济整体的角度以国民收入和社会净收益为主要评价目标，来分析项目的经济合理性，各国经济学家重新考虑项目评价问题，将社会效用、生产与消费、资源配置以及社会福利问题纳入项目评价的范围之内，于是就逐步形成了以传统费用—效益分析为基本方法的经济评价。1968年，经济合作与发展组织（OECD）在《工业项目手册》中首先提出了"新方法论"。"新方法论"是指建议按照国际市场价格和汇率来估计项目的投入与产出。"新方法论"较成本效益系统分析法更具有科学性和先进性，大大推动了项目评价理论方法的发展，但也有其自身的局限性，如不太适合发展中国家的项目评价等。针对"新方法论"的局限性，联合国工业发展组织（UNIDO）和阿拉伯国家工业发展中心（IDCAS）于1980年提出了"增值法"的思想，即根据项目对国民收入增长的贡献来判断项目的价值。"增值法"建立了项目评价和国民收入之间的联系，简单明了，但由于没有考虑项目的外部效果和非经济效果，使问题过于简单化。20世纪80年代以后，各国经济学家和工程界人士加大了对建设项目宏观评价的研究力度，将社会评价和综合评价视为建设项目，尤其是大型、超大型建设项目上马的必要条件，同时更加注重环境保护和可持续发展在项目评价中的地位。

随着投资体制的改革，政府主导的投资活动已经由企业主导的投资活动所取代。在市场竞争性项目领域，投资方十分重视项目的财务分析等内容，促进了财务分析工作质量的提高。项目可行性研究开始由过去政府规定不得不做，为应付审批的"可批性"研究转变为较扎实的项目前期研究，并把它作为保证投资者效益，避免投资风险的必要手段。市场上专门从事项目可行性研究和项目评价的咨询机构得到快速发展。为配合国家注册咨询师认证考试制度，一批专门面向申请备考人员的项目咨询和项目评价的教材面世，基层技术经济工作者重新学习可行性研究和项目评价知识形成热潮。除了一般性项目评价理论方法研究与实践外，项目评价理论开始向专门领域发展，诸如经济分析（国民经济评价）方法的改进，影子价格的使用条件及计算方法，环境影响的经济评价，超大型项目的区域经济、宏观经济影响评价，企业并购类项目评价，高技术项目评价，项目不同利益主体的经济分析，公共投资项目以及政府公共投资项目评价的方法等。

（二）逐步形成中国自己的项目评价标准和规范

中国在1987年正式发布了《建设项目经济评价方法与参数》（第一版）。建设项目经济评价工作是投资项目前期的主要工作，对于避免项目决策失误，有效地合理利用投资，引导投资方向，减少投资损失、浪费，提高投资效益等发挥积极的作用。《建设项目经济评价方法与参数》（第一版）的制定对加强固定资产投资项目建设的科学管理、提高项目决策的科学化水平起重要作用。

《建设项目经济评价方法与参数》（第一版）借鉴了世界银行、联合国工业发展组织及亚洲开发银行等国际组织倡导使用的项目评价方法中的合理内容，以便使中国的投资决策减少盲目性，能够更加科学合理。这些国际组织推荐的项目评价方法，主要是针对发展中国家市场不完善、经济结构不合理，而国家的财政与货币政策不健全等特点，试图通过项目评价，增强投资的科学性，达到资源的合理配置。《建设项目经济评价方法与参数》（第一版），在充分借鉴国际组织评价方法的基础上，也体现了适合中国国情的中国特色。主要表现在：第一，对于国外方法以及中国传统方法中的适用部分，兼收并蓄。例如，动态分析与静态分析相结合，以动态分析为主；宏观效益分析与微观效益分析相结合，以宏观效益分析为主；定量分析与定性分析相结合，以定量分析为主；全过程效益分析与阶段效益分析相结合，以全过程效益分析为主；预测分析与统计分析相结合，以预测分析为主；采用基本方案与多方案比较相结合的分析方法；等等。第二，充分考虑中国当时投资体制的特点、宏观调控的要求以及财务、会计、税务等制度规定，例如，在财务评价中更重视全投资内部收益率和国内投资内部收益率指标，对于国内一般建设项目没有要求进行自有资金盈利性分析。又比如，在方法说明中，提纲挈领地列出了有关财务税收条规，指出其与评价方法之间的密切联系等。第三，力求方法的简化和可操作性，这是考虑到项目评价方法当时在中国应用时间不长，项目评价人员力量有限，还需要有足够的时间来进行普及和推广。例如，在财务评价中没有强调不确定分析中的概率分析；为了减少指标和照顾习惯，将静态投资收益率、投资毛收益率等指标略去了；为适应实际工作的要求，尽可能多地测算发布了影子价格参考参数，以利于减轻评价人员的工作量等。

《建设项目经济评价方法与参数》（第一版）是中国首次就建设项目经济评价发布的带有法规性质的指导性文件，对当时中国经济项目评价工作的统一和规范化、标准化起到了非常重要的作用，大大推动了项目评价和可行性研究工作的开展。1987年正式施行以后，当时全国大中型项目的经济评价基本上都以此为蓝本进行，中国国际工程咨询公司、建设银行各部门和各省市的项目评估机构的项目建议书和可行性研究报告都是基于这套方法。《建设项目经济评价方法与参数》（第一版）顺应了改革开放的需要，不仅适用中国经济体制改革的要求，同时也有利于国际交往。它一方面有利于当时中国利用世界银行、亚洲开发银行和各国政府贷款，另一方面也有利于吸引外商对华投资建设项目。

《建设项目经济评价方法与参数》（第一版）发布之时，正是中国经济体制改革力度加大，各项政策、条例、法规、制度变化较快的时期，必然在一定程度上影响方法的时效性。此外，需要结合实际运用中遇到的问题对方法和参数进行改进与调整，使之更符合中国的国情。可以说，《建设项目经济评价方法与参数》（第一版）发布之后，准备修订的工作已经有所安排了。时隔6年，1993年中国发布了《建设项目经济评价方法与参数》（第二版）。再之后时隔13年，2006年发布了《建设项目经济评价方法与参数》（第三版），构成了中国较为完整的项目评价标准和规范。

《建设项目经济评价方法与参数》"第二版"与"第一版"相比，有以下一些不同与改进。

在建设投资的补偿计算方面，"第一版"把建设投资全部作为固定资产投资，确定一个形成率，再计算折旧。这样一来，被剔除掉的部分既不能从折旧中得到补偿，又没有其他方式可以补偿，不符合资产保全原则。"第二版"把建设投资分为固定资产、无形资产和递延资产，规定了折旧和摊销的办法，保证了所有的投资都能得到补偿和回收。

在成本计算方面，"第一版"采用完全成本法，即把所有的开支费用都直接摊入产品成本，使用的是车间成本、工厂成本、销售成本的概念。"第二版"依据当时新财务会计制度，采用制造成本法，使用的是制造成本加期间费用的概念，期间费用从销售收入中直接扣除，体现为当期损益。期间费用又具体分为管理费用、财务费用、销售费用三项，从管理、筹资、销售环节来分别核算，这与国际上通行的做法相一致。

在财务评价指标方面，"第一版"中只设置了一个考核偿债能力指标，即借款偿还期。"第二版"在偿债能力的内涵和外延上都有所扩大，增加了资产负债率、流动比率、速动比率指标。在市场经济条件下，一个建设项目的资金筹措不再仅仅局限于银行贷款，投资主体多元化带来融资渠道多样化和债务情况复杂化。资产负债率既能反映债务人利用负债进行经营活动的能力，也可以反映债权人投资的安全程度，流动比率、速动比率则反映债务人偿还短期债务能力。"第二版"还增加了资本金利润率指标。

在项目总投资及其形成资产方面,"第二版"与"第一版"相比,总投资中增加了固定资产投资方向调节税。在财务评价的价格方面,"第一版"规定,"财务评价使用现行价格";而"第二版"则规定,"国内项目财务评价使用财务价格,即以现行价格体系为基础的预测价格","财务价格应采用预计最有可能发生的价格"。在财务评价基本原理、计算方法和判别标准等方面,"第二版"改进之处是现金流量表中增列了所得税和特种基金。"第一版"中所得税不作为现金流出,且为税前还贷,而"第二版"中改为税后还贷。

在"第二版"中,财务评价所采用的报表有较大增加。基本报表由5张增为6张。辅助报表由6张增为11张。为了与世界银行、亚洲开发银行及其他国际金融机构的财会制度相适应,"第二版"中报表的名称和内容亦有变化,如"第一版"中的资金平衡表、利润表及财务平衡表分别在"第二版"改称资产负债表、损益表及资金来源与运用表。

《建设项目经济评价方法与参数》"第三版"与"第二版"相比,主要变化与改进之处是:全面以社会主义市场经济理论指导项目评价准则的修订,剔除了过时的计划经济时期的做法和规定,更加与国际通用方法接轨;重点修订了经济分析(国民经济评价)的理论方法;根据中国新的会计准则修订了财务分析的方法;根据项目性质确定了不同项目评价内容上的取舍,例如,一般市场竞争性项目可不进行经济分析,动用财政资金的公共项目突出财务可持续性分析和经济分析,涉及区域发展和国家社会经济发展的重大项目应进行区域与宏观经济影响分析,对部分评价指标和方案比选方法进行了调整和改进等。

"第三版"细化并补充了财务费用流和效益流的识别和估算方法;财务分析较之以前有很大调整,引入了"项目投资现金流量表"代替"全投资财务现金流量表",引入了更能明确表明项目偿债能力的"偿债备付率"和"利息备付率"指标,以"利润与利润分配表"替换了"损益表",补充了非营利性项目财务生存能力分析内容和方法等；在经济评价中引入了"费用效果分析"；增加了风险分析；参数部分，建立了经济评价参数体系，修改了部分财务评价参数和经济评价参数。

值得关注的是"第三版"增加了大型建设项目对地区、区域经济和宏观经济影响进行分析的内容。

一些大型建设项目的实施，会对所在地和周边地区经济产生显著的影响，需要分析地方经济发展水平对投资建设项目的可接受程度，如城市道路项目对所在地及周边地区经济的影响。一些特大型投资建设项目的实施，会对区域经济和宏观经济产生巨大的影响，如三峡工程不仅对长江中下游地区的经济发展，乃至对全国经济的长远发展都有重大的影响。这些影响仅用财务分析和经济分析的手段不足以说明问题，需要从较高层次进行分析与论证。在这部分新增的内容中，根据对国内外一些特大型项目评价的实践经验和理论总结，界定了特大型项目对区域经济和宏观经济影响分析的有关基本概念，区分了特大型投资项目区域和宏观经济影响分析与一般项目国民经济评价的异同，初步识别了特大型投资项目对区域和宏观经济的影响要素，设定了特大型项目的评价指标和分析方法体系，对进一步完善项目评价和决策体系具有重要意义。

（三）逐步形成全方位的项目评价体系

以往项目评价重点放在财务评价和经济评价，没有或较少涉及对生态、资源、环境、社会等因素的技术经济分析，缺乏人与自然和谐发展、经济与社会协调发展的综合分析评价。现在比较一致的看法是，仅用财务评价和经济评价方法对建设项目特别是超大型项目进行分析论证，不足以反映科学发展观和可持续发展对建设项目的要求。科学发展观决定了项目评价方法的重心应当进行相应的调整，从关注项目本身到关注项目的外部性影响，关注建设项目对自然和生态环境、资源和能源利用带来的影响。当前在项目评价中已经逐步加强了对产业布局、区域经济、资源节约与综合利用、环境生态和社会发展等方面的分析论证。

现在基本上已经形成了包括项目技术评价、财务评价、经济评价、环境影响评价、社会影响评价、区域经济影响评价等多种因素分析评价的现代投资项目评价方法体系。投资项目评价方法体系的建立是一个渐进发展的过程。从追求投资收益最大化的角度形成了投资项目财务评价方法；从区域或宏观经济的角度衡量项目产生的经济影响产生了经济评价方法；对环境污染问题的重视产生了环境影响评价方法；对项目形成的社会影响的重视产生了社会影响评价方法。用现行的评价方法，可以对投资项目的工程技术、财务效益、经济效益、环境影响、社会影响、区域经济影响等各个方面进行评价。现在不仅重视项目前期阶段的论证分析，而且重视项目运营后的评价分析。

二　项目财务评价

项目财务评价是项目评价体系里最早的成员。项目财务评价是根据国家现行财税制度和价格体系，分析、计算项目直接发生的财务收益和费用，编制一定时期的财务报表，并据此计算评价指标，考察盈利能力、清偿能力，以及外汇平衡等财务状况，以评判投资项目可行性的经济活动。其目的是确保投资决策的正确性和科学性，避免或最大限度地减少投资方案的风险，估算投资方案的经济效果，其评价结论是决定项目取舍的重要依据，也是投资中经常使用的重要的辅助决策工具。

项目财务评价的基本目的是考察项目的盈利能力、偿债能力和抗风险能力。项目的盈利能力是指项目投资的盈利水平，包括两个方面，一是评价项目达到设计生产能力的正常生产年份可能获得的盈利水平，即计算项目正常生产年份的企业利润及其占总投资的比率大小，用以考察项目年度投资盈利能力；二是评价项目整个寿命期内的总盈利水平。运用动态方法考虑资金时间价值，计算项目整个寿命期内企业的财务收益和总收益率，衡量项目寿命期内所能达到的实际财务总收益。项目的偿债能力是指项目按期偿还到期债务的能力，通常表现为借款偿还期，它是银行进行项目贷款决策的重要依据。偿还借款期限的长短，取决于项目投产后每年所能获得的利润、折旧基金和摊销费，以及其他可偿还借款本息的资金来源，按协议规定偿清建设项目投资借款本金利息所需的时间，该指标值应能满足借款机构的期限要求。对于已约定借款偿还期限的建设项目，应采用利息备付率和偿债备付率指标分析项目的偿债能力。项目投资的抗风险能力，是指通过不确定性分析（如盈亏平衡分析、敏感性分析）和风险分析，预测分析客观因素变动对项目盈利能力的影响，检验不确定性因素的变动对项目收益、收益率和投资借款偿还期等评价指标的影响程度。

项目财务评价是在对项目建设方案，投资估算与融资方案，产品方案和建设条件等进行详尽的技术经济分析论证、优选确定的基础上，进行项目财务可行性研究分析评价工作。需要正确识别项目的财务效益和费用，在项目财务效益和费用识别与计算的基础上，编制项目的财务评价报表。主要报表有：财务现金流量表、损益和利润分配表、资金来源与运用表、资产负债表和借款偿还计划表等。根据财务评价报表，可直接计算出各项财务评价指标，并通过与国家、部门（地区）规定的评价指标基准值进行对比分析，即可对建设项目的盈利能力、偿债能力和抗风险能力做出客观的分析评价，判别项目的财务可行性。

项目财务评价中所使用的主要财务评价指标有动态指标和静态指标之分。动态指标主要有内部收益率、净现值、动态投资回收期等，动态指标要考虑资金的时间价值，在计算时相对比较复杂。静态指标则主要有投资回收期、投资利润率、投资利税率、资本金利润率、借款偿还期、资产负债率、流动比率、速动比率、平衡点生产能力利用率、平衡点产量等。在项目财务评价中一般以动态分析为主，以静态分析为辅。

三 项目国民经济评价

项目国民经济评价也是项目评价体系里最早的成员。国民经济评价采用的基本方法是费用—效益分析和费用—效果分析方法。传统的费用—效益分析主要着眼于效率，它有一个很强的假设前提：社会资源已经达到理想的公平分配状态，或者，政府在项目层次之外，有其他手段来实现公平的分配。费用—效益分析只是从效率原则出发，其目的在于提高资源的利用效率，从而提高全社会的福利状况。费用—效益分析的基本方法是现金流折现法，现金流折现法计算的基本原理在于先估计项目寿命期内的效益流与支出流，再对其进行折现，使不同时期产生的效益和支出可以相加。在现金流折现法中，主要评价指标有三个：净现值、费用—效益和内部收益率。用净现值、费用—效益、内部收益率这几个指标来评价单个方案所得出的结果应该是一致的。

建设项目国民经济评价的主要工作包括：识别项目的经济效益和费用、编制评价报表、计算国民经济评价指标并进行方案比选。识别项目的经济费用和效益，需要运用"有无对比法"，将项目的实施和运行对经济造成的影响（包括正面影响和负面影响）与无项目条件下的情况进行对比，以确定某项投资效益和费用。一个项目的效益包括直接效益和间接效益，费用包括直接费用和间接费用，项目的直接效益和直接费用一般在项目的财务评价中可以得到反映。间接效益是指由项目引起而在直接效益中没有得到反映的效益，比如项目使用劳动力使其熟练程度提高的效益、技术扩散的效益、由于道路交通建设使周边房地产升值的效益等都是间接效益；间接费用是指由项目引起而在直接费用中没有得到反映的费用，比如项目产品的大量出口遭遇不测而引起的产品成本大增等就是间接费用。

建设项目国民经济评价在投资实践中发挥着财务评价所不可替代的重要作用，它从宏观上合理配置国家有限的资源，真实地反映建设项目对国民经济的净贡献。合理的资源配置应该能够使国民经济目标达到优化的资源配置。为使民经济大系统目标达到最大化，所选项目应该是对国民经济大系统目标优化最有利的项目。而由于市场功能的局限性等原因，财务价格往往不能全面、正确反映项目投入物及产出物的真正经济价值，由财务评价所选择的项目就可能不是对国民经济目标优化最有利的项目。因此，为了宏观上实现资源合理配置，需要进行国民经济评价，选择对国民经济这个大系统目标最有利的项目或方案。

建设项目国民经济评价是项目决策的重要依据，国民经济评价结论不可行的项目，一般应予否定。建设项目国民经济评价的另一个重要作用是对项目方案进行比选。一个项目有多种实施方案，采取哪种方案，应当依据国民经济评价的分析，依据国民经济评价所提供的价值信息进行优化。对一些国计民生急需的项目，如国民经济评价合理，而财务评价不可行，应重新考虑方案，必要时可提出相应的财务政策方面的建议，调整项目的财务条件，使项目在财务上也可行。比如放松价格管制、允许部分产品以较高价格出售，或者给予税收优惠、减免部分税收，或者给予项目优惠贷款或增加直接投资减轻项目负债等。从国民经济的角度评价和考察项目，支持和发展对国民经济贡献大的产业项目，要特别注意制止和限制对国民经济贡献不大的项目。正确运用国民经济评价方法，在项目决策中可以有效地察觉盲目建设、重复建设项目，可以有效地将企业利益、地区利益与国家整体利益有机地结合起来。

四　环境影响评价

环境影响评价是指对拟建中的项目、区域开发计划和国家政策实施后可能对环境产生的因素进行的系统性识别、预测和评估。其根本目的是鼓励在规划和决策中考虑环境因素，最终达到更具环境相容性的人类活动。对建设项目进行环境影响评价，国外始于20世纪60年代，从提出到实施，历经了数十年的研究与实践，该项工作对于遏制因经济发展而引起的环境问题起到了重要的作用。20世纪

70 年代中后期，国外环境影响评价制度、方法的资料陆续传播到国内，一些专家开始在学术会议上介绍环境影响评价的概念和意义，有关部门也着手进行在中国建立环境影响评价制度的准备工作。中国于 1979 年 9 月颁布了《环境保护法（试行）》，该法对在中国实行环境影响评价报告书制度作了明确规定，从此环境影响评价在中国逐步开展起来，仅从 1979 年下半年到 1981 年上半年，就对宝山钢铁厂、永平铜矿、昆明三聚磷酸钠厂等十余个大中型建设项目进行了环境影响评价。可以说中国是发展中国家里开展建设项目环境影响评价比较早的国家。

立法确定的环境影响评价制度的建立，使环境影响评价成为项目评估和可行性研究中的一个重要组成部分。一个建设项目，不仅要对其经济效益进行可行性研究，而且还要对其环境效益进行可行性研究。如果一个建设项目从经济角度评价是可行的，而从环境角度评价是不利的，如由于布局不合理、选址不当等，建成后，对环境造成严重污染，影响居民正常生活，甚至损害居民健康，以及破坏自然生态等，则这样的项目是不可行的。为了实施可持续发展战略，预防因规划和建设项目实施后对环境造成不良影响，促进经济、社会和环境的协调发展，中国于 2002 年 10 月颁布了《环境影响评价法》，并于 2003 年 9 月起施行，环境影响评价由此实现了从建设项目到规划、从微观到宏观、从局部到区域、从单项建设到整体产业以及从当前到长远五个方面的扩展，大大推动了中国的环境影响评价工作。

建设项目的环境影响评价工作对维持国民经济持续稳定的健康发展、人民生活质量的提高、保护人类赖以生存的自然生态环境和国民经济赖以持续发展所需的物质资源等，都有重要的意义。一是促进了产业合理布局和优化选址，通过环境影响评价，优化了项目的选址，否决了一些与国家产业政策、环境保护规划、区域环境质量目标不符的建设项目。实行环境影响评价工作后，许多项目在开展环境影响评价前就开始进行多方案的比选，建设项目选址、选线要避免重大的环境影响已成为人们的共识。二是控制了新污染源产生和促进了老污染源治理，在环境影响评价工作中，切实贯彻达标排放、以新代老、区域削减等原则，有效地控制了新建项目污染物排放总量。三是促进了企业技术进步和清洁生产的推行。建设项目环境影响评价从要求污染物达标排放开始，逐渐上溯到生产工艺的改革和清洁生产技术的采用。四是促进了大众环境意识的提高。许多人通过接触环境影响评价，更加深刻地认识了环境问题，增强了环境意识，树立了环境保护和可持续发展观念。

环境影响评价在中国的实践不断得到拓展和深化。一是更加重视对重大工程尤其是环境敏感、社会关注的重大项目的环境影响评价，例如青藏铁路、西气东输、南水北调、西电东送等。可以说，像青藏铁路这样的重大工程，高质量的环境影响评价对中国推进环境影响评价具有深远的影响。青藏铁路的环境影响评价针对在青藏高原建设铁路应关注的环境问题，提出了有效的环保措施，为其他重大工程作了示范。二是战略环境评价成为环境评价拓展与深化的重要领域。项目的环境影响评价往往是在高层次的战略决策之后，因此，在项目环境影响评价阶段，有些决策在更早的规划阶段就已确定。环境评价对项目所提供的可选方案和治理污染措施的选择就比较有限。战略环境评价是对政府部门的战略性决策行为及其可供选择方案的环境影响和效应进行系统的和综合性评价的过程，它为政府政策、规划、计划的制定和实施提供环境影响评价上的技术支持。战略环境评价可以使环境评价在更高平台、更大范围、更深层次发挥源头预防的作用，为经济绿色化转型提供有力的支撑和保障。三是区域环境评价。对区域经济发展的环境影响进行预测，筛选其主要环境问题，提出相应的环境保护政策，研究区域的环境容量及其承载能力，并从污染物总量控制及环境生态的变化等方面，提出区域经济发展的合理规模及其结构的建议。与单个建设项目相比，区域开发具有占地面积大、性质复杂、管理层次较多、不确定性因素多、环境影响范围大的特点，比单个建设项目环境影响评价要复杂得多。此外，对污染影响的评价、生态影响的评价以及在资源利用方面对可持续发展的评价也将是环境评价关注的重点。

五 大型建设项目对区域经济与宏观经济影响的分析评价

大型建设项目对区域经济的影响是多方面的，既有有利影响，也有不利影响。[①] 从微观上说，大型建设项目将影响经济活动的区位选择、区域经济增长和产业结构的变化；从区域整体上说，它促进区域空间结构的形成，影响区域自我发展能力；从宏观上说，它将决定区域的区位条件和开放程度。大型建设项目对区域经济的正面影响表现在三个方面：首先，大型建设项目可能改善其所在区域的功能与发展条件。因为伴随着大型建设项目的建设，布点区域的基础设施，如交通、能源供应条件先得到相应的建设，其他有利于投资建设的环境条件也会相应而生，如有专业技能的劳动力供给、生活及服务设施的配备等。其次，大型建设项目有可能改变布点区域的产业结构，促进经济增长。在一个原有基础比较薄弱的地区，大型建设项目可能通过产业布局，改变或建立全新的经济结构，迅速推进地方经济增长。在原有经济基础较好、经济实力较强的地区，大型建设项目的布点区可能会分离而成某城市的卫星城、大功能区或新城区，促进城市规模迅速扩大，从而改变原有经济结构，推动经济发展。最后，大型建设项目可以促进区域产业循环的形成。大型建设项目由于其投资高、产出明显、影响力强、技术水平高等特点，很容易形成布点区域的核心产业，并可能围绕核心产业出现一系列辅助性产业，或者利用大型建设项目的建设所提供的基础设施形成一定规模的地方产业集聚，有利于推动布点区域的整体发展。

另外，大型建设项目对布点区域也可能带来负面影响。如果大型建设项目的评价不合理或管理不到位，也可能在短期和局部范围

[①] 李平、王宏伟：《大型建设项目区域经济影响评价理论基础及其评价体系》，《中国社会科学院研究生院学报》2011年第2期。

内造成耕地减少、环境污染、生态平衡破坏、人与环境关系紧张、历史文化遗产破坏、区域经济遭冲击、地方原有优势削弱等。这些影响，有的是直接的并立即表现出来，有的则是间接的且缓慢表现出来。对于这种受益与受损的不一致，需要通过合理的利益补偿机制来加以解决。

大型建设项目对区域经济的影响大体上应包括以下内容：（1）对地区经济增长总量的影响。大型建设项目建设投资以及项目建成运营后通过项目自身发挥效益，促进地区经济总量增长。（2）对产业结构的影响。通过带动布点区域经济结构调整，促进布点地区经济结构优化，同时促进地区之间产业合理布局、协调发展。（3）对劳动就业的影响。通过吸纳有一定专长的劳动力和其他类型劳动力，增加劳动就业，改变就业结构。（4）增加地方财政税收的贡献。大型建设项目的建设和建成运营后，都会为布点区域的地方财政开辟新税源、增加税收，有利于增强地方经济实力，加快各项社会事业的发展。（5）对技术创新的促进作用。通过提供或促进先进适用技术的开发，有利于加快技术创新，增强地区发展的竞争力。（6）对推进城市化的作用。通过改善城市的基础设施，促进产业结构优化，吸纳转移劳动力，推进城市化进程。（7）有利于改变国民收入分配格局，缩小地区差距。帮助贫困落后地区脱贫致富，促进落后地区的跨越式发展，并对落后地区周边区域产生扩散效应，缩小地区间的发展差距。（8）促进资源的合理开发和利用，增强对节能减排的贡献。大型建设项目由于在规划建设的过程中重视环境影响，并注重采用节能等新技术，有利于资源的合理开发和利用，降低能耗，改善生态环境。

由于大型建设项目自身的特点，其评价方法的应用和创新应体现综合性和系统性强的特点，并结合中国仍处于发展中国家的具体国情，还要体现大型建设项目区域经济评价要作为决策主要依据的这一目标。所以，除了传统的可行性分析方法、费用效益分析法、指标分析法之外，应加强系统分析方法、优化分析方法、投入产出方法、模拟法等在大型建设项目区域经济影响分析中的应用和创新，特别是区域投入产出分析法、可计算一般均衡（CGE）方法和经济模拟方法的应用。

在对大型建设项目的宏观经济影响进行分析时，一般经济费用效益分析的假设和分析方法已不适用，这是因为大型建设项目建设周期长，资源的供求关系变化很大，在建设期间巨大的物力、人力和财力的投入就有可能改变资源供求格局，以致当工程投产时所面临的经济态势已完全发生改变。大型建设项目的效益是多方面的，既包括正效益也包括负效益，如果仅用社会折现率一个指标，则会低估某些效益而高估另一些效益，无法反映效益的真实性。

大型或特大型建设项目建成后，通过项目自身发挥效益，促进国民经济总量增长；通过带动区域经济结构调整和经济总量增长，促进国民经济结构优化和总量增长；通过吸纳有一定专长的劳动力和其他类型劳动力，增加劳动就业，改变就业结构（包括就业的产业结构、知识结构等）；通过提供国民经济发展急需的基础设施或能源或技术等，减轻以至消除经济发展中的瓶颈制约因素；推进国家的城市化进程，从而提升国民经济整体实力，促进经济建设。大型或特大型建设项目还有利于改变地区发展不平衡的现状，促进地区之间产业合理布局协调发展，有利于改变国民收入分配格局，帮助贫困落后地区脱贫致富。由于大型或特大型建设项目一般都采用先进技术设备和最新技术成果，因而有利于推进技术进步，提高技术进步对经济增长的贡献份额。

大型或特大型建设项目由于建设规模巨大，需要大量的物力、人力和财力，一方面可以通过投资拉动作用促进经济增长，另一方面也大量增加了对某些类型投入资源或物品的需求，导致这些资源或物品价格上涨，进而影响到价格总水平。项目建成后由于其产量巨大，会改变某些物品的供求格局，可能导致这些物品供应紧张或者供给大大超过需求，对国家经济安全带来有利或不利影响。从中国现实情况看，大型或特大型建设项目的宏观经济影响分析越来受到重视。

六 政府投资建设项目评价

中国改革开放以来，中国对原有的投资体制进行了一系列改革，取得了明显的成效。改变了传统计划经济体制下的高度集中投资模式，初步形成了投资主体多元化、资金来源多渠道、投资方式多样化、项目建设市场化的新格局。但是，政府主导投资的传统投资体制并没有从根本上打破，市场配置投资资源的基础性作用尚未得到充分发挥。投资体制中还存在企业投资决策权没有完全落实、政府投资管理和投资决策不够规范、企业和银行投资机制不够完善，调控主体与投资主体身份不清、政府投资建设项目中的低效率和损失浪费现象严重、投资决策的科学性和可操作性没有得到落实、缺乏对决策人的责任约束、政绩工程和局部利益的导向偏差、投资宏观调控能力有待加强等许多问题。因此，需要构建一种市场主导投资的新型投资体制。

（一）投资体制改革对政府投资建设项目评价的影响

2004年7月，《国务院关于投资体制改革的决定》正式颁布实施，对政府投资项目的项目评价产生了重要的影响。由于投资体制改革后，对于企业不使用政府投资建设的项目，一律不再实行审批制，而主要从保障公共利益等方面进行核准或登记备案。而对利用政府投资的项目，包括预算内投资、各类专项建设基金、统借国外贷款等，不论项目投资规模大小，仍需要审批。于是，在新投资体制实施后，如何对政府投资的建设项目进行评价论证是关注的重点。

国务院出台关于投资体制改革的决定后，政府投资建设项目的目标发生了变化，对于政府投资建设项目的评价方法也必然要发生变化，原有的评价方法有些已不适应投资体制改革新形势的需要，特别是对政府投资的公共项目。在投资体制改革实施的新背景下，政府投资建设项目的评价如何进行改进，是值得研究的重大问题。然而，投资体制改革实施后，国内的研究集中在政府要还投资决策权于企业，落实企业投资自主权；企业不使用政策投资建设的项目不再实行审批；政府应放宽社会资本的投资领域，进一步拓宽企业投资项目的融资渠道等方面。主要研究结果是，在市场经济条件下，要最大限度地压缩政府对资源的配置。政府部门要切实转变观念，按照"谁投资、谁决策、谁收益、谁承担风险"的原则，落实企业投资自主权。对于企业不使用政府投资建设的项目，区别不同情况实行核准制和备案制，真正还权于企业，为企业创造宽松的政策环境。放宽社会资本的投资领域，允许社会资本进入法律法规未禁入的基础设施、公用事业及其他行业和领域。允许各类企业以股权融资方式筹集投资资金，逐步建立起多种募集方式相互补充的多层次资本市场。改变长期以来对社会资本投资领域进行限制的做法，加快企业债券市场发展，鼓励多种直接融资方式探索和创新，进行城市建设债试点，解决城市（镇）化过程中城市基础设施建设资金短缺问题，稳步推进城市合作银行和农村信用社改革，发展和规范为中小投资者提供融资服务的各类中小型金融机构，切实解决中小投资者"融资难"问题，国家要进一步明确商业性银行与政策性银行的分工，并为政策性银行的发展创造必要条件。然而，对于新投资体制下，政府公共项目的评价方法面临的挑战和需要进行的改进缺少相应的研究。

（二）政府投资建设项目评价方法亟待完善

政府投资建设项目的论证评价不是简单照搬一般项目的论证评价方法，而是重视从维护公众利益、协调社会发展的角度进行评价论证。政府投资建设项目的评价，需要综合考虑项目可能产生的直接的与间接的费用效益、有形的与无形的费用效益、中间的与最终的费用效益、内部的与外部的费用效益；对直接的、有形的、最终的和内部的费用效益的分析，仅是决定政府投资项目的一个方面，并不能以此作为项目决策的主要依据；对间接的、无形的、中间的和外部的费用效益的充分考虑，更有利于政府投资目标的实现。这一方面因为充分考虑了与政府投资无直接关系的间接的、无形的、中间的和外部的费用项目，有利于将政府投资与社会负担结合起来考虑，能使政府投资为社会所接受与配合。另一方面因为恰当地分析政府投资可能产生的间接的、无形的、中间的和外部的效益，可以使政府更清楚地把握投资项目是否可能产生广泛的社会经济效果，是否有利于政府实现其预定的社会经济目标。只有全面考虑与政府投资有关的所有费用效益，才能保证政府投资的长期效益和社会效益。

政府投资项目大多是公共项目。在多年的投资项目评价实践中，人们发现项目的直接经济效益是可以利用相关的规范化的评价指标给予描述和说明的。但一个投资项目作为社会经济系统的一个部分，对宏观经济和社会发展产生的影响，是不能完全由项目的微观效益指标说明的。许多国家将大量资金用于工程建设，但仍然摆脱不了失业、经济衰退，有不少发展中国家仍然摆脱不了贫穷落后。其原因不是项目经济效益不好，而是由于这些项目在国家的经济和社会发展系统中，与国家的基本发展目标不一致。特别是公共项目的发展，更是要着眼于为国家整体的经济和社会发展创造基础条件。

七　项目社会评价

（一）项目社会评价的意义和作用

经过40多年的改革开放，中国社会经济体系发生了深刻的变革。农村剩余劳动力流向城市，加速了城市化进程，同时带来农民就业方式的转变。另外，随着户籍制度改革的不断推进，将会加速人口的自由流动，并造成城市失业压力的持续增加。同时，开放步伐的加快也对中国社会经济各方面产生重要影响，并使得人们对减贫、参与、性别、公平、机构发展、少数民族、移民等一系列社会问题更加关注和敏感。在这种环境下，社会评价在投资项目的建设和实施中将显得更加重要。在项目前期准备及监测实施过程中引入社会评价，是解决项目投资活动中可能出现的各种社会问题、规避社会风险的客观需要。

在过去的投融资体制及资源的配置方式下，不少可行性研究变成了"可批性研究"。为此，有的项目不惜使用虚假数据，编造"理想"的财务指标，欺骗监管部门；在项目财务效益指标实在太差的情况下，就拼凑"社会效益"等，以增加项目的可批性。这种所谓"社会评价"，只能是扭曲、虚假的社会评价。在新的投资体制下，政府角色转变为社会公共事务的管理者，投资管理部门的项目监管将从过去仅关注项目微观评价，转移到重点关注项目的公共性、外部性等问题，重视维护公众利益、协调社会发展。社会评价在投资项目评估论证中的作用更加重要。国内一些重大工程项目相继开展了社会评价的实践，如三峡项目和南水北调项目；国内学者也参与世界银行贷款项目、亚洲开发银行贷款项目中的社会评价研究。

（二）项目社会评价的功能和方法

学术界对项目社会评价有不同的理解。有人认为社会评价是应用于项目社会分析的一种方法，应用于整合社会信息与利益相关者参与项目设计与实施的一个过程。也有人将社会评价定义为系统的调查。其实，社会评价是把项目放到较为一般的社会系统中去分析和考虑，既要考虑项目自身的效益，也要考虑项目所在地区的社会经济发展与公平公正问题。概括起来社会评价的基本功能是：（1）给出项目是否能成立的基本判断。对项目可行性研究，一般先要考虑技术方面的可行性，然后考虑经济上是否合理，最后考虑其他方面的因素。技术可行、经济合理的项目，在社会方面可能存在隐患。比如一个大型工程，如果在可行性研究时没有考虑可能引发的种族冲突问题，在建设时引发了种族冲突，最后不得不停建，那么就会损失惨重。社会评价的介入从社会的角度给出项目是否能成立的判断。如果不能成立，投资者可尽早退出项目，避免风险；如果项目可以成立，则将提供相关的建议，使项目得以完善。（2）实现项目的社会发展目标。通过社会评价，消除项目中潜在的社会隐患，减少可能出现的负面影响，降低社会风险，保持社会稳定，促进社会发展，实现项目的社会发展目标。如中国早期的一些水库移民，由于当时特定的历史原因，移民的生产、生活没有解决好，移民问题成了一个严重的社会问题。如果在项目实施前能够正常地开展社会评价研究，上述问题完全可以避免。(3) 提高项目的经济效益。社会评价有助于协调各方面的利益关系，消除潜在隐患，降低项目风险，因而使项目产生稳定的、良好的经济效益。

现行项目社会评价方法主要以定性分析为主。在进行综合分析评价时，也结合使用定量分析，其中多目标综合分析评价法是现行项目社会评价较常用的方法，特别是在众多的指标量纲不一，综合评价比较困难时常被采用。这种方法目前在国内已有一定基础，在国外也用得较多，在有条件建立专家队伍便于确定指标的权重、排序的情况下，采用这种方法进行综合评价是有利的。它的缺点是由专家确定权重、打分，随意性较大，最后是综合成一个单一的指标反映评价结果，使人们不易了解各种社会效益与影响实际评价的情况。应用于多目标综合分析的层次分析法也存在类似的问题：其判断矩阵是由专家或评价者给定的，因此其一致性受到有关人员的知识结构、判断水平及个人偏好等许多主观因素的影响；判断矩阵有时难以保持判断的传递性；当判断矩阵在不符合一致性检验时，修改判断矩阵的方法似乎有很大的随意性。即使近年来有的学者对修正方法做了一系列的研究，但这些方法都会让检验、修改判断矩阵的工作变得复杂和困难。社会评价综合分析中另一个较常用的方法是矩阵分析总结法。矩阵分析总结法是建立在单项指标分纲量分析评价基础上的综合分析总结评价法。其优点是既能使决策者对各种社会效益与影响的评价结果一目了然，又能反映评价人员的分析综合评价意见，使决策者既可参考评价人员的意见，又可根据具体情况按自己的智慧、经验做出决策，方法简单易行。缺点是缺少综合效益的数据。

(三) 项目社会评价现状与存在的问题

项目社会评价理论与方法还有待于进一步发展和完善，项目对社会评价的需求与实际所做的工作差距很大。目前中国项目社会评价主要存在四个方面的问题：（1）项目业主对社会评价的价值认识不足，更注重项目自身的可持续发展，忽视社会的可持续发展。（2）社会评价专家的素质有待提高，发现问题、解决问题的能力有待加强。国内从事项目决策和管理工作的人员大部分有工程的背景，有些有经济学的背景。工程技术出身的社会评价专家的优势是容易了解项目背景，但缺乏社会科学基础理论与研究方面的训练，把握不准千变万化的社会现象，容易忽视涉及社会方面的难以量化的内容。（3）国际发展机构的规范与中国国情的结合不足。现在中国进行社会评价研究的主要还是国际发展机构的贷款项目。国际发展机构在涉及项目的社会评价方面制定了一些规范，如世界银行的政策、导则等，在具体的项目社会评价中也形成了一些惯例。这些规范及惯例在项目的实施过程中有些发挥了良好的作用，但也有一些与中国的国情并不是很吻合。（4）社会评价的理论与方法尚未成熟，有待技术经济学工作者进行积极探索。

目前中国项目社会评价的现状是，社会评价已经从"无"到"有"，进入到项目评价体系中，成为项目评价体系中重要的一员。特别是在国务院出台了投资体制改革方案后，社会评价在项目评价体系与决策中发挥越来越重要的作用。然而，中国项目社会评价，无论是理论方法研究还是实际应用，都还处于初级阶段。对于项目社会评价的认识，无论是评价的基本框架、主要内容，还是评价的步骤方法、指标体系等都还没有达成共识，都还处在研究探讨之中，社会评价远没有起到它在建设项目评估论证与投资决策中所应起的作用。另外，对项目社会评价的认识基本上是局限在把它作为"改善项目实施效果"的一种方法和手段，项目的社会评价需要"对影响项目并同时受项目影响的社会因素进行系统的调查、分析，提出减少或避免项目负面社会影响的建议和措施，保证项目顺利实施和项目目标的实现"，"社会评价的主要目的是消除或尽量减少项目的实施所产生的社会负面影响，使项目的内容和设计符合项目所在地区的社会发展目标、当地具体情况和目标人口的具体发展需要,为项目地区的人口提供广阔的发展机遇,提高项目实施的效果"[1]。也就是说,现在主流的社会评价方法是基于对项目的"肯定",是未加以论证就已默认项目是社会可行的,项目社会评价是在这样的前提下分析和识别影响项目实施效果的社会因素,提出改进的措施和方案,避免和减少项目负面社会影响对项目顺利实施可能造成的阻碍,使项目顺利实施。需要指出的是,这样进行的项目社会评价,与开展项目社会评价的初衷有不小的差距。

八 项目后评价

项目后评价是项目评价体系重要的组成部分。如果没有特别标注,建设项目的评价指的是项目的前评价。项目后评价则是对已建成项目的建设实施和生产、运营、管理情况,环境和社会影响等进行分析、评价,考察项目可行性研究报告或项目前评价所确定的投资预期目标是否达到、项目或规划是否合理有效、项目的主要效益指标是否实现,通过分析评价找出成败的原因,总结经验教训,并通过及时有效的信息反馈,为完善未来项目的决策和提高投资决策管理水平提出建议,同时也为被评项目实施运营中出现的问题提出改进建议。项目后评价对提高项目决策的科学化水平起着重要的作用。

项目技术后评价主要是对已采用的工艺技术和装备水平的分析与评价,包括技术的先进性、适用性、经济性和安全性,检验工艺的可靠性、工艺流程是否合理、工艺对产品质量的保证程度。

项目财务后评价主要是指对项目的盈利性分析、清偿能力分析和外汇平衡分析。在评价中采用的数据不能简单地使用实际数,应将实际数中包含的物价指数扣除,并使之与项目前评价中的各项评

---

[1] 中国国际工程咨询公司编著:《中国投资项目社会评价指南》,中国计划出版社2004年版。

价指标在评价时点和计算效益的范围上都可比，主要评价指标有净现值、净年值、内部收益率、投资回收期等。

项目经济效益后评价是通过编制全投资和国内投资经济效益、费用流量表、外汇流量表、国内资源流量表等计算国民经济盈利性指标，即全投资和国内投资内部收益率、经济净现值、经济换汇成本、经济节汇成本等指标；从而分析项目的建设对当地经济发展、所在行业和社会经济发展的影响，对收益公平分配的影响，对当地人口就业和推动本地区、本行业技术进步的影响。

项目环境效益后评价是对照项目前评价时批准的《环境影响报告书》，重新审查项目环境影响的实际结果，审核建设项目环境管理的决策、规范参数的可靠性和实际效果，并对未来进行预测，对有可能产生突发性事故的项目，要有环境影响的风险分析。环境效益后评价一般包括五部分内容：项目的污染控制、区域的环境质量、自然资源的利用、区域的生态平衡和环境管理能力。

项目社会效益后评价主要指项目对就业、地区收入分配、居民的生活条件和生活质量的影响，各方面的参与状况，地方社区的发展，妇女、民族和宗教信仰的分析评价。

项目目标后评价，需要分析项目实施后，是否达到在项目前评价中预定的目标，达到预定目标的程度与预定目标产生偏离的主观和客观原因；在项目以后的运行中，有哪些变化，应采取哪些措施和对策，以保证达到预定的目标，对此进行分析和评价，提出调整或修改目标和目的的意见和建议。

第三节　项目评估典型案例

一　三峡工程项目

三峡工程是以防洪、发电、航运为主的大型水电项目。对于该项目技术经济论证经历了很长时间。开工建设之前的论证主要包括

1989 年的《长江三峡水利枢纽可行性研究报告》和 1992 年《长江三峡水利枢纽初步设计报告（枢纽工程）》（以下简称《初设报告》）。这里主要介绍这两个报告的内容。

（一）财务评价

在三峡工程论证的财务评价中，针对三峡工程的特点和国家当时的财税制度来分析计算。在论证中，考虑到当时国内物价有较大幅度变化和三峡工程建设周期较长，采用了当时国际上流行的费用效益（成本效益）分析和静态与动态相结合的计算方法估算三峡工程投资和财务效益。三峡工程的财务收益主要包括发电和输电收益。在财务评价中还考虑了：（1）综合利用工程的投资分摊问题；（2）筹资方案及相应的贷款利息问题。通过上述一系列财务的动静态结合的分析计算，得出三峡工程的财务评价指标是比较好的，三峡工程的财务效益非常明显的结论。

（二）国民经济评价

在三峡工程的国民经济评价中，既分析研究了项目本身的投入与产出，也分析研究了在长江治理开发中，为满足国民经济发展在客观上对防洪、发电、航运等的要求，比较了兴建三峡工程和"与三峡工程等效或接近等效"的其他替代工程的效果差异。并在大型工程论证中，首次采用了影子价格的计算方法。三峡工程的国民经济评价，除了按《建设项目经济评价方法与参数》规定的投入、产出计算和有无三峡（替代方案）工程方案总费用现值最小的两种主要综合分析法外，还进行了多层次、多方法的计算分析（包括三峡工程各种静态指标与已建、在建和拟建工程的对比分析，以及各类替代方案的优化计算分析等）。动态计算的结果表明，三峡工程产出的效益总现值为 287.96 亿元，投入费用的总现值为 156.74 亿元，得到的总净现值为 131.2 亿元。表明三峡工程除得到国家规定的社会折现率的盈余外，还可得到超额盈余现值 131.2 亿元，因而是经济的。其经济内部收益率为 14.54%，远大于国家规定的 10% 的社会折现率，充分说明从国民经济评价来看三峡工程是好的、可行的。

另外通过对几种替代方案的优化计算，也得出三峡工程建比不建好，早建比晚建有利的明确结论。

（三）对国民经济和区域经济影响分析

三峡工程的技术论证中，引入了对部门经济和区域经济的影响分析。《初设报告》从对部门经济的发展影响和地区经济的发展影响等方面对三峡工程进行了综合经济分析与评价，得出的结论是，对部门经济发展的影响为：（1）对农业有不利和有利两方面影响，但有利的一面远远大于不利的一面；（2）对能源工业中的电力平衡和一次能源平衡以及发电结构和电力建设具有积极的影响；（3）对交通运输部门来说，改善了川江航运条件，对促进综合运输网的发展有重要影响；（4）对工业部门来说，能促进建材工业、机械工业和建筑业的发展，促进西南地区和三峡地区的资源开发与工业发展；（5）对科学技术的发展具有推动作用。对地区经济发展的影响：（1）对华中地区，减少洪水威胁，增加能源供应，促进农副产品和地方工业发展，改善中游地区长江干流航道条件；（2）对三峡库区既有不利影响又有有利影响；（3）宜昌地区是主要受益地区；（4）对华东地区，三峡电力缓和煤炭、原油短缺和铁路运输紧张状况，为其经济发展提供保证；（5）对重庆市和西南地区，改善了川江航道，提高重庆港的作用，改善西南地区对外交通条件，促进地方工业的发展。

（四）国民经济承担能力的分析

考虑到三峡工程建设初期，国家财力相对薄弱，金融市场不发达，三峡工程规模大、投资多，因此在三峡工程的论证中也研究了国力承担问题和资金筹措问题。三峡工程论证专家组预测了开工年份后30年国民经济发展的趋势，并假定三峡工程1989年开始施工准备，2008年全部完工。按国民经济发展的中方案匡算，三峡工程的总投资分别只占同期国民生产总值及国民收入的0.073%和0.123%，对比当时国内外几项已建著名工程所占比重，三峡工程占比最小。三峡工程投资高峰年出现在第13年至第15年，其中第13

年（2001年）最高，占测算的当年国民生产总值和国民收入比例分别为0.13%和0.22%，也小于宝钢一期工程和攀钢基地投资高峰年所占比重。此外，专家组为了探索三峡工程初期投入是否会影响国民经济发展，还委托当时航空航天部710所和浙江大学软科学研究所采用模型测算了三峡工程开工建设后对国民经济的影响。测算结果表明：三峡工程上马不会影响党的"十二大"所提出的工农业总产值翻两番和到2000年达到小康生活水平的目标。

二　京沪高铁项目

京沪高铁论证经历了较长时间，大体过程如下：1990年，修建京沪高铁的相关可行性研究提上日程。1992年，经过近一年的考察和研究，铁道科学研究院提交了一份《京沪高速铁路可行性研究报告》。1994年年底，铁道部联合当时的国家科委、国家计委、国家经贸委和国家体改委共同推出《京沪高速铁路重大技术经济问题前期研究报告》。1997年，铁道部向国家计委正式上报了《新建北京至上海高速铁路项目建议书》，同年经过中国国际咨询公司评估。1998年，提出了"高速轮轨"和"磁悬浮"之争。2006年，温家宝主持的国务院常务会议讨论并原则通过了《京沪高速铁路项目建议书》。[1] 这里主要介绍《京沪高速铁路重大技术经济问题前期研究报告》[2] 的相关内容。

（一）财务评价

财务评价根据国家当时财税制度和价格体系，分析测算项目范围内的效益和费用，考察了项目盈利状况和借贷偿还能力。项目通过测算，京沪高速铁路的投资盈利主要指标和财务清偿能力都是比较好的。具体计算结果是：项目财务内部收益率（全部资金）为

---

[1] 《瞭望新闻周刊》编辑部：《京沪高铁论证历程》，《瞭望新闻周刊》2006年第12期。

[2] 李京文：《跨世纪重大工程技术经济论证》，社会科学文献出版社1997年版。

8.93%，大于铁路基准收益率；国内外贷款本息偿还期为投产后5—7年，说明在计算期内具有偿还国内外贷款本息的能力。总体来看，京沪高速铁路虽然投资大，但地处中国东部沿海经济发达、人口密集、生活水平高、承受能力强的地区，旅客运输量多而且稳定，旅客周转量大，因此，财务评价结果是相当理想的。即使在投资增加20%，或客运减少20%，或运输成本提高20%，各单项因素发生变化的情况下，京沪高铁项目内部收益率仍大于行业基准收益率，具有较强的抗风险能力。

（二）国民经济评价

京沪高速铁路国民经济评价从国家整体角度分析考察了高速铁路对国民经济发展的影响，并通过费用效益分析法对项目的国民经济效益做出定量的测算。在评价过程中，以反映国民经济盈利能力的经济内部收益率和经济净现值为评价指标。考虑到京沪高速铁路投资额巨大，建设周期长，为了预测项目可能承担的投资风险，在进行国民经济盈利能力分析的基础上，还对项目做了敏感性分析。在评价中，主要考虑两个要点：（1）鉴于当时的财务评价采取的价格大部分不能完全反映资源的社会费用和效益，在评价中采用影子价格对主要投入物和产出物予以调整。影子价格取值主要依据1993年当时国家计委及建设部发布的《建设项目经济评价方法与参数》（第二版）和1993年铁道部及中国国际工程咨询公司发布的《铁路建设项目经济评价办法》规定的有关参数。（2）遵循效益和费用的划分原则。把高速铁路的效益分为直接效益和间接效益，费用也分为直接费用和间接费用。项目组按照国家规定的统一方法和参数，对京沪高速铁路的费用与效益做了深入的计算，计算结果表明，建设京沪高速铁路全部投资的经济内部收益率为15.7%，国内投资经济内部收益率为16.1%，经济净现值全部投资为202.4亿元，国内投资为212.1亿元。上述指标，无论是全部投资方案还是国内投资方案，项目的经济内部收益率均高于国家允许投资的标准社会折现率和经济净现值大于0，说明项目的国民经济效益是较好的。

(三) 国民经济承担能力的分析

和三峡工程一样，相对于当时的国家财力来说，京沪高速铁路投资巨大，因此，京沪高速铁路建设的评估过程中也进行了国力承担能力的分析，对中国经济实力是否能够支持兴建京沪高速铁路项目做出评估。评价项目组在评估过程中通过采用 CGE 模型，从动态和静态两个角度进行论证，得出国家综合实力完全可以支持该项目建设的结论。具体的模型测算结果为：1996—2010 年国内生产总值将以年均 8% 以上的速度增长，在这一时期，固定资产投资规模将是巨大的。由于基础设施和基础产业将是长期需要加强的"瓶颈"产业，投资将向交通、通信、能源等产业倾斜。分析发现，京沪高速铁路总投资仅为同期国内生产总值的 0.22%，占同期累计全社会固定资产投资总额的 0.64%，占累计运输邮电投资总额的 6.35%，其中最大年投资额也仅占同期国内生产总值的 0.3%，占当年全社会固定资产投资总额的 0.87%，占运输邮电业投资的 8.64%。

(四) 社会影响评价

20 世纪 90 年代，大型项目对于社会影响显得更为重要。当时的国家计委投资所和建设部定额所曾对投资项目社会评价方法进行了专门的研究，在一些重大工程项目的论证中，增加了一部分社会评价的内容。评价项目组除进行了项目财务评价和国民经济评价以外，还进行了社会效益评价，评估了京沪高速铁路对沿线地区乃至全国的城市化水平和城市现代化水平，以及这些地区经济、社会发展的影响。评估结果表明，京沪高速铁路的建设对于沿线地区经济社会发展有重大的推动作用。具体反映在 10 个方面：(1) 将加强大城市的辐射作用，带动沿线和全国经济发展；(2) 将促进沿线中、小城市的发展，形成较为合理的城镇体系；(3) 有利于沿线农村和中小城市向大城市、圈外地区向经济圈提供物资资源；(4) 有利于改善大城市与中小城市人才配置不合理的状况；(5) 将推动沿线产业布局的合理化，促进大城市健康发展；(6) 提高城市化水平，加速经济发展；(7) 节约土地，为城市化发展提供空间；(8) 节约能源，特别是节约石油，有利于改善能源结构和进出口结构；（9）降低环境负面影响，有利于人体健康；（10）加快人流与物流，促进区域经济和旅游业的发展。

（五）区域经济影响评价

评价项目组从定性和定量的角度分析了京沪高速铁路对沿线经济社会发展的影响。在定量评价中，项目组建立了京沪高速铁路沿线北京、天津、上海、山东、安徽、江苏六省市经济发展模型，将六个模型联立起来，得到京沪高速铁路沿线地区经济发展模型，通过生产函数对不同的方案进行了模拟和测算，模型反映了经济发展过程中的各个变量的长期关系。在模型中，铁路运输作为外生变量给定，以分析铁路建设对地区经济发展的影响。方案设计中，根据历史发展趋势进行假设，确定模型的一个基本方案，即沿线各地区在不建设京沪高速铁路时的发展趋势。然后设计两个模拟方案来分析铁路建设对沿线经济发展的影响。方案1是简单方案，不考虑铁路建设项目本身的成本效益，建设投资全部来自地区外部；方案2是综合方案，考虑铁路建设项目本身的成本效益，铁路建设全部由地方投资。研究表明，京沪高速铁路的建设对沿线地区发展具有重大贡献，主要表现在：（1）京沪高速铁路的建成可以有效缓解铁路运输"瓶颈"对经济发展的制约，促进沿线地区经济发展潜力发挥；（2）京沪高速铁路的建成可以有效促进地区间的人员和货物交流，实现资源的有效配置和专业化协作；（3）京沪高速铁路项目本身的直接经济效益，如缩短运输时间、采用先进技术，可使中国铁路建设上一个新台阶。

三　南水北调中线工程项目

南水北调中线工程的前期研究工作始于20世纪50年代初，长江水利委员会与有关省市、部门进行了大量的勘测、规划、设计和科研工作。自1952年开始，长江水利委员会几代技术人员坚持开展中线工程的勘探、测量、规划与设计工作。1987年提出了《南水北调中线工程规划报告》。1991年对此报告进行了修订。1992年提出了《南水北调中线工程可行性研究报告》。1994年水利部审查通过了长江水利委员会编制的《南水北调中线工程可行性研究报告》，并上报当时国家计委建议兴建此工程。1995年国家环保局审查并批准了《南水北调中线工程环境影响报告书》。1995—1998年，水利部和国家计委分别组织专家对南水北调工程进行了论证和审查，同时对中线工程丹江口大坝加高和不加高的多个方案进行了补充研究。这里主要介绍1993年水利部委托中国社会科学院数量经济与技术经济研究所承担的"南水北调中线工程经济、社会效益分析"课题报告①和长江水利委员会邱忠恩所著《南水北调中线工程主要效益分析》一文的内容。②

（一）财务评价

南水北调中线工程项目属于以公益事业为主的大型公共工程项目，由于并不要求具有自负盈亏、自我发展等企业机制或企业行为，在进行该项目的技术经济论证时，主要是从国民经济的角度判断项目的真实效益。但为了测算项目供水成本和水价，也进行了财务评价。《南水北调中线工程主要效益分析》一文在对该项目进行投资、融资和供水成本（由基本折旧费、工程维修费、工资及福利费、材料费、水源区维护费、其他费用及利息净支出等项组成）分析的基础上，依据国务院1985年7月2日发布的《水利工程水费核订、计取和管理办法》确定了该项目供水价格（农业灌溉供水水价按供水成本核定，工业及城市生活供水水价按供水成本加供水投资6%的盈余核定），最终测算出该项目财务内部收益率为4.18%（所得税前），固定资产贷款偿还期为19.7年（所得税前）。

---

① 李京文：《跨世纪重大工程技术经济论证》，社会科学文献出版社1997年版。
② 邱忠恩：《南水北调中线工程主要效益分析》，《长江工程职业技术学院学报》1995年第2期。

（二）国民经济效益评价

根据《南水北调中线工程主要效益分析》一文，南水北调中线工程的国民经济评价主要定量计算了工业及城市生活供水、农业灌溉和防洪三项效益。对于工业及城市生活供水效益的测算采用分摊系数法，即根据供水工程设施费用占供水范围内整个工矿企业生产总费用比例推求分摊系数再乘以工矿企业的增产值近似估算城市生活供水效益；农业灌溉供水效益按有无本工程对比灌溉和农业技术措施可获得的增产总值乘以灌溉效益分摊系数计算；防洪效益按有无项目对比，可减免的洪灾损失和可增加的土地开发利用价值计算（只计算了防洪直接效益，未计算防洪间接效益和可增加的土地开发利用价值，防洪直接效益在计算期内按3%的增长率增长）。项目费用包括主体工程和配套工程的固定资产投资、流动资金和年运行费，并按照影子价格进行了调整，最终测算该项目经济内部收益率为23.14%，经济净现值为420.60亿元。

（三）对区域经济及国民经济影响评价

《南水北调中线工程经济、社会效益分析》报告中定性和定量分析了南水北调中线工程对区域经济和国民经济的影响。分析结果表明，工程的建设不仅可以缓解河北、河南及京津二市的缺水情况，推动其经济社会的发展，也有助于实现全国经济社会发展战略。定量分析按有无项目对比法，以河北省为例测算了该项目对河北省经济效益的影响。在国民经济方面，测算了该项目对工业和农业经济效益的影响。

（四）社会和环境影响评价

随着工业化水平的提高，人类对生态环境的破坏日益严重，且人类已经遭受了自然界的报复。因而，在评价工程项目时，环境评价就成为越来越重要的组成部分。南水北调工程的论证，对环境问题就十分重视。1993年，水利部组织承担了"南水北调中线工程经济、社会效益分析"课题，在课题成果中，对水利工程环境效益和环境评价的方法与应用做了比较详尽的分析与测算，包括大型水利工程环境评价的形式、特点、评价程序和原则，并在对南水北调中线工程环境影响分析中设计了环境评价系统图，并据此针对众多影响因素提出了需要采取的完善性措施，还进行了污染责任评价。

第五章
科技创新与经济增长研究

第一节 科技创新发展历程

技术进步是经济增长的重要源泉之一。中国学者在20世纪80年代以前对技术进步作用的研究较少，且研究不够深入。自20世纪80年代起，随着西方经济学思想和成果在中国的传播，技术经济学领域的学者们不断从国外引进基础理论，如技术创新、技术转让、技术评价、技术转移、技术进步等已经成熟的理论，而且在对原有基础理论不断加强研究的同时，也开始涉猎新的理论研究，包括技术选择、技术能力、技术扩散、技术进化和技术溢出等理论，这极大地丰富了中国技术进步的理论研究和实证研究。20世纪90年代中期以后，国家创新体系研究成为技术进步体制研究的重点，进入21世纪以来，学者们更多地关注对自主创新与创新型国家建设方面的研究。

一 技术进步理论萌芽时期（1949—1977年）

20世纪50年代，对技术进步的研究主要是定性研究，主要是从提高劳动生产率、提高经济效果方面进行定性分析。李必强和任俨（1964）认为技术进步的主要方向是提高生产机械化、自动化的水平，采用先进的技术装备和工艺方法，强化工艺过程和采用新型材料等。技术进步促进了生产的分工和专业化，提高了经济效果。[①] 技术进步和进行技术革命能提高劳动生产率，是50年代的普遍认识。

二 技术进步理论引进时期（1978—1989年）

（一）技术进步的概念

一般来说，"技术进步"有狭义和广义两种理解。狭义的技术进步主要指生产领域和生活领域内所取得的技术进步，指在生产、流通、信息交流等方面所使用的工具、工艺和程序水平的提高，也就是在硬技术应用方面所取得的进步。广义的技术进步是指产出增长中扣除劳动力和资本投入增加的作用之后，所有其他因素作用的总和。广义的技术进步不仅包括生产设备的更新、生产工艺和方法的完善、劳动者素质的提高等，还包括管理制度的改善和管理水平的提高、推行新的经济体制和改革政治体制、采用新的组织与管理方法、改善和采用新的决策方法、改善资源的配置方式等。

在现代经济增长理论的文献中，对"技术进步"一词有多种解释，各种解释之间存在着一些细微的差别。罗伯特·索洛（1957）认为技术进步在短期的表达含义是"生产函数任何一种形式的移动（变化）"，"经济的加速和减速、劳动力教育状况的改进以及各种各样使得生产函数发生移动（变化）的因素都可以归入技术进步之中"。[②] 李京文（1988）认为，技术进步泛指技术在实现一定目标方面所取得的进化和革命。所谓一定目标，即指人们对技术应用所期望达到的目的及其实现程度。如果通过对原有技术（或技术体系）

[①] 李必强、任佺：《论工业生产专业化、技术进步和经济效果》，《经济研究》1964年第2期。

[②] Solow, R. M., 1957, "Technical Change and the Aggregate Production Function", *The Review of Economics and Statistics*, Vol. 39.

的改造、革新或研究，开发出新的技术（或技术体系）代替旧技术，使其结果更接近于目标，这就是技术进步。① 傅家骥（1989）指出："技术进步并不是人们通常理解的技术的发展和进步，而是指在经济增长中，除资金和劳动力两个投入要素以外所有使产出增长的因素，即经济增长中去掉资金和劳动力增长外的'余值'。实际上，经济增长是各种投入要素共同作用的结果。技术进步并非技术概念，而是一个经济概念。"② 傅家骥的说法代表了 20 世纪 80 年代中后期的主要观点。

（二）主要引进的技术进步理论

进入 20 世纪 80 年代以后，随着对国外相关学科经济理论了解的逐步深入，中国技术经济学界加快了对西方相关理论与方法的引进步伐。

1. 技术创新

20 世纪七八十年代，有关技术创新的研究主要以介绍国外技术创新理论成果为主，涉及的研究内容主要有技术创新的内涵、技术创新的类型、技术创新与市场结构的关系等方面。

熊彼特（1912）将"创新"定义为一种生产函数的转移，或是一种生产函数的新组合，其目的在于获得超额利润。他把创新概括为五种类型：生产新的产品；引入新的生产方法、新的工艺过程；开辟新的市场；开拓并利用新的原材料或半制成品的供给来源；采用新的组织方式。③ 熊彼特之后的创新研究者从不同角度和层次，对创新理论进行了分解研究，并发展出两个独立的分支：一是技术理论，主要以技术创新和市场创新为研究对象；二是制度创新理论，

---

① 李京文：《技术进步是提高经济效益的重要源泉》，《数量经济技术经济研究》1988 年第 3 期。

② 傅家骥：《对中国技术经济学研究对象的新议》，《技术经济》1989 年第 6 期。

③ [美] 约瑟夫·熊彼特：《经济发展理论》，何畏、易家祥等译，商务印书馆 1990 年版。

主要以制度和制度形成为研究对象。

"技术创新"在中国首次出现于1978年,并把技术创新分为"节约资本""节约劳动"和"中性"的技术创新。黄觉雏(1985)认为技术创新是"把某种设想转变为崭新的,或改进了的产品、工艺或劳务并使之推广以获得利益的全过程"。① 卡曼和瓦茨认为,影响技术创新活动的变量主要有三个,即竞争程度、企业规模和垄断量;最有利于技术创新的市场结构是介于垄断和完全竞争之间的"中等程度竞争"市场结构。②

2. 技术转移和技术转让

技术转移(Technology Transfer)简单地说就是技术从某一主体向另一主体传递的过程。具体来讲,技术转移指技术持有者通过各种方式将其拥有的生产技术、销售技术或管理技术以及有关的专利转移给他人的行为。技术转移概念在20世纪60年代提出,其研究至今方兴未艾,这一领域的理论研究仍处于发展阶段。技术转移问题的研究不仅包括地域、领域之间的转移,还包括人、物、信息和多种技术要素的转移。H. 布鲁克斯首先提出了技术转移的定义:"科学和技术通过人类活动被传播的过程。由一些人或机构所开发的系统而合理的知识,被另一些人或机构应用于处理某事物的方法中。"③ 根据克勒尔(2001)的观点,④ 技术扩散导致生产率的提高,包括物化的技术溢出与非物化的技术溢出。目前学术界的研究主要集中在前者,即技术和知识包含在商品中,通过商品的流动而发生技术的溢出。众多学者的理论研究都充分表明,源于一国的技术知识可以通过进出口、外商直接投资、跨国公司等越过国界,提高其

---

① 黄觉雏:《技术创新初探》(上),《科学学与科技管理资料》1985年第1—2期。
② 王慎之:《浅谈熊彼特的"技术创新理论"》,《经济理论与经济管理》1985年第3期。
③ 康荣平:《技术转移的若干理论》,《科学学研究》1986年第3期。
④ Keller W., 2001, "Knowledge Spillovers at the World's Technology Frontier", CEPR Working Paper, No. 2815.

他国家的劳动生产率,促进技术进步。

施应麟(1982)指出技术转移是指科学技术成果在具有不同经济利益的地区、部门或企业之间进行转让、移植、传授,技术转移的对象是科学技术成果,既包括物资设备、设计图纸;也包括科学知识、技术诀窍、生产经验等。[①] 此后,中国学者就技术转移的形式、特点、规律、机制与政策等问题展开了系列研究,并取得了一定成果。

夏禹龙等(1982)提出了"梯度理论"概念,[②] 其基本思想是:中国由于经济发展的不平衡而形成了一种经济、技术的梯度,内地和边远地区处于"传统技术"水平上,大多数地区处于"中间技术"水平上,少数地区如沿海地区处于"先进技术"水平上;在改革开放的过程中,应当先让沿海地区去掌握世界先进技术,然后,将这些先进技术逐步按梯度向"中间技术"地带和"传统技术"地带转移,这样做是最经济合理的。何钟秀(1982)进一步把"梯度理论"概括为"梯度推移规律"。[③]

3. 技术扩散

美国经济学家斯通曼曾将一项新技术的广泛应用和推广称为"技术扩散"。熊彼特把技术创新的大面积或大规模的模仿视为技术创新扩散。[④]

曼斯菲尔德(1961)研究了4个行业中12种技术扩散,率先创造性地将"传染原理"和生长曲线运用于扩散研究中,提出了著名的S型扩散模型。[⑤] 许庆瑞和盛亚(1993)介绍了国内外技术扩散

[①] 施应麟:《试论技术转移的经济形式及其战略意义》,《财经研究》1982年第4期。

[②] 夏禹龙等:《梯度理论与区域经济》,《研究与建议》1982年第8期。

[③] 何钟秀:《论国内技术的梯度转移》,世界社会学大会第二十三专业委员会会议论文,墨西哥城,1982年。

[④] 范小虎等:《技术转移及其相关概念的涵义辨析》,《科技管理研究》2000年第6期。

[⑤] Mansfield E., 1961, "Technical Change and the Rate of Innovation", *Econometric*, Vol. 29.

的概念、扩散过程及机制、技术创新扩散及其速度的影响因素、技术创新扩散机制、技术扩散模式和模型。① 中国学者主要研究各种技术扩散模型以及在国内的应用情况、存在的不足和展望。

4. 技术选择

中国学者对技术选择问题的研究始于 1982 年。廖建祥（1982）谈到了经济特区的技术选择问题，指出对不同经营形式应采取不同的技术选择。② 其后，在技术经济学的快速发展期内，学者们对技术选择的原则、技术选择的经济评价、技术选择与经济发展的关系、宏观技术选择、微观技术选择及产业技术选择等问题进行了初步的研究。

1995 年以前，国内对技术选择问题的研究主要集中于技术选择在技术发展中的作用、意义，技术选择的原则、依据，技术选择的经济评价，农业技术选择，以及技术引进中的技术选择等问题上。李思一（1995）率先对关键技术选择问题进行了研究。③ 其后，学者们除了对上述这些技术选择问题外，还涉及了对产业的技术选择、企业的技术选择、技术选择的影响因素、技术选择的评价等问题的研究，并取得了一定的研究成果。至今，技术选择理论也已经成为技术经济学的重要理论之一。

发展中国家虽然可以以较低的成本从发达国家引进技术，但面临哪类技术适合模仿或引进的问题。"适宜技术"的概念被提出，并将适宜技术的思想引入新古典贸易理论，提出了区域性的"干中学"，认为"干中学"要受到当地特定的投入要素组合的制约。④ 考虑到研发技术和引进技术的成本，发展中国家在遵循由自己的要素

---

① 许庆瑞、盛亚：《技术扩散国内外研究概述》，《科学管理研究》1993 年第 4 期。

② 廖建祥：《中国经济特区的技术选择和政策问题》，《港澳经济》1982 年第 4 期。

③ 李思一：《中国关键技术选择——政府促进技术创新的手段》，《国际技术经济研究》1995 年第 1 期。

④ Atkinson, A. B. and J. E. Stiglitz, 1969, "A New View of Technological Change", *Economic Journal*, Vol. 79.

禀赋结构所决定的比较优势发展初期，技术变迁应该是循序渐进的，没有必要研发或引进发达国家最先进的技术。

限于中国实际情况，中国的学者主要集中研究国家、区域或行业如何和怎么选择技术和关键技术，技术选择对经济增长关系，等等，较少关注技术选择策略、引进技术的经济体系结构特征以及之间的相互关系，加强这几个方面的研究，多角度考虑技术选择的制约因素，是技术经济学研究的一个重要方面。

三 技术进步理论的快速发展时期（1990—1999年）

（一）技术进步与经济增长

许质武（1993）认为技术进步原理包括技术进步的模式、形式和方式，技术发展变化规律，技术寿命周期理论，技术研究与开发、创新、扩散理论，技术进步动力和约束机制等方面。[①] 郑友敬（1995）指出，技术进步理论应包括技术进步的内涵、系统规律及其对经济发展、产业结构变化的影响，技术进步对经济增长贡献的定量分析，技术进步发展战略，依靠技术进步发展经济、改造现有企业的措施等。[②] 赵树宽和赵英才（1996）讨论了技术与经济相关性原理，技术进步与经济增长原理，技术、经济、社会协调发展原理。[③]

这一时期，有关技术进步对产业结构的影响分析成为重要的议题。多位学者都认识到，从根本上来说，产业的形成、分解和新兴产业的诞生都是技术进步的结果。历史经验证明，三次产业的依次出现和重点转移以及各次产业内部各个阶段的依次递进，都与科学

[①] 许质武：《技术经济学内容体系及发展趋势探析》，《数量经济与技术经济研究》1993年第1期。

[②] 郑友敬：《技术经济学的发展回顾与趋势展望》，《数量经济与技术经济研究》1995年第6期。

[③] 赵树宽、赵英才：《技术经济学的基本原理及学科分支的探讨》，《技术经济》1996年第5期。

技术进步密切相关。在现代人类社会发展历史上，曾发生过三次技术革命，都促进了经济的迅速增长和产业结构的巨大变化。而且，技术进步对产业结构的影响是多方面的。技术进步通过刺激需求结构、改变就业结构、促使新兴产业出现、改变国际竞争格局等促进产业结构发生变化。技术进步改变产业结构的过程是使产业结构不断合理化、高级化的过程，这一过程带动了整个经济的协调发展，从而使得宏观结构效益和资源配置效率得到提高。傅道臣（1994）以一般经济系统为对象进行分析，把取得的定量关系应用于工业经济系统的实际来考察技术进步与产业结构之间的关系，以及产业结构调整与变革对技术进步和经济增长的作用。[1]

（二）技术溢出

这一时期引进的西方技术进步的观点主要是技术溢出（Technological Spillover）。

技术溢出通常是指高技术企业、技术领先者对同行企业及其他企业的技术进步产生的积极影响与促进作用。这种影响与促进作用表现在先进技术一旦获得应用，就会带动本行业甚至相关行业的技术变化，促进经济结构的调整。国外对技术溢出理论的讨论最早可以追溯到20世纪60年代初。麦克杜格尔（1960）提出了溢出效应理论，他在分析外商直接投资（Foreign Direct Investment，FDI）福利效应基础上，把溢出效应理解为伴随外商直接投资的一个重要现象，因此引起了很多经济学家对溢出效应的关注。[2] 卡夫（1974）认为技术转移和扩散的速度随着跨国公司的进入而加快，检验了加拿大和澳大利亚的FDI技术溢出效应。[3]

---

[1] 傅道臣：《技术进步与产业结构的定量分析》，《科学、经济、社会》1994年第1期。

[2] MacDougall, G. D. A., 1960, "The Benefits and Costs of Private Investment from Abroad: A Theoretical Approach". *The Economic Record*, Vol. 36, No. 73.

[3] Caves R., 1974, "Multinational Firms, Competition and Productivity in Host-country Markets", *Economica*, Vol. 41, No. 162.

李平（1995）从企业间联系的角度分析了技术溢出转移的过程，介绍了泰国经济学家波卡姆关于技术转移阶段划分的观点。该观点认为技术转移过程可分为四个阶段，即直接转移、溢出转移、学习促进和生发效应。技术溢出主要有两条途径，一条途径是"物化的溢出效应"，另一条途径是"非物化的溢出效应"。"物化的溢出效应"指的是，其他企业通过研究开发，大大提高了该企业产品的品质和性能，如果另一企业购买了该企业的产品作为中间投入，则买方企业就会在事实上享受到卖方企业研究开发的好处；对于买方企业来说，中间产品市场多属于竞争型的，不必担心卖方企业将研究开发的费用全部转嫁到中间产品上来。[①] 近年来，中国学者对技术溢出展开了更加细致深入的研究，涉及了诸如FDI对中国的技术溢出效应、跨国公司对中国的技术溢出效应等问题的实证分析。

四　技术进步理论应用发展时期（2000年至今）

（一）技术进步与经济增长

　　这一时期的技术进步与经济增长主要集中在两者关系的机理研究上。钟学义和陈平（2006）深化了技术经济学科中的"技术进步"概念。从经济学的观点来看，当单位投入量对产出的贡献增加时，其增加部分就是技术进步，也就是说只要单位投入的产出量增加了，就有了技术进步。按照技术的经济学定义，投入产出过程转换效率的提高就是技术进步。因而，经济学中研究的技术进步实际上是指产出增长中扣除因劳动投入和资本投入增加的作用之后，所有其他因素作用的总和。在经济学研究领域里，是用全要素生产率增长率来描述技术进步的，这正是表明经济学中经常使用的技术进步一词都是指经济学意义上的技术进步，其内涵要比"技术的进步"

---

① 李平：《后向联系和技术的溢出转移》，《世界经济与政治》1995年第7期；《日本R&D的多角化和技术的溢出效应》，《日本问题研究》1995年第4期。

丰富得多。①

戚汝庆（2007）从微观经济学、企业管理学、产业经济学、宏观经济学和技术哲学等不同视角分析了技术进步对经济增长的影响和作用机制。从微观经济学角度看，技术进步引致供求曲线移动，可克服经济增长的需求约束；从企业管理学角度看，技术进步与市场需求共同决定了企业的生命周期；从产业经济学角度看，技术进步决定了产业变迁的趋势和规律；从宏观经济学角度看，技术进步是经济周期波动的重要诱因；从技术哲学角度看，技术进步渗透到生产力诸要素中，最终成为社会经济发展的决定性力量。②

唐永和范欣（2018）构建了一个技术进步条件下的马克思经济增长模型，探讨了技术进步对经济增长的影响机制与效应。研究结论是：不同技术进步条件下，不变资本、可变资本和总资本的增长率不同；技术进步对经济增长的影响机制分为劳动生产率机制和资本有机构成机制；技术进步条件下劳动生产率和资本有机构成的提高，通过不变资本增长率、可变资本增长率和剩余价值率影响经济增长；技术进步对经济增长的影响效应显著大于不变资本、可变资本和剩余价值率对经济增长的作用效应。国家应努力提升自主创新能力、创新人才培养机制、提升科技成果转化率、构建国家自主创新体系，以创新促进国家经济增长。③

（二）技术能力

关于技术能力的研究主要是 20 世纪 80 年代以后，学者从关注发展中国家的技术发展问题开始并逐步兴起的。斯图尔特（1981）认为技术能力是一种自主地做出技术选择、采用和改进所选的技术

---

① 钟学义、陈平：《技术、技术进步、技术经济学和数量经济学之诠释》，《数量经济与技术经济研究》2006 年第 3 期。

② 戚汝庆：《技术进步促进经济增长的作用机制分析》，《山东师范大学学报》（人文社会科学版）2007 年第 1 期。

③ 唐永、范欣：《技术进步对经济增长的作用机制及效应》，《政治经济学评论》2018 年第 3 期。

和产品，并最终内生地创造出新技术的能力。① 目前，学者们的研究主要集中在宏观（国家技术能力）和微观（企业技术能力）两个方面。产业集群技术能力是介于宏观技术能力和微观技术能力之间的中观技术能力，目前的研究较少，但是随着技术能力理论的发展和成熟，以及产业集群研究的兴起，越来越多的学者正尝试着拓展技术能力的概念，并将其应用到中观层面特别是产业集群的研究中来。

魏江和叶波（2003）认为集群技术能力是以集群学习为基础，以支持集群创新能力提高为目的，嵌入在集群创新系统内部人力资源要素、信息要素、固定性资产要素和成员组织要素中的所有内生化知识存量的总和，并研究了集群技术能力增长的机理。② 鲁开根（2004）则认为，产业集群核心能力是指集群内企业组织和相关机构在社会网络体系中对学习能力、知识积累、社会资本、整合能力、创新能力的有机融合所产生的一种特殊能力。③ 张帆（2006）构建了产业集群技术能力度量模型，该模型是建立在其研究的"二元—构架模型"基础上。他认为产业集群技术能力的评价要素由企业、使能组织和构架机制三部分组成，并对浙江省柳市产业集群技术能力增长进行了实证分析。④

根据文献观点，产业集群技术能力是以集群企业技术能力为依托的、服务于集群创新绩效的、对集群内各种资源综合运用的能力。这种能力具有以下特征：第一，产业集群技术能力是以集群企业为

---

① Stewart F., 1981, "International Transfer of Technology", *Issues and Policy Options*, in Streeten P., Jolly R. (eds), *Recent Issues in World Development*, Oxford: Pergamon Press.

② 魏江、叶波：《产业集群技术能力增长机理研究》，《科学管理研究》2003年第21期。

③ 鲁开根：《产业集群核心能力研究》，博士学位论文，暨南大学，2004年。

④ 张帆：《基于知识网络的产业集群技术能力增长研究》，硕士学位论文，浙江大学，2006年。

依托的，也就是说产业集群技术能力离开了集群企业这一主体就不复存在，其归属具有个体性；第二，产业集群技术能力不是集群企业技术能力的简单相加，而是通过一种连接机制作用之后产生的一个整体效应；第三，产业集群技术能力是以集群创新绩效来体现的。集群之间的差异不在于单个企业的创新实力，而是集群作为一个整体呈现的创新能力的不同。①

五 期刊文献分析

（一）技术进步文献情况

截至 2019 年 5 月 23 日，以"技术进步"为篇名在中国知网查到论文 15603 篇（见图 5—1），1980 年只有 6 篇，1981 年是 3 篇，1983 年为 128 篇，1991 年达到 561 篇，随后进入波动起伏阶段，1996 年、2008 年、2012 年达到三个高峰点，分别是 559 篇、571 篇和 582 篇，2012 年后论文数量呈下降态势。

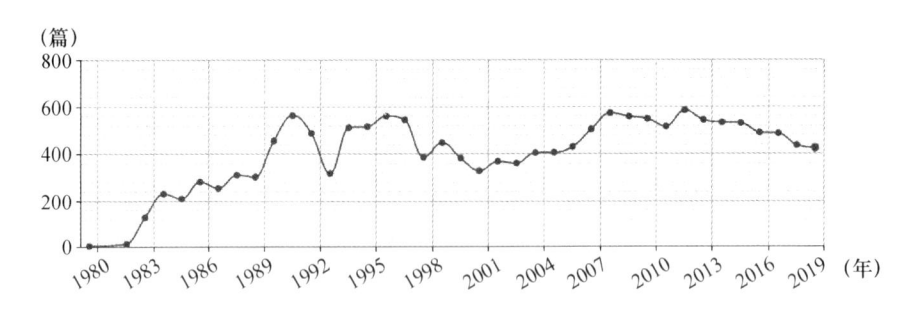

图 5—1 技术进步论文发文量趋势

资料来源：笔者自中国知网数据检索而得。

（二）技术创新文献情况

截至 2019 年 5 月 23 日，以"技术创新"为篇名在中国知网查

---

① 郝世绵、赵瑾：《产业集群技术能力研究综述与启示》，《安徽科技学院学报》2010 年第 6 期。

到论文46666篇（见图5—2）。1982年只有1篇，1994年超过100篇，1999年超过1000篇达到1440篇，2000年达到2202篇，随后5年发文数量下降，2006年上升到2216篇，2012年达到新的高峰（2701篇），近几年来发文数量有所下降。

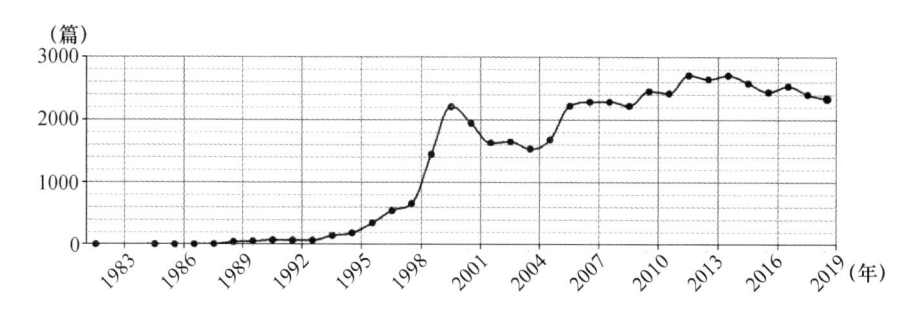

图5—2　技术创新论文发文量趋势

注：1983年发文量为零。

资料来源：笔者自中国知网数据检索而得。

第二节　科技创新与经济增长关系

一　科技创新与经济增长的理论基础

技术进步、技术创新与经济增长关系的理论基础是技术进步相关理论与经济增长理论、社会主义增长理论，具体包括新古典经济增长理论、经济增长因素分析理论、新经济增长理论、社会主义经济增长理论。

（一）新古典经济增长理论

新古典经济增长学派的代表索洛在吸收和批判哈罗德—多马模型的基础上，建立了没有固定生产比例的长期增长模型，并将技术引入模型中，称为新古典生产模型。索洛（1956）指出，哈罗德问题的关键在于假设生产技术是固定投入要素比例的生产函数。这一假设表明资本和劳动是不可替代的生产要素，索洛通过放松这一假设建立了资本和劳动可以相互替代的新古典经济增长理论。[①]索洛的模型解决了哈罗德—多马模型的不稳定性问题,也给出了长期经济增长的一种解释。

新古典经济增长理论认为人口增长是经济增长的重要因素;技术进步影响经济增长,但经济增长不影响技术进步;技术进步会增加资本需求,提高实际利率,从而引起储蓄增加。但是索洛模型一方面认为技术进步促进经济增长,另一方面认为技术进步是外生变量,存在矛盾。

(二) 经济增长因素分析理论

亚当·斯密的《国富论》提出分工、生产劳动、资本积累和对外贸易均是经济增长的主要因素,这是经济增长因素分析理论的最初表现。20世纪五六十年代,随着新古典经济增长模型的提出,技术进步理论和人力资本理论应运而生。丹尼森(1962)建立了一个增长来源的分析和估算体系。他认为增长因素有五个方面:一是劳动力在数量上的增加和质量上的提高;二是资本在数量上的增加;三是资源配置的改善;四是扩大规模的节约;五是技术进步(即知识)及其在生产上的应用。前两方面属于生产要素投入量的增长,后三方面属于生产要素生产率的提高。[②] 人力资源"构成了一个国家财富的最终基础,资本和自然资源都是生产中的被动因素,只有人是生产中的主动因素。人积累资本、开发资源、组成社会的政治和经济组织,推动民族的发展。显然,一个国家如果不能增进本国人民的知识和技能,并在本国经济中加以有效地利用,那么,它就不可能在其他方面有任何进展"。[③] 人力资本理论认为资本应该包括物

---

① Solow, R. M., 1956, "A Contribution to the Theory of Economic Growth", *Quarterly Journal of Economics*, Vol. 70, No. 1.

② Edward F. Denison, 1962, "Source of America Economy Increase and the Choice We Faced", *Committee for Economic Development*, Supplement.

③ 董正平:《西方经济增长理论的演变及其借鉴意义》,《北京社会科学》1998年第3期。

质资本和人力资本，人力资本是通过对人的投资形成的，人力资本是经济增长最重要的动力和源泉，教育投资是人力资本投资的核心。

（三）新经济增长理论

鉴于新古典经济增长理论的缺陷，在20世纪80年代中期，以罗默、卢卡斯及其追随者为代表的一批经济学家，在新古典经济增长理论的基础上提出了技术的内生化。新增长理论认为内生技术进步是经济增长的决定因素，技术进步和人力资本的溢出效应促进了经济可持续增长，比较有代表性的模型是罗默的知识积累增长模型和卢卡斯的人力资本溢出模型，[①] 知识积累增长模型是把知识作为单独的要素纳入生产函数，认为经济增长的主要源泉是知识的积累，人力资本溢出模型是把人力资本纳入生产函数，认为专业化的人力资本积累才是经济增长的真正源泉。新经济增长理论有助于人们认识知识、技术和人力资本在经济中的作用。可见，新经济增长理论非常强调知识和技术对经济长期增长的作用，但目前对知识的研究和理解还远远不够，需要加强这一方面的工作。同时注重教育和各种职业培训，提高人力资本势在必行。

（四）社会主义经济增长理论

马克思是用"扩大再生产"来代表"经济增长"，经济增长的过程就是生产的扩大和再扩大过程。卡莱茨基（1967）认为社会主义经济增长是物质生产过程中三种效应：投资的生产效应、设备损耗效应和改善设备利用程度的效应。在经济增长过程中即使有各种途径能够提高生产率，也会面临种种限制，这些限制主要来自三个方面：一是积累与消费的矛盾，高积累和高投资以低消费为代价，会遇到社会消费者的抵制；二是劳动力供给的限制，劳动力资源相对经济增长率的需要显得不足，这在苏联和东欧国家是一个很现实的问题；三是随着增长率的提高，因国内

---

① 朱勇：《新增长理论》，商务印书馆1999年版。

需求增加而使出口减少，进口增多，导致国际贸易状况的恶化，也会限制经济增长。①

总之，经济理论的发展过程是人类认识经济活动、总结经验的过程，也是认识经济增长从浅到深的过程，从现象到本质的过程。经济理论从重视劳动分工到资本决定论、技术决定论和人力资本决定论的发展过程，贯穿于斯密、李嘉图、熊彼特等代表的理论中，也是人类对经济发展本质逐渐认识渐入佳境的过程。

二 技术创新与经济增长

随着对技术进步、技术创新与经济增长的机理研究不断深化，学者多从评述西方经济学中技术创新与经济增长关系的理论，技术创新与经济增长的机理分析，技术创新、制度变迁与经济增长方式转变的关系，技术创新、制度变迁与经济增长的关系，技术创新与产业结构的关系四个方面展开研究。

（一）技术创新与经济增长的机理分析

技术进步是推动经济增长的重要因素，西方经济理论一直将技术进步作为研究的重要内容，不同时期产生了不同的技术进步与经济增长关系的理论。新古典学派研究了技术进步与经济增长的关系，但把技术进步作为一个外生变量；新熊彼特学派对技术推广与扩散、技术创新与市场结构等问题进行了深入的研究，但其研究假设与现实相差较大；制度创新学派研究了技术创新和制度创新的关系，但其所研究的制度拘泥于具体制度，忽视了对政治制度的研究；国家创新系统学派认为创新是由国家创新系统推动的，但仅以少数资本主义国家为例进行研究并得出了相应结论。②

---

① ［波］米哈尔·卡莱茨基：《社会主义经济增长理论导论》，符钢战译，上海三联书店1988年版。
② 张凤海、侯铁珊：《技术创新理论述评》，《东北大学学报》（社会科学版）2008年第3期。

从经济学的意义上，基于效率和效率提高的角度引入"技术存量"和"技术流量"，并将"技术""技术进步""技术创新"和"技术扩散"组成有机整体，研究分析经济增长的影响因素。当技术变革引发经济变化以及结构性变革时，特别是在从经济发展的低谷步入繁荣的关键阶段，通常会伴随着如下条件的变化：一是重大的技术发现和变革，也就是熊彼特所说的"创造性毁灭过程"；二是新企业、企业群乃至新产业的孕育和成长壮大；三是市场需求、消费标准的变化，以及支撑其变化的居民实际收入上升；四是关键生产要素及其价格体系的变化；五是广泛意义上的制度创新，包括生产组织方式、企业组织、财政金融等政府政策；等等。[1] 李平和蔡跃洲（2014）认为未来我国经济社会发展将比以往任何时候都更需要科技进步和技术创新的支撑，当前我国应着眼于新的战略目标，通过系统谋划和顶层设计，完善国家创新体系，不断提高国家创新能力，为经济社会可持续发展提供支撑。[2]

（二）技术创新、制度变迁与经济增长方式转变的关系

技术进步、技术创新是提高经济的增长质量和转变经济增长方式的必由之路。张保胜（2010）指出，技术创新是促进经济持续增长的基本动力，也是实现经济发展方式转变的核心。[3] 在经济发展方式转变中，技术创新促进了产业结构高度化和合理化，促进了要素结构和需求结构的优化，促进了从"高碳经济"向"低碳经济"的转变。

"十二五"期间，在国内经济领域，由于资源与环境制约，通过

---

[1] 孔欣欣、刘辉锋：《技术创新与经济演进——经济低迷时期的科技创新政策选择》，《中国科技论坛》2009年第4期。

[2] 李平、蔡跃洲：《新中国历次重大科技规划与国家创新体系构建——创新体系理论视角的演化分析》，《求是学刊》2014年第5期。

[3] 张保胜：《技术创新在经济发展方式转变中的作用分析》，《安阳工学院学报》2010年第1期。

技术创新，降低资源消耗强度，实现经济增长的减物质化，通过技术创新实现经济增长的环境友好化，都是经济可持续增长的必由之路。① 通过对工业化与技术创新的关系研究，不难发现技术创新在中国新型工业化过程中的作用和重要性，是中国新型工业化道路的必然要求。

（三）技术创新、制度变迁与经济增长的关系

新增长理论和新制度经济学分别论证了技术、制度等创新要素对于经济增长的推动作用，技术创新是推动经济发展和社会进步的源动力，制度创新取决于技术创新的状况及其发展变化。同时，制度创新又通过促进或阻碍技术创新而影响经济发展和技术进步，正是由于技术创新和制度创新此起彼伏的矛盾运动，才构成了创新系统的不断发展，创新系统的螺旋式上升过程导致技术创新和制度创新的水平不断上升。②

皮建才（2006）把制度变迁和技术进步统一进了一个新的经济增长模型。他认为是长期经济增长的内在要求导致了人口的增加，即导致了劳动增长率的提高，而这种提高反过来又促进了长期经济增长。因此，对一个国家而言，要想经济得到长期的增长，必须从制度变迁和技术进步的角度出发，提高制度因子和技术因子。③ 刘建旭等（2010）通过阐述和评判诺思的"制度决定论"，对制度创新、技术创新和经济增长的关系进行了重新界定。认为在经济衰退期，制度创新决定着经济增长，经济增长对制度创新具有一定的反作用；技术创新对经济增长也会产生一定的促进作用，而制度创新对技术创新具有刺激作用。在经济快速增长阶段，不仅技术

---

① 齐建国：《用科学发展观统领经济发展方式转变》，《财贸经济》2010年第4期。
② 李晓伟：《技术创新与制度创新的互动规律及其对我国建设创新型国家的启示》，《科技进步与对策》2009年第17期。
③ 皮建才：《制度变迁、技术进步与经济增长：一个总结性分析框架》，《经济经纬》2006年第6期。

创新和制度创新分别促进经济增长，而且经济增长还反作用于技术创新和制度创新。[①] 王宏伟和李平（2015）在回顾和分析中国科技体制改革的成就和问题的基础上，深入剖析了当前科技体制和机制存在的障碍，为深化科技体制改革，实施创新驱动发展战略提出了政策建议。[②] 经济协调全面发展期，技术创新和制度创新必须相互促进，才能保证经济的协调、全面、持久发展。

（四）技术创新与产业结构的关系

技术进步推动了产业的发展，促进了产业结构的升级。人类社会从农业社会进入工业社会再到服务业社会的发展历程，正说明了这一点。李京文和郑友敬（1987）认为，技术进步推动了产业发展与产业结构的变化，技术的不断进步就意味着产业结构的不断变化，技术进步与产业结构变化的基本模式可概括为：技术进步→产业的发展与改造→新兴产业的出现、传统产业的改造、落后产业的淘汰→产业结构的变化。即，技术进步与产业结构的变化不仅是相关联的，而且是必然结果。[③]

杜春亭（2000）指出，推动产业技术进步和产业结构调整应遵循相应的技术原则和技术标准。技术进步对产业结构合理化和高级化的促进作用体现在三个方面：一是技术进步对产业结构变化有着深刻的影响；二是技术进步极大地推动着第三产业和高新技术产业的发展；三是技术进步必然会引起产业组织结构创新。[④]

[①] 刘建旭、和炳全、杨倩：《关于制度创新、技术创新与经济增长关系的重新定位》，《商业时代》2010年第10期。

[②] 王宏伟、李平：《深化科技体制改革与创新驱动发展》，《求是学刊》2015年第5期。

[③] 李京文、郑友敬：《依靠技术进步实现产业结构合理化》，《技术经济》1987年第10期。

[④] 杜春亭：《技术进步与产业结构演进机理研究》，《陕西青年管理干部学院学报》2000年第4期。

第三节　科技创新对经济增长的贡献测度

量化科技创新对经济增长的贡献，即测算全要素生产率（Total Factor Productivity，TFP）增长对经济增长的贡献，也称为科技进步贡献率。自20世纪50年代索洛开创用全要素生产率测算技术进步的方法以来，对全要素生产率的研究层出不穷，不仅研究的范围不断拓展，研究方法也在不断完善，实证结果更是层出不穷。中国于20世纪80年代引入全要素生产率的理论、方法，开始研究中国全要素生产率，分析技术进步对经济增长的贡献。本节在介绍中国资本存量研究的基础上，从宏观、中观、微观三个层面介绍全要素生产率增长以及对经济增长贡献情况。

一　中国资本存量的研究分析

（一）物质资本存量的研究

在全要素生产率增长率测度中，资本投入采用资本存量。之所以用资本存量是因为本年的产出，是由过去积累的资本与本年投资共同贡献的。资本存量作为研究技术进步测度全要素生产率的重要基础数据，一直是众多学者关注的重要话题。鉴于中国官方没有公布资本存量的数据，学者只能自己测算，但是由于学者的理解不同，观点不一致，以及统计数据或其他问题，测度的结果具有较大差异。

1. 2000年以前的资本存量研究

限于数据的可得性和对资本存量的理解，在2000年以前，中国资本存量的内容主要有三种：（1）固定资产原值加上流动资产净值；（2）固定资产原值或固定资产净值；（3）固定资产净值加上流动资金。中国资本估算的实证研究主要集中在工业行业资本估算方面，比较有代表性的有交叉分类估算资本存量的方法。

2. 21世纪以来资本存量的研究

进入21世纪后,随着国民经济核算体系的不断完善和数据更新,学者一般用国际通用的永续盘存法(Perpetual Inventory Method, PIM)来估算资本存量,在确定基期资本存量、当年投资、折旧率和价格指数的基础上,计算全国、区域和行业的资本存量。

但是,由于对资本存量的理解以及可获得数据的限制,中国学者对资本存量的研究并没有取得一致性的意见,研究结论存在较大差异。李宾(2011)对比了目前资本存量估算的主要方法和指标选择后,发现:折旧率的设定对估算结果影响最大;基期资本存量的影响很小;价格指数则基本可达成共识;从长期来看,固定资本形成总额与全社会固定资产投资的表现很相近,前者稍优;对投资流量的选取是一个难题。[①] 固定资本形成总额从定义上来说作为投资流量是有瑕疵的。正是因为这些原因,目前没有权威的资本存量计算结果。

目前比较有代表性的文献有张军等(2004)[②] 和单豪杰(2008)[③] 的测算结果。张军等(2004)首先用固定资本形成总额作为当年投资;其次根据《中国国内生产总值核算历史资料(1952—1995)》的数据计算1952—1990年的各省份固定资本形成总额指数,得到固定资产投资价格指数;再次是假定建筑和设备的平均寿命期分别是45年和20年,其他类型的投资假定为25年,从而得出折旧率分别为6.9%、14.9%和12.1%,并计算了1952—2000年三类资本品在总固定资产中的平均比重,在此基础上计算出经济折旧率为9.6%;最后,用各省区市1952年的固定资本形成总额除以10%作为该省区市的初始资本存量。在此基础上估算了31个省份的资本存量,并进

[①] 李宾:《中国资本存量估算的比较分析》,《数量经济技术经济研究》2011年第12期。

[②] 张军、吴桂英、张吉鹏:《中国省际物质资本存量估算:1952—2000》,《经济研究》2004年第10期。

[③] 单豪杰:《中国资本存量K的再估算:1952—2006年》,《数量经济技术经济研究》2008年第10期。

行加总得到全国资本存量,1952年初始资本存量是807亿元(1952年价)。单豪杰(2008)采用的当年投资和固定资产投资价格指数与张军等(2004)相同,不同的是折旧率和基期资本存量,建筑和机器设备的年限为38年和16年,采用几何效率方法得出二者的折旧率分别为8.12%和17.08%,同时认为"其他费用"是依附在建筑和机器设备上的,根据年鉴提供的二者之间的结构比重得出各年的折旧率,不区分时段时为10.96%;利用1953年的资本形成总额比上折旧率(10.96%)与1953—1957年固定资本形成平均增长率之和(23.1%)来估算1952年的资本存量,这样估算出来的资本存量大约是342亿元。比较张军等(2004)和单豪杰(2008)的研究成果可以发现,前者在计算初始资本存量使用10%的折旧率,但是他们计算的折旧率是9.6%,那么10%的折旧率从何而来?文中没有说明,并且在计算过程中从1952年到2000年长达48年的时间从始至终使用9.6%的折旧率,显然不合理,中国统计年鉴公布有1990年之前国有企业的折旧率,年度之间并不相同,长时期采取相同的折旧率不仅理论上不合理与实际情况也不符合;单豪杰(2008)采取的折旧率是根据建筑和机器设备之间的结构比重计算得出,年度之间有差异,更接近实际情况,但是其结果的引用较少,或许与后续年份的折旧率还需要计算有关。

在资本存量的核算中,折旧率的估算是关键,目前比较有代表性的折旧率计算方法包括:(1)根据财政部规定的设备和建筑使用年限用几何方法计算折旧率;(2)根据投入产出表中各行业固定资产折旧推导折旧率。第一种方法相对简单,使用最多;第二种方法比较接近实际情况,但计算烦琐。在估算资本存量的过程中,多数学者自始至终使用一个折旧率,与现实情况差距较大。在长期的经济发展中,折旧率并不是一成不变的,应该分段处理。

(二)中国研发资本存量的研究

20世纪80年代兴起的新经济增长理论,将技术进步作为经济系统的内生变量,强调知识在经济增长中的作用,技术进步(知识积累）是经济长期增长的动力源泉。研发活动创造和积累知识，促进产品创新和工艺创新，进而推动经济的可持续增长。2009 年联合国统计委员会公布的 SNA2008 规定把研发投入作为投资，2016 年中国开始将研发投入资本化，并修订了 1978 年以来的固定资本形成总额，研发投入资本化的计量有了依据。

国外对 R&D 资本存量的核算始于 20 世纪 60 年代，代表性文献有格瑞里茨（1980）、科和赫尔普曼（1995），[1] 这些研究表明高技术产业的研发资本存量产出弹性高于中低技术产业，经济发达国家的产出弹性高于经济不发达国家，对全要素生产率的影响也是如此。

中国学者对 R&D 资本存量的研究只有十几年的历史，分别从全国、区域和行业三个层次进行测算。全国层面 R&D 的数据公布始于 1990 年，各省份的 R&D 数据公布始于 1998 年，行业没有公布连续 R&D 数据，在核算过程中不能获得的历史数据只能用相关的数据或方法得到，结果的准确性难免有折扣。在全国层面上，刘建翠等（2014）利用永续盘存法测算了中国 1978—2012 年 R&D 资本存量；江永宏和孙凤娥（2016）测算了全国 1952—2014 年的 R&D 资本存量。[2] 从计算结果看，刘建翠等（2015）与江永宏和孙凤娥（2016）在后期比较接近，后者数据处理和计算过程详细和复杂，折旧率较高；前者数据处理相对简单，适用性强，折旧率采取分段处理比较合适。在区域层面上，刘建翠和郑世林（2016）测算了 31 个省市区 1990—2014 年的 R&D 资本存量。[3] 行业数据只有高技术行业具有连

---

[1] Griliches Z., 1980, "R&D and the Productivity Slowdown", *American Economic Review*, Vol. 70, No. 1; Coe D. S., Helpman E, 1995, "International R&D Spillovers", *European Economic Review*, Vol. 39, No. 5.

[2] 刘建翠、郑世林、汪亚楠：《中国研发（R&D）资本存量估计：1978—2012》，《经济与管理研究》2014 年第 2 期；江永宏、孙凤娥：《中国资本存量测算：1952—2014 年》，《数量经济与技术经济研究》2016 年第 7 期。

[3] 刘建翠、郑世林：《中国省际 R&D 资本存量的估计：1990—2014》，《财经问题研究》2016 年第 12 期。

续数据，其余行业均不连续，只能用相关数据进行代替，测算结果可靠性大为降低。

二 总量全要素生产率研究分析

对总量全要素生产率的测度方法一般是增长核算法（索洛余值法）、柯布—道格拉斯生产函数（C－D 生产函数）、超越对数生产函数。

（一）2000 年以前的总量全要素生产率研究

大多数研究表明，改革开放以前中国生产率对经济增长贡献小甚至是负数；改革开放以来，中国的全要素生产率有了显著提高，全要素生产率增长对经济增长的贡献是逐步提高的。李京文等（1993）运用超越对数生产函数法测算的结果表明，改革开放前的全要素生产率增长对经济增长的贡献是负数，1979—1990 年中国全要素生产率增长对经济增长的贡献率为 30.30%。[1] 从研究成果看，改革开放前的经济增长主要依靠要素投入，改革开放后的制度创新、非国有经济迅速增长和开放政策有效促进了经济增长，全要素生产率增长对经济增长的贡献大为提高，成为经济增长重要源泉。

（二）2000 年以来的总量全要素生产率研究

2000 年后，对全要素生产率的理解不断深入，对数据的处理方法和测算生产率的模型掌握更加熟练。鉴于中国国民经济核算体系的改革，[2] 1978 年以前的数据没有修正，学者一般计算 1978 年以来的全要素生产率增长及其对经济增长的贡献。

---

[1] 李京文、［美］D. W. 乔根森、郑友敬、［日］黑田昌裕：《生产率与中美日经济增长研究》，中国社会科学出版社 1993 年版。

[2] 中国国民经济核算体系在 1992 年以前是物质产品平衡表体系（System of Material Product Balance，MPS），是计划经济的核算方法，只有物质生产部门；1993 年开始是国民账户体系（System of National Accounts，SNA），是市场经济的核算方法，包括国民经济的全部部门。两种体系下的数据有较大差异，计算生产率的结果也就有较大不同，为了数据的连续性将 MPS 体系下的经济数据按照 SNA 进行调整难免有误差。

李平等（2013）运用纯要素生产率法和索洛余值法分别测算了1978—2010年中国生产率变化及其对经济增长的贡献率。全要素生产率增长率分别为3.35%—4.18%和3.34%—4.11%，相应贡献率分别是34.46%—40.81%和33.14%—40.09%，并且2000—2010年中国生产率增长呈下降趋势，出现高资本投入、低生产率和高增长的现象。[1] 蔡跃洲和付一夫（2017）利用中国宏观及产业数据，在增长核算基础上将全要素生产率增长分解为技术效应和结构效应。研究表明，经济增长动力约1/3来自技术水平的普遍提升，而结构效应的作用仅为技术效应的1/5；从全要素生产率增长对经济增长贡献看，1978—2014年全要素生产率增长对经济增长的平均贡献率是39.4%，2000年以前全要素生产率增长贡献度波动较大，2005年后技术进步对经济增长的支撑作用迅速下降。[2]

从研究成果看，即使不同文献测算的全要素生产率增长对经济增长贡献有差别，但在相同的区间内对经济增长的贡献差距较小，即改革开放以来科技进步是经济增长的重要源泉；从不同的阶段看，在20世纪80年代初期、90年代到2008年国际金融危机前，科技进步是经济增长的重要源泉，中国经济是科技和投资双轮驱动；在20世纪80年代中后期和2008年以来，因为投资过热，中国经济依靠投资驱动经济增长；在20世纪80年代中后期劳动对经济增长贡献较大，其余阶段，劳动对经济增长的贡献均较小。

三 区域全要素生产率的研究分析

测算区域全要素生产率增长对经济增长的贡献，主要是各省市区、三大区域之间的全要素生产率增长，主要用数据包络分析法和

---

[1] 李平、钟学义、王宏伟等：《中国生产率变化与经济增长源泉：1978—2010》，《数量经济技术经济研究》2013年第1期。

[2] 蔡跃洲、付一夫：《全要素生产率增长中的技术效应与结构效应——基于中国宏观和产业数据的测算及分解》，《经济研究》2017年第1期。

随机前沿分析法测算地区之间的相对效率,或用总量生产函数的方法测度全要素生产率增长对经济增长的贡献。近年来对城市生产率的研究较多,包括省会城市、计划单列市和地级市。

(一) 地区全要素生产率研究

刘建翠等 (2010) 对中国 1980—2007 年各地区的生产率进行测算,结果表明不同地区之间全要素生产率增长对经济增长的贡献差距较大;从六大经济区来看,华东和中南地区 (13 省市) 的贡献率合计是 63.91%;从三大区域来看,东部地区 12 省市的贡献率合计是 60.29%。区域之间发展极不平衡,国家经济的发展更多的是依赖东部地区的发展。[①] 叶裕民 (2002) 运用索洛余值法对全国及各省区市全要素生产率进行了测算,结论是: (1) 全要素生产率提高主要来自经济结构的变动;(2) 资本和技术推动了中国经济增长;(3) 东中西部全要素生产率水平差异主要来自资本深化速度的不同。[②]

从研究成果看,全要素生产率增长在省市区之间具有异质化,东部省市的全要素生产率增长对经济增长的贡献高于中西部地区;省际和区域的技术进步推动了全要素生产率提高,技术效率的提高低于技术进步的提高。

(二) 城市全要素生产率研究

大部分学者用 DEA-Malmquist 指数方法分析了地级市及直辖市市辖区的全要素生产率增长情况,虽然研究的时期和城市数量有差异,但是结果大致相同,均是技术进步推动了生产率的提高,技术效率有所下降。用 DEA 和 SFA 得到的是城市之间的相对效率,只能比较城市之间全要素生产率增长的高低,用增长核算法或 C－D 生

[①] 刘建翠、陈平、王宏伟等:《中国经济增长和生产率发展报告——地区经济增长与生产率研究: 1980—2007 年》,载汪同三、郑玉歆主编《中国社会科学院数量经济与技术经济研究所发展报告 (2010)》,社会科学文献出版社 2010 年版。

[②] 叶裕民:《全国及各省区市全要素生产率的计算和分析》,《经济学家》2002 年第 3 期。

产函数法能够计算全要素生产率对经济增长的贡献。

龚飞鸿等（2011）应用增长核算法，测算了1981—2008年省会城市和计划单列市35个城市的生产率以及对经济增长的贡献。研究结果表明，除了极个别的城市，绝大部分城市是依靠投资来拉动经济增长的；而在20世纪90年代，是各城市经济增长质量最佳的时期，多数城市是依靠生产率增长来拉动经济增长的。20世纪80年代的高投资和进入21世纪后的投资过热，使得这两个阶段的经济增长主要是依靠投资来驱动。[①] 刘建翠和郑世林（2017）采用C-D生产函数法，测算了地级市的全要素生产率增长率和各要素投入变化及其对经济增长的贡献，发现2001—2005年生产率变化是城市经济增长的重要源泉，2005年后是资本驱动经济增长，不同区域的城市之间存在异质性。[②]

城市是一个地区经济发展的带头者，城市经济发展的好坏对周边地区影响较大。从研究成果看，结论基本一致，即东部地区城市的全要素生产率好于中西部地区，技术进步推动了生产率的提高，与地区研究成果基本一致。

四 行业全要素生产率的研究分析

对行业生产率的研究在20世纪主要是工业行业，进入21世纪后，对行业全要素生产率的研究涵盖全部行业，近几年来细分行业全要素生产率的研究越来越多。对行业全要素生产率的研究方法包括DEA、SFA和生产函数法等。

[①] 龚飞鸿、王宏伟、陈平等：《中国经济增长和生产率发展报告——省会城市和计划单列市经济增长与生产率：1980—2008年》，载汪同三、何德旭主编《中国社会科学院数量经济与技术经济研究所发展报告（2011）》，社会科学文献出版社2011年版。

[②] 刘建翠、郑世林：《中国城市生产率变换和经济增长源泉：2000—2014年》，《城市和环境研究》2017年第3期。

(一) 2000年以前的行业全要素生产率研究

在2000年以前，鉴于数据的可得性，多数研究是对中国工业部门的全要素生产率进行测算，分析各部门的全要素生产率变化。并且由于经济体制改革的实行、经济周期和结构调整等多方面的原因，原始数据和采用方法的差异，总体上说，中国各个行业的全要素生产率有增长但不显著，行业之间差异较大，对产出增长的贡献不一，在技术密集行业生产率的增长是产出的重要源泉，大多数行业产出的主要来源是中间投入的增长，改革促进了技术效率的提高。

(二) 2000年以来的行业全要素生产率研究

任若恩和孙琳琳（2009）对中国1981—2000年行业层次经济增长的源泉进行了分析。研究结果是在1981—1984年，全要素生产率增长是大多数行业产出增长的首要来源；其他时段大多数行业的中间投入增长是产出增长的首要来源；在1981—2000年全要素生产率没有明显的改进。[①] 龚飞鸿等（2009）应用生产函数法，测算了1981—2006年29个产业部门的全要素生产率。结果表明，全要素生产率的增长差异很大，只有少数行业的增长是集约型的，大部分行业是依靠要素投入来增长的，主要是中间投入。[②]

王宏伟（2009）根据产业的特点，将整体产业划分为信息生产业、信息应用业和非信息产业三组产业，并运用生产可能性前沿函数方法来测算分组行业的全要素生产率增长率及其对经济增长的贡献。研究结果表明，信息生产业和应用业对中国经济增长的贡献呈逐步上升的趋势。信息生产业和应用业的经济增长主要是由技术进

---

① 任若恩、孙琳琳：《中国行业层次的TFP估计：1981—2000》，《经济学》（季刊）2009年第3期。

② 龚飞鸿、刘满强、陈平等：《中国经济增长与生产率发展报告——各行业部门》，载汪同三、郑玉歆主编《中国社会科学院数量经济与技术经济研究所发展报告（2009）》，社会科学文献出版社2009年版。

步驱动的，总量经济增长及非信息业经济增长呈现投入型的增长方式。信息产业产品价格下降对平抑物价总水平的作用有增强的趋势。信息产业对国民经济的拉动作用不断增强。[1]

在对部门行业的全要素生产率研究中，不同的研究者有不同的见解和不同的结果，原因是分析的基础数据、使用的方法不同，对全要素生产率的理解不同。但共同的一点是，从产出增长的来源看，中国大部分行业依然依靠要素投入的增长；从全要素生产率的分解成分看，全要素生产率的增长主要依靠技术进步，技术效率低和规模不经济阻碍了全要素生产率的增长。

（三）细分行业的全要素生产率研究

细分行业的全要素生产率研究越来越受到学者的青睐。例如高技术产业、国际航空业、物流业、交通运输业、乳业、装备制造业、战略新兴产业等行业的生产率研究逐渐丰富。例如，胡亚茹和陈丹丹（2019）测度了1997—2015年中国高技术产业的生产率，研究发现：技术效应是高技术产业全要素生产率增长的主要来源，但要素配置的"结构红利"也发挥了重要作用；高技术产业全要素生产率增长的技术效应呈上升趋势，而要素配置结构效应呈下降趋势；电子及通信设备制造业是产业内部技术进步的主要支撑行业，计算机及办公设备制造业则是产业要素配置结构红利的主要支撑行业。[2]

五 企业全要素生产率研究

企业作为一个国家或地区的基本生产单元，企业的全要素生产率增长情况关系着国家或地区的经济增长质量问题。研究企业全要素生产率的增长正逐步增多，但是宏观（国家、行业或地区）和微

---

[1] 王宏伟：《信息产业与中国经济增长的实证分析》，《中国工业经济》2009年第11期。

[2] 胡亚茹、陈丹丹：《中国高技术产业的全要素生产率增长率分解》，《中国工业经济》2019年第2期。

观（企业）的理论机理完全不同，研究宏观全要素生产率的方法和模型不适用于微观的方法，国家或行业的全要素生产率也不是企业生产率的简单加总。对此，奥利和帕克斯（1996）、莱文索恩和彼得林（2003）分别提出了适用于企业的半参数方法，即 OP 法和 LP 法。[1] 2000 年以前中国缺乏企业层面的数据，对企业的全要素生产率研究较少，随着中国上市公司的增多以及其他企业数据库的建立，中国学者开始用 OP 法和 LP 法研究企业的全要素生产率。同时因为服务业的生产函数较为复杂，一般研究工业企业的全要素生产率。鲁晓东和连玉君（2012）在梳理研究企业全要素生产率方法的基础上，利用 1999—2000 年中国工业企业数据，应用最小二乘法、固定效应方法、OP 法和 LP 法等参数和半参数方法核算了我国主要工业企业的全要素生产率，发现高新技术企业的全要素生产率较高，东部地区企业的全要素生产率较高，同时在横向对比之后，发现半参数方法能够较好地解决传统计量方法中的内生性和样本选择问题。[2]

六　环境规制下的全要素生产率研究

随着环境的恶化和资源的枯竭，传统全要素生产率已不能反映真实的经济效率，环境（绿色）全要素生产率应运而生。研究环境（绿色）全要素生产率，基本是把污染物或环境成本作为非期望产出，研究领域包括区域和行业，测算环境（绿色）技术效率和环境（绿色）全要素生产率变化，分析环境对全要素生产率的影响，测算方法一般选用 DEA、SBM 和 Luenberger 生

---

[1] Levinsohn, J. and A. Petrin, 2003, "Estimating Production Functions Using Inputs to Control for Unobservables", *Review of Economic Study*, Vol. 70, No. 2. Olley, S. and A. Pakes, 1996, "The Dynamics of Productivity in the Telecommunications Equipment Industry", *Econometrica*, Vol. 64, No. 6.

[2] 鲁晓东、连玉君：《中国工业企业全要素生产率估计》，《经济学》（季刊）2012 年第 2 期。

产率指数或相结合的方法。虽然学者们研究方法有区别，研究时段不同，采取的数据和方法不同，计算结果有较大差异，但基本趋势是东部地区省份环境效率较高；考虑环境的效率低于不考虑环境的效率，环境无效率主要来自能源的过多使用以及污染物的过度排放；高技术行业环境效率高于非高技术行业环境效率；从环境全要素生产率来看，东部地区高于中西部地区，高技术行业高于非高技术行业。

随着环境问题日益突出，把环境纳入生产函数测度对经济的影响是一个趋势。根据生产经济学理论，测度时投入产出指标不能有遗漏和重复，但是大部分学者在测算环境（绿色）全要素生产率时并没有遵循这一原则，测算结果的准确性难免受到影响。因此，无论用哪一种方法测算传统的全要素生产率还是环境或绿色全要素生产率都应该按照图5—3来选择指标。

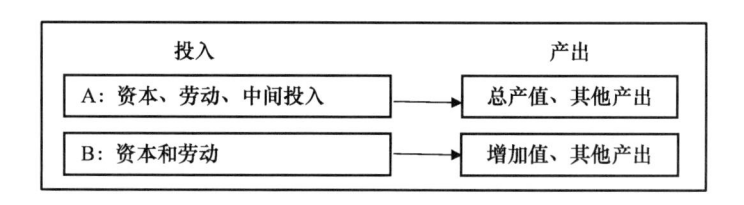

图5—3 投入和产出的对应关系

资料来源：笔者绘制。

七　全要素生产率文献情况

目前中国测算全要素生产率的常用方法和模型主要是借鉴西方发达国家，同时由于中国国民经济核算体系不断完善，统计模式和统计项目不断改革，在数据处理中面临许多问题和选择，即使如此中国学者仍做了大量的研究，发表了大量论文，截至2019年5月23日，以"全要素生产率"为篇名在中国知网查到论文共计9483篇。从图5—4可以看到，在2000年以前发表文献较少，2005年开始进入快速增长阶段，自2012年开始每年发表论文超过500篇，呈持续增长态势，2014 年和 2015 年有所下降，2019 年开始上升。

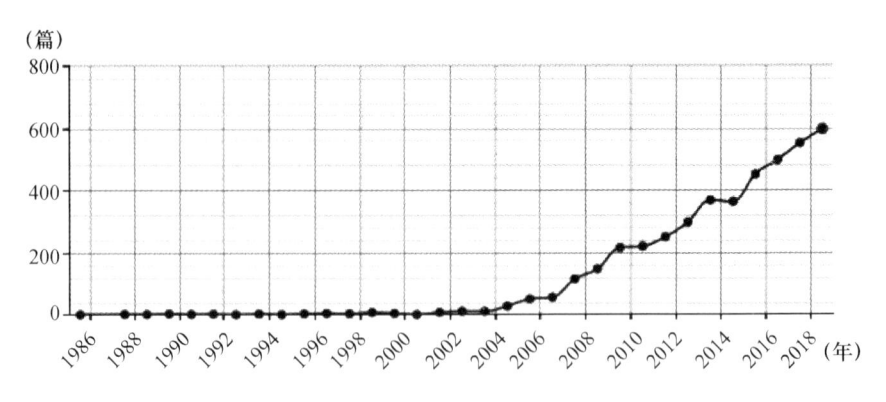

图 5—4　全要素生产率论文发文量趋势

资料来源：笔者自中国知网数据检索而得。

全要素生产率的测算不仅是对一个国家、地区、行业经济发展效率的度量，也反映了经济发展的质量和经济发展模式。在众多的文献中，测算结果存在较大差异是难免的，因为基础数据、采取的处理方法、参数选取和价值的计算依据不同，在全要素生产率的度量中不但包括了所有没有识别的且带来增长的因素，也包括了概念上和度量上的全部误差，因此即使同一时期的全要素生产率测算结果也不相同，尤其是改革开放前后和国民经济核算体系改革前后时期。随着中国经济进入新常态，经济增长更加注重质量，我们在关注全要素生产率增长的同时，更应该关注全要素生产率增长对经济增长的贡献。

第六章

技术评价与预见研究

第一节 技术评价

技术本身是价值中性的,但技术的应用往往有着强烈的积极或消极的社会效应。一方面,科学技术的高速发展,使其对经济社会的作用越来越大,影响范围越来越广,融入周期越来越短,介入程度越来越深;另一方面,技术的复杂性以及技术使用不当对经济社会产生的严重后果,使人们越来越难以对技术本身及其后果有直观的认识和明确的把握,技术的负面效应也通常要很长时期方能显露。为了更好地利用技术,正确评估技术发展对经济社会产生的正面作用,防止或减少技术对社会、环境等可能带来的消极影响,必须对技术进行详尽的评价,既要评价技术在其所在生产技术系统中的直接作用,也要评价技术对经济、社会和生态效益的影响。

与此同时,为了实现同一技术或经济目标,可能存在多种技术手段和技术路径,不同技术带来的经济和社会效益也可能存在很大差异,对地区的经济发展和生态环境影响也会有所不同。因此,需要通过技术评价,对不同技术措施、技术方案的实施效果,包括技术效果、经济效果、社会效果和生态效果,进行必要的分析、计算、比较和评价[1]，通过科学分析与科学论证，选择适合本国国情、地区资源特点、自然生态条件的优化方案，这也是技术评价的主要任务。

一 技术评价在中国的发展历程

（一）技术经济评价的早期起步和发展时期（1949—1978年）

在技术评价理论传入中国之前，从20世纪50年代开始，中国主要沿用苏联的技术经济论证方法，对建设项目采用较为简单、静态的技术经济分析方法[2]，以技术方案比选和建设项目经济评价为主要内容。在国家层面，中国不仅规定了特定领域的技术经济评价原则，而且开展了科学技术成果前期评价活动。1961年，国家建筑工程部颁布《住宅设计技术经济评价原则和方法试行规定》，同年国务院发布《新产品新工艺技术鉴定暂行办法》，为新产品和新工艺投入生产前，进行技术成熟度、经济合理性、应用范围和条件等方面的技术鉴定提供依据。

在这段时期，中国学者在项目的技术经济评价、新技术的技术评估等方面展开研究，涉猎广泛。1959年，《地质与勘探》杂志的一篇社论提出要加强矿区评价工作的技术管理，并根据当时各单位进行矿区评价工作中所存在的问题，提出在评价工作中最首要解决的技术问题[3]。邓焱、唐璞（1964）根据《住宅设计技术经济评价原则和方法试行规定》以及相关实践活动，指出仅采用规定的两种常用指标来衡量住宅设计方案的技术经济性是不够的，实际的技术评价工作具有复杂性[4]。就特定领域的具体技术评价而言，F. E. Oliveto 和

---

[1] 彭安福：《电力企业现代管理》，中国水利水电出版社2006年版。
[2] 李婷婷：《技术的环境效应评价模型及实证研究》，硕士学位论文，吉林大学，2006年。
[3] 《加强矿区评价工作的技术管理》，《地质与勘探》1959年第16期。
[4] 邓焱、唐璞：《如何保证住宅设计技术经济评价的正确性》，《建筑学报》1964年第2期。

苏之（1965）提出在空中系统对接地面通信设备中，采用独特的"双阶段失效方式评价技术"，保证地面设备在满足严格的可靠性要求的条件下连续工作[1]；夏绍瑟（1974）在廉价大容量存储器技术出现的背景下，设想出一个包含缓存、主存和机械式后备存储在内的三级存储体系，进而讨论了在多道程序情况下存储系统的技术经济评价[2]；J. E. 弗里安、R. M. 麦菲尔德和杨宇锋（1975）讨论了小直径薄壁难熔金属管二次加工中可采用的可变形芯子新加工方法和一般加工方法，对新技术进行了评价[3]。这段时期的技术经济评价范围十分广泛，如张若萍（1976）对液态鼓风熔炼的几项技术经济指标进行了评价[4]，徐端正（1977）对药物作用机理的药理技术进行了评价[5]。

（二）技术评价的全面展开和系统研究的探索时期（1979—1990年）

1978年，《1978—1985年全国科学技术发展规划纲要（草案）》发布，明确提出科学技术是生产力，四个现代化的关键是科学技术现代化。科学技术的地位得到提高，技术评价的相关研究工作也积极展开。1979年中国公布了《环境保护法》，以法律的形式规定了大中型建设项目必须进行环境影响评价。由此，技术评价的制度化进程开启，技术评价的重要性日益凸显。

随着改革开放的深化，20世纪80年代初，以第一机械工业部科学技术情报研究所出版的《技术评价》为标志，技术评价被正式介

---

[1] F. E. Oliveto、苏之：《双阶段失效方式评价技术》，《电子计算机动态》1965年第4期。

[2] 夏绍瑟：《计算机存储系统技术方案的评价和选择》，《电子计算机动态》1974年第4期。

[3] J. E. 弗里安、R. M. 麦菲尔德、杨宇锋：《高质量难熔金属管材加工新技术的评价》，《稀有金属合金加工》1975年第7期。

[4] 张若萍：《对液态鼓风熔炼几项技术经济指标的评价》，《有色金属》（冶炼部分）1976年第10期。

[5] 徐端正：《评价药物作用机理的药理技术》，《国外医学参考资料·药学分册》1977年第4期。

绍和引进到中国,《技术评价》系统地介绍了技术评价的目的、定义、方法、技术、效果和限度,并对评价的准备和大体工作进程进行了描述[1]。这一时期,中国从国外引进了可行性研究和项目评价方法,加强项目前期的投资决策工作。1982 年,中国投资银行在世界银行的帮助下制定了《工业贷款项目评估手册》,首次将费用效益分析方法较为系统地应用于项目评估;1987 年,《建设项目经济评价方法与参数》(第一版)颁布,明确规定并具体说明了经济评价的程序、方法、指标和参数,并在全国大中型基本建设项目中试行。

学者们的关注焦点从技术经济评价以及技术对生命健康的影响转向对技术评价的理论研究。自 1978 年起,学者们开始关注能源和环境领域的技术评价以及生物化学技术对人类身体的影响,在微观和中观层面对技术的社会和生态环境影响进行了评价。胥俊章(1978)认为建设现代化城市极为重要,合理地解决城市供热问题是实现城市现代化的课题之一,由此提出了城市热化的技术经济效果评价[2];章庭笏和陈永川(1978)提出发展城市热化是否能节约燃料与能节约多少燃料是有条件的,不可一概而论[3];易惟谦(1979)分析比较了生物氧化法处理废水的各种结构形式,权衡了它们在技术和经济上的利弊,以供方案比选[4]。

到 1980 年以后,学者们的研究重点转向对技术评价的系统化理论研究,在应用研究中侧重于对具体项目或技术分析模型的建立和相应方法指标体系的探索。在技术评价的理论研究方面,肖嵩(1982)给出技术评价的定义[5];冯昭奎(1983)提出以一分为二的

---

[1] 陈良美:《建筑新技术评价模式及指标体系设计研究》,硕士学位论文,重庆大学,2005 年,第 11 页。
[2] 胥俊章:《城市热化技术经济效果的评价》,《中国能源》1978 年第 3 期。
[3] 章庭笏、陈永川:《也谈城市热化技术经济效果的评价》,《中国能源》1979 年第 2 期。
[4] 易惟谦:《废水生化处理的技术经济评价》,《环境污染与防治》1979 年第 2 期。
[5] 肖嵩:《谈技术评价》,《科学学与科学技术管理》1982 年第 2 期。

辩证方法评价技术，技术评价的工作内容包括技术的优缺点及其发展变化、技术的先进性和过时性、技术的经济效益和代价、技术的社会及环境影响、技术途径与目标[1]；徐寿波（1986）详细地分析和梳理了技术经济评价的方法与指标[2]；顾培亮（1987）较为系统地介绍了技术评价方法产生的背景、特点和分析方法，提出技术评价往往需要把许多分析工具和技术组合起来应用，常涉及的方法有系统分析、未来学、运筹学、工程技术、经济学、心理学、管理科学和社会学等[3]；项保华（1989）深入研究了技术评价的理论和方法论、技术评价的基本步骤和基本要素以及技术评价在世界各国的应用情况，并对中国技术评价的组织管理提出政策建议[4]。在应用性研究方面，技术评价在工程项目建设和生产经营中的应用很广。王阳（1987）提出建立技术评价指标体系对工业建设项目进行技术评价的设想，探讨了该设想作为一项科技政策的必要性，并论述了技术评价指标体系的本质特征、工业建设项目对技术评价指标体系的要求以及评价指标体系的基本构成等问题[5]；陈建军（1988）建立了技术进步的环境影响指标体系，提出"技术进步对提高环境质量的贡献度"这一综合性指标和建立数学模型来评价技术进步对环境的影响[6]；李石柱和曹恒忠（1989）建立了"星火"项目的技术评价指标体系，对全国"星火计划"技术开发工作的效果进行评价[7]。

---

[1] 冯昭奎：《技术评价的辩证法》，《科学学与科学技术管理》1983 年第 7 期。
[2] 徐寿波：《技术经济评价方法研究（一）》，《工业技术经济》1986 年第 2 期。
[3] 顾培亮：《技术评价方法的介绍》，《科学学与科学技术管理》1987 年第 3 期。
[4] 项保华：《技术评价的现状与管理研究》，《科技管理研究》1989 年第 1 期。
[5] 王阳：《论工业建设项目的技术评价指标体系》，《科技进步与对策》1987 年第 3 期。
[6] 陈建军：《技术进步的环境影响评价研究》，《科学学与科学技术管理》1988 年第 12 期。
[7] 李石柱、曹恒忠：《"星火"项目的技术评价指标体系研究》，《数量经济技术经济研究》1989 年第 9 期。

（三）技术评价的专业化和理论研究深化发展时期（1991—1999 年）

20 世纪 90 年代，中国政府管理部门深入实践了技术评价。1990 年 10 月，国务院三峡工程审查委员会开始对《长江三峡水利枢纽工程可行性研究报告》进行审查。1997 年科技部批准成立了"国家科技评估中心"，并在 12 个省市和部门开展科技成果评价试点工作。这段时期，各科技支持机构开始积极资助技术评价研究：90 年代初，国家自然科学基金支持学者以"技术评估的理论、方法与实践"为题进行了研究；1996 年，国家软科学研究计划资助了项目"中国科技成果评价方法与管理模式研究"；1999 年，国家自然科学基金资助了项目"科学研究的综合绩效评价方法研究及应用"。

与此同时，中国学者也对技术评价理论和方法进行了更深层次的研究，研究范围更加广泛，部分学者开始关注企业的技术评价。1990 年，黄擎明主编的《技术评估——理论、方法与实践》一书出版，该书对中国的技术评价理论和实践起了重要作用。之后，张士英和贾化育（1993）建立起工业系统技术评价的指标体系和评价方法，并在技术评价的基础上提出技术选择的基本途径[1]。陈德平（1998）指出中国在对投资项目方案进行经济评价或从多个可行方案中选择最优方案时，曾广泛采用苏联技术经济分析方法，即总经济效果分析法和相对经济效果分析法，以及欧美技术经济分析方法，即"资金时间价值"角度的现值法、年值法、内部收益率法、收益费用比法等[2]。王伯鲁（1999）在分析技术评价认识论特征的基础上，把现代技术评价理论的思路和方法概括为技术评价的多维空间模式，给出了运用该模式评价技术的基本程序和原

---

[1] 张士英、贾化育：《工业系统技术评价方法研究》，《中国软科学》1993 年第 2 期。

[2] 陈德平：《两类技术经济分析方法经济评价准则的比较》，《数量经济技术经济研究》1998 年第 8 期。

则，并阐述了有关理论问题[①]。李勇和王婕（1999）对关键技术选择与评价的若干问题进行了探讨[②]。到 20 世纪 90 年代末期，部分学者将研究重点放在微观层面的企业上，杨忠直等（1997）在定义技术的使用价值和生产力的基础上构造了用于技术选择的技术生产力度量和技术风险回报率指标，从投资收益的角度建立了企业技术选择的评价与决策方法[③]。刘可新等（1998）对企业并购战略进行技术分析，并建立了技术评价的决策支持体系[④]。修国义（1998）对企业技术评价方法进行了研究，并给出一种新的企业技术评价方法，即模糊·经济论综合评价方法（FET）[⑤]。陈国宏等（1999）对合资企业与其他企业的技术进行了评价，并作了比较[⑥]。

（四）技术评价的制度化和规范化发展时期（21 世纪以来）

进入 21 世纪以来，中国更加积极地资助技术评价研究，技术评价更加规范，同时开展了技术评价的合作研究。在国家级研究资助方面，2000 年，国家软科学研究计划资助指导性计划项目"中国基础研究评价存在的问题及对策研究"；2001 年，国家自然科学基金委员会管理科学部公布《管理科学"十五"优先资助领域论证报告》，该报告把技术管理作为重要的资助领域之一，包括科学技术评价的理论与方法、科技安全问题研究以及中国科学研究体系的整体设计与资源配置等；2002 年，国家自然科学基金资助重点项目"应用技术评价理论与方法研究"。在技术评价规范化和特色化发展方

[①] 王伯鲁：《技术评价的多维空间模式》，《科研管理》1999 年第 1 期。
[②] 李勇、王婕：《关于关键技术评价与选择若干问题的探讨》，《科技进步与对策》1999 年第 1 期。
[③] 杨忠直、张世英、李光泉：《企业资产再使用方案的评价与决策方法》，《系统工程理论与实践》1997 年第 10 期。
[④] 刘可新、王浣尘、金铭等：《对并购战略进行技术分析与评价的决策支持系统》，《管理工程学报》1998 年第 3 期。
[⑤] 修国义：《企业技术评价方法研究》，《哈尔滨理工大学学报》1998 年第 2 期。
[⑥] 陈国宏、郑绍濂、桑赓陶：《合资企业对我国工业经济作用的实证研究》，《管理科学学报》1999 年第 4 期。

面，2003年5月15日，科技部、教育部、中国科学院、中国工程院和国家自然科学基金委员会联合印发《关于改进科学技术评价工作的决定》。同年9月，科技部颁布《科学技术评价办法（试行）》，该办法对技术评价的基本程序、评价专家遴选、科学技术计划和项目评价、研究与发展机构和人员评价以及研究与发展成果评价做了明确的规定[①]，促进了技术评价的规范化发展，但还未对技术评价内容和方法做出明确规定。2008年7月1日，中国实施《科学技术进步法》（2007年修订），其中也提出"建立和完善有利于自主创新的科技评价制度"，从法律层面推动了技术评价制度化进程。2013年，科技部启动国内外技术竞争评价研究工作，这促使科技成果评价工作进一步朝着制度化和规范化方向前进。2014年，国家科技计划管理改革启动，国务院印发《关于深化中央财政科技计划（专项、基金等）管理改革的方案》，明确要求建立统一的计划评估和监管体系。2018年，中共中央和国务院印发《关于深化项目评审、人才评价、机构评估改革的意见》，旨在改革科研项目评审、人才评价、机构评估等科技评估活动的不良导向和存在的问题，构建适应改革要求的科技评价体系，建立具有中国特色的科技评价体系。此外，中国加强了技术评价领域的合作研究，2011年，科技部科技评估中心与韩国产业技术评价管理院合作；2016年，科技评估中心与中智科学技术评价研究中心签署合作框架协议，有效推动了科技评估的系统建设和能力建设。

在学术研究方面，技术评价的方法和模型更加丰富，评价指标体系更加完善，评价的关注点逐渐从微观层次转向宏观层次。在技术评价的方法应用和模型构建方面，主成分分析方法、模糊综合评价法、技术路线图法、公众参与式技术评价方法、建构性技术评价方法等均得到应用，以此为基础，构建了多种评价模型。刘友金、王其元（2000）基于主成分分析法对中国煤炭工业1988—1997年的

[①] 李振兴、杨起全、程家瑜：《关于我国基础研究和前沿技术科技评价问题研究》，《中国科技论坛》2009年第1期。

技术进步进行了评价[1]；谈毅、仝允桓（2004）提出随着人们对科学技术新发展抱有越来越多的批评和质疑，公众参与技术评价方法被认为是针对现代社会中不确定、不平等问题的一种新的互动式解决途径，并对公众参与式技术评价范式的目标、特点和意义进行了分析[2]；而后，谈毅（2005）对建构性技术评价范式的演进与发展进行了研究[3]；题正义等（2000）以技术四要素——设备、人力、信息、组织为中心，探讨影响技术水平的因素，建立了符合实际的"技术模糊评价模型"[4]；黄鲁成和李剑（2009）在梳理技术评价研究方法的基础上，构建了基于技术路线图的主观评价和基于文献计量的客观评价相结合的主客观组合评价模型，以此确定太阳能电池产业化过程中的关键技术[5]；韩秋明、袁立科（2015）则界定了创新驱动导向技术评价的基本概念，在归纳和总结了国内外技术评价工作的经验和不足的基础上，构建了制度保障和市场机制双重作用下的创新驱动导向的技术评价概念模型[6]。在技术评价的指标体系和方法体系构建方面，王世波和王世良（2004）提出由创业者素质、技术、市场和管理四大要素构成的风险投资项目评价指标体系和评价标准[7]。卢文光和黄鲁成（2008）将技术预见的思想和方法引入

---

[1] 刘友金、王其元：《基于主成分分析的煤炭工业技术进步评价》，《哈尔滨工程大学学报》2000年第6期。

[2] 谈毅、仝允桓：《公众参与技术评价的意义和政治影响分析》，《科学学研究》2004年第4期。

[3] 谈毅：《建构性技术评价范式的演进与发展》，《科技导报》2005年第4期。

[4] 题正义、杨艳国、丁涛：《瓦斯涌出量的模糊数学与灰色系统理论的预测》，《辽宁工程技术大学学报》2000年第2期。

[5] 黄鲁成、李剑：《基于组合评价的太阳能电池产业化过程中关键技术的研究》，《现代管理科学》2009年第9期。

[6] 韩秋明、袁立科：《创新驱动导向的技术评价概念体系研究》，《科技进步与对策》2015年第24期。

[7] 王世波、王世良：《高新技术风险投资项目评价的AHP模型》，《科技管理研究》2004年第1期。

新技术的评价中,分别就技术预见在评价指标体系设置、评价方法选择及评价实施中的作用进行了详细的阐述,以此为基础,给出了新技术的评价指标体系和评价模型[1]。王海政等(2006)建立了面向公共决策的技术评价的多维融合方法体系[2]。

在技术的宏观评价方面,学者们不仅关注当前中国科学技术总体水平,也关注未来中国的技术发展趋势和水平。李刚、张明等(2011)根据科学发展观内涵,从科技投入与产出、科技对经济和社会的影响等方面构建了科学技术评价指标体系,建立了基于标准差修正G1组合赋权的科学技术评价模型,对中国2001—2007年的科学技术发展水平进行了评价[3];袁立科、韩秋明等(2016)针对中国环境科技发展现状与重大需求,结合理论梳理,构建了包含纵向技术差距判断,横向技术水平比较和深向技术发展阶段分析的三维技术评价模型;在此基础上,采取专家调查方式,重点与美、日、德等主要发达国家进行对比,评价了环境9个子领域的技术发展趋势、水平和发展阶段[4]。

在技术评价的区域层面,区域基础设施建设、主导产业、关键技术、开放合作水平等因素都对区域发展有一定的影响。王琦(2009)引入小波神经网络的自适应机制,建立了基于小波神经网络的多属性综合评价模型,并对高速公路的区域经济影响进行了评价[5];刘思峰和菅利荣(2009)提出以区域主导产业发展的需求为

---

[1] 卢文光、黄鲁成:《技术预见在新技术评价中的应用》,《武汉理工大学学报》2008年第3期。

[2] 王海政、谈毅、仝允桓:《面向公共决策技术评价的多维融合方法体系》,《科学学与科学技术管理》2006年第7期。

[3] 李刚、张明等:《基于标准差修正G1组合赋权的科技评价模型及实证》,《科技管理研究》2011年第20期。

[4] 袁立科、韩秋明等:《我国环境领域技术处于怎样的水平——来自环境领域技术竞争调查的经验证据》,《科技进步与对策》2016年第24期。

[5] 王琦:《基于小波神经网络的高速公路区域经济影响评价》,《北方交通》2009年第2期。

导向，度量区域主导产业急需关键技术的紧迫性指数与通过国际合作可获得关键技术的可能性指数，建立起区域国际合作关键技术评价指数的指标体系，以此为基础，综合运用多因素灰色综合评价与多目标模糊综合指数评价方法，筛选出国际科技合作需重点支持、一般支持的关键技术及其合作国家[①]。

这一时期，随着颠覆性技术的兴起，颠覆性技术的高度不确定性、变革性和破坏性给技术评价带来了挑战。黄鲁成和卢文光（2009）在属性集和属性测度理论基础上提出了属性综合评价和决策系统，为新兴技术的评价、选择以及新兴技术的最终商业化和产业化奠定了坚实基础[②]。黄鲁成等（2019）指出目前颠覆性技术定性评估的主要方法是技术路线图与德尔菲法，定量识别方法大多基于专利数据，以此为基础建立的数学模型与多指标评估框架被广泛应用于颠覆性技术的影响及市场价值评估[③]。

总体来看，技术评价在中国得到广泛应用：（1）技术评价在生产经营和项目评价中的应用很广。由于技术评价是技术先进性和经济合理性的同时体现，因而，任何行业或部门在进行工程项目规划设计、产品开发、技术改造、技术引进、目标制定和经营管理等过程中，都需要进行客观评价和可行性研究。（2）技术评价贯穿每一个历史时期。由于评价在事前、事中、事后均可进行，因而可以广泛应用于不同历史时期的经济活动评价中，挖掘潜在经济效益，指明效益提升的方向。（3）技术评价广泛应用于宏观管理中。由于技术评价是政策性很强的研究领域，带有预测性质，并提供包括经济、社会、环境、生态等全方位的评价方案和参考意见，因此，能为科

[①] 刘思峰、菅利荣：《区域国际合作关键技术评价指数的指标体系研究》，《科技进步与对策》2009年第26期。

[②] 黄鲁成、卢文光：《基于属性综合评价系统的新兴技术识别研究》，《科研管理》2009年第4期。

[③] 黄鲁成、蒋林杉、吴菲菲：《萌芽期颠覆性技术识别研究》，《科技进步与对策》2019年第36期。

学决策、规划制定提供评判和衡量的依据。

但是,中国宏观层次的技术监测与评价目前还处于探索阶段,例如重点研发计划和重点专项的年度评价活动。中国的技术评价还需从中国的实际情况出发,在评价方法创新、评价指标改进、评价的规范性和独立性等方面作出更多的改进和提高,特别是在中国经济总量和研发投入迅速增长、创新型国家建设任务紧迫的情况下,切实提高科技规划、科技管理和技术评价水平,提高研发和质量,显得特别重要。

二 技术评价理论与方法

(一) 技术评价的起源

在1966年技术评价(TA)作为专门术语被正式提出之前,技术评价的思想就已形成。有学者认为技术评价的思想源于英国,在18世纪60年代诞生并随着1776年亚当·斯密《国富论》的出版而成熟;还有学者认为技术评价起源于20世纪初,美国国家图书馆国会研究服务部(CRS)针对科学技术的相关研究、分析和评价可认为是技术评价的雏形[①]。在20世纪三四十年代,学者W. F. 奥格本和S. C. 吉尔菲兰在技术评估和预测方面进行过研究。然而,直到20世纪60年代后期,技术评价的重要性才得到确认。

1966年,时为美国国会议员助手的菲利普·耶格尔首次提出技术评价(TA)的概念。当时,美国众议院认为美国国会有必要尽早地意识到、尽早地警示以及尽早地理解由于一项新技术的引入或者一项已有技术的大幅度扩张而带来的社会、经济、政治、道德以及其他可能的影响,因而,作为一种辅助公共政策决策的概念,技术评价的构想被提出。此后,技术评价作为正式术语得到广泛采用。1972年美国国会技术评价办公室(OTA)成立,这是世界

---

① 王嘉、曹代勇:《中国科技成果评价的发展现状与对策》,《科技与管理》2008年第5期。

上第一个技术评价领域的正式机构,以分析科技政策及其未来影响著称,于1995年被撤销。OTA提出,技术评价的关键问题是技术应用的结果要尽最大可能地被预先认知、理解和作出关于现存和新兴国家问题的公众政策。

(二)技术评价的定义

虽然技术评价(TA)的概念第一次提出是在20世纪60年代后期,但至今技术评价的定义尚未统一,以下为具有代表性意义的定义。

美国国会技术评价办公室(OTA)第一任主席埃米利奥·Q.达达里奥将技术评价定义为:技术评价是政策研究的一种形式,它为政策制定者提供了一个综合的评价。在理想的情况下,它是一个能够提出适当问题并能获得正确和及时的答案的系统。它能够识别政策问题,评价多种替代行动方案的影响,并且提供研究结果。评价包括预测和预见、回溯评价以及当前的监测和分析;测量包括非经济的、主观的价值,以及直接的、可触知的定量。

美国国会图书馆也给出技术评价的定义:技术评价是一个对技术变革各种效果进行有目的的客观中立监视的过程,它包括了初始的短期费用效益分析,但重点在于确定技术使用可能产生的长期广泛的正面和负面影响并识别受影响的团体,从而为管理决策部门提供丰富的参考资料[1]。

日本科学技术厅认为:技术评估就是综合检查、评价技术的直接效果、负效果和潜在的可能性,将技术控制在整个社会希望的方向。因此,不单纯是技术的评价,而且要用人类的手来控制狂奔的现代技术[2]。

1976年,学者约瑟夫·F.科茨对技术评价作了定义:技术评价

---

[1] 项保华:《技术评价的现状与管理研究》,《科技管理研究》1989年第1期。
[2] 雷家骕、程源、杨湘玉:《技术经济学的基础理论和方法》,高等教育出版社2005年版。

指的是一类政策研究的方法，这种方法从可能的最全面、最广泛视角认识一项新技术的引入而带来的社会影响，它的目标是通过在决策者分析一系列可能的选择和结果之前加入这一类政策研究过程。2001年，约瑟夫·F.科茨重新对技术评价进行了定义：技术评价是系统地评价某一技术规划的性质、意义、状况和优缺点的一种分析方法，是为了更好地认识现有技术扩张或新技术引入可能对整个社会造成的，通常是潜在的、无法计划和无法预期的后果，而设计进行的政策研究过程[1]。

吉本斯和沃耶（1974）提出：技术评价是提供社会应用和扩散一项技术给物理、社会、经济和政治系统带来内部和外部结果（短期的、中期的、长期的）的信息并系统分析的活动。这些信息和系统分析被结构化并用于帮助被委任操作那些系统（物理、社会、经济和政治）的决策制定者[2]。

德国技术哲学家拉普区分了三种类型的技术评价：第一种是为政治目标进行辩护的技术评价；第二种是作为一种决策工具的技术评价；第三种是作为约定的技术评价。一般而言，技术评价体现了一种精神，试图以系统的方法来预测、辨别和评价，由于新技术的引进和应用、已有技术的新应用以及技术的规模化应用所带来的不确定影响，因而技术评价能帮助政府、团体、企业或其他机构的决策者做出更加明智的决策[3]。

邱仁宗（1996）认为技术评价是事先对技术的开发、试验、应用等一系列过程可能产生的影响进行预测，从总体上评估把握利害得失，采取适当的措施将它的负面影响降至极小，使它的正效果达

---

[1] Oseph F. coates, 2001, "A 21st Century Agenda for Technology Assessment", *Technological Forecasting and Social Change*, Vol. 67, No. 2.

[2] M. Gibbons and R. Voyer, 1974, "A Technology Assessment System: A Case, Study of East Coast Offshore Petroleum Exploration", *Background Study*, No. 30, Science Council of Canada, Ottawa.

[3] 沈滢：《现代技术评价理论与方法研究》，博士学位论文，吉林大学，2007年。

到极大,从而引导技术朝着有利于人类、自然、社会和技术发展的方向前进①。

技术评价的定义有多种表述,概括起来,基本可以分为五种类型:(1)政策论,即技术评价为政策制定者提供综合性评价,是政策研究的一种;(2)效果论,即技术评价是技术应用和扩散带来的系统内部、外部结果,是从总体上把握正面、负面和潜在影响;(3)过程论,即技术评价事先对技术的开发、试验、应用过程进行预测,关注技术变革的过程;(4)方法论,即技术评价是一种分析方法,评价技术的性质、意义、优缺点等;(5)系统论,即技术评价试图以系统的方法来预测、辨别和评价技术及技术规模化应用后的不确定影响。但综合来看,技术评价的基本思想大体一致,技术评价(TA)是指采用科学的方法,从各个方面系统、综合地对技术实践的利弊得失进行综合评价,研究今天的选择对未来的影响,正确评估技术发展对经济社会产生的正面作用,提早预见负面影响,趋利避害,针对可能产生的问题寻求更好的替代解决方案,供决策制定和资源分配参考。

(三)技术评价的理论基础

就目前而言,技术评价的指导理论是马克思主义理论,基础理论包括经济学、科学学、技术学、技术经济、技术进步、福利经济学等理论,应用理论包括预测学、技术预测、数理统计、统计学、优化理论、会计学等理论和方法。具体来讲,技术评价的理论基础主要有以下三个方面。

1. 技术创新理论

1912年,熊彼特首次提出创新的概念,并将其定义为一种生产函数的转移或新组合,目的在于获得超额利润②。技术创新是"把某

---

① 邱仁宗:《技术评估:影响分析和政策分析》,《中国软科学》1996年第10期。
② [美]约瑟夫·熊彼特:《经济发展理论》,何畏、易家祥等译,商务印书馆1990年版。

种设想转变为崭新的，或改进了的产品、工艺或劳务并使之推广以获得利益的全过程"[1]，这为科学技术及其经济价值实现之间架起了理论桥梁，同时为技术创新提供了经济学基础和经济学角度的评判标准。不仅如此，技术创新理论在发展过程中呈现生态化、社会资本化和博弈化的发展趋势[2]，这表明技术创新的全过程即为技术评价的主要对象，并且技术创新的研究不仅关注经济效益，还开始重视社会效益和生态效益，这为技术评价提供了更全面、更广泛的理论基础。

2. 技术进步理论

索洛（1957）认为，技术进步在短期指"生产函数任何一种形式的移动（变化）"[3]。李京文（1988）认为，技术进步泛指技术在实现一定目标方面所取得的进化和革命，一定目标即指人们对技术应用所期望达到的目的及其实现程度。如果通过对原有技术（或技术体系）的改造、革新或研究，开发出新的技术（或技术体系）代替旧技术，使其结果更接近于目标，这就是技术进步[4]。因而，技术进步是一个连续的、不断进步的动态过程，可以分为技术创新、技术应用、技术推广和普及三个阶段，其中技术创新是技术进步的核心来源，技术应用、技术推广和普及则是技术产生经济、社会和生态效益的决定因素。并且，技术进步提高效率，既可以提高资本边际生产力，也可以提高劳动的边际贡献率，因此，技术进步是技术评价的主要标准之一。

3. 系统学理论

系统思想是在吸收辩证唯物主义的基础上，综合运用运筹学、

---

[1] 黄觉雏：《技术创新初探》（上），《科学学与科技管理资料》1985年第1—2期。

[2] 彭靖里、邓艺、李建平：《国内外技术创新理论研究的进展及其发展趋势》，《科技与经济》2006年第4期。

[3] R. M. Solow, 1957, "Technical Change and the Aggregate Production Function", *The Review of Economics and Statistics*, Vol 39.

[4] 李京文：《技术进步是提高经济效益的重要源泉》，《数量经济技术经济研究》1988年第3期。

工程学、社会科学以及控制论的定性、定量方法的分析工具和综合性思维工具。由于技术评价要在充分调研、收集、分析并处理相关数据的基础上，预测技术对经济、社会、环境可能产生的影响，因而技术评价是一种综合性评价。而综合性评价本身就是以系统学理论为基础，借助现代科学手段和方法对系统的费用、效益、功能、目的、环境等进行充分调研，分析相关信息，建立可行性方案和系统仿真模拟实验，并进行全面的比较分析和系统评价，形成可行、可靠、完整的综合方案的评价过程。

（四）技术评价理论的发展

1. 技术评价理论的形成时期（20世纪50年代—70年代末）

一般认为技术评价起源于20世纪50年代开始盛行的技术预测，即试图预测技术发展的趋势，帮助大公司和政府机构制订技术的投资计划。早期某些国家对科技的评价和分析可以被认为是技术评价的雏形。随着技术的进步和工业的发展，资源、环境和人口等问题的凸显，技术的双刃性成为人们关注的焦点，而技术的潜在负面影响往往要在其应用很长时间后才显露出来，随着科学技术的高速发展及其复杂程度越来越高，人们越来越难以对技术本身及其后果有直观、明确的认识和把握，技术评价由此被提出[1]。

自1966年技术评价作为专有名词提出之后，可查询到的最早展开技术评价方法论研究的机构是美国MITRE公司，MITRE公司曾于1970年左右受白宫科学技术局的委托开展技术评价的相关研究。之后，在此领域领先的机构是美国国会技术评价办公室（OTA），OTA于1972年成立，是世界上第一个正式的技术评价机构，其使命是"提供技术应用可能的正面和负面影响的早期迹象"[2]。OTA的研究

---

[1] 谈毅、仝允桓：《公众参与技术评价的目标、特点和意义分析》，《人文杂志》2004年第5期。

[2] 谈毅、仝允桓：《政策分析导向技术评价范式与发展过程分析》，《科学学研究》2004年第12期。

成果涉及科学技术的不同主题，技术评价具有提供明确的选项和可替代方案，但不提供特殊建议的特点，评价方法具有包含性。

在20世纪60年代和70年代，技术评价采用预警性评价模式和OTA政策分析模式。技术评价的理论基础是新古典经济学和福利经济学。在福利经济学中，帕累托改进准则是社会福利改进的最初标准，即在没有造成其他社会成员情况变坏的条件下可使某些社会成员情况变好，但由于帕累托改进准则约束条件太强，几乎没有项目可以满足[①]。因而，J. R. 卡尔多和尼古拉斯·希克斯等提出潜在补偿准则，即当一个项目的社会效益大到足以补偿该项目所造成的社会损害时，便可认为该项目带来了社会福利改进。在不完全竞争条件下，项目决策问题的理论基础是次优理论，是指经济在有附加约束条件下的最优。

2. 技术评价理论快速发展和深化时期（20世纪80年代初—90年代中期）

20世纪80年代，技术评价迅速从美国传播至欧洲，受到欧洲议会的普遍重视，许多西欧国家的议会相继建立起自己的技术评价部门。欧洲各国技术评价活动的模式和美国的基本相同，但具体运行模式有所不同。欧盟委员会进行了科学技术方案评估（STOA），成立了欧洲议会技术评价网络（EPTA），还发起了一些技术评价网络，如欧洲技术评价网络（ETAN）。德国效仿美国成立了技术评价机构（TAB），目前德国技术评价与系统分析研究所（ITAS）依然活跃。

在这一时期，技术评价从单纯的技术影响分析拓展到对全社会的多方位评价，技术评价在理论基础、评价方法和评价模式方面都发生了较大的变化。技术评价的基础研究理论出现了全社会福利理论、非功利理论以及非基于偏好的理论等，并由此引出了公平分配准则、伦理权利准则及其他一些道德价值准则。同时，技术评价向

---

① 谈毅：《面向公共决策的技术评价范式与演变过程》，《公共管理学报》2005年第1期。

发展中国家扩展，技术评价的范围也扩展到国家层面，全球性的技术评价课题开始展开。技术评价方法由经验上升到理论，由定性评价发展到定性、定量相结合的系统研究。以新熊彼特主义关于技术的演进理论和社会构建理论为基础和来源，更多新型的技术评价范式不断涌现，技术评价形成了比较完善的技术评价理论体系，如20世纪80年代美国的政策分析导向型技术评价模式（Policy analysis-oriented TA）、丹麦的公共技术评价模式（Public TA）、德国的战略性技术评价模式（Strategic TA）和审议式技术评价模式（Discursive TA）以及荷兰的建构性技术评价模式（Constructive TA），20世纪90年代丹麦的公众参与式技术评价模式（Participatory TA）、德国的创新导向技术评价模式（Innovation Oriented TA）和理性技术影响评价模式（Rational Technology Impact Assessment）以及荷兰的整合式技术评价模式（Integrated TA）和互动式技术评价模式（Interactive TA）。

3. 技术评价理论的深入探索和整合时期（20世纪90年代中期至今）

1995年，美国国会技术评价办公室（OTA）关闭，技术评价理论、模式进入新的整合和探索时期。一方面，技术评价理论在不同领域形成了众多的理论和模式，但现有的技术评价理论和模式各有不同，且不完善，如环境影响分析和风险分析理论；另一方面，技术评价范围不断扩大，评价标准各异，如技术评价在信息与通信、生命科学、材料、资源与能源、医疗保健、交通运输等领域均有涉及，但各国在技术评价过程中大都从本国经济社会发展需求出发。自21世纪以来，美国在进一步发展建构性技术评价模式（Constructive TA）的基础上，提出实时技术评价（Real-time TA）模式，但还难以完全适应未来经济和社会的发展变化。为进一步发展技术评价理论，亟须建立一种较为完整的技术评价理论体系，如将建构性技术评价理论和公众参与式技术评价整合起来。

（五）技术评价模式和主要分类

近年来，随着技术评价在各国的发展，技术评价在国际范围内已成为一个多样性领域,出现了多种战略模式。主要技术评价战略模式包括:(1)预警性技术评价(Warning TA),这是传统的技术评价,强调科学技术对社会影响的评价,技术评价发挥预警功能,其理念是期望能够依据评价结果进行决策,避免负面影响,社会学家与政治家常利用此模式对研究人员的科技成果进行分析、评价与决策。(2)反推式技术评价(Backcasting TA),通过设计未来公众所期望的情景,并基于这些情景开展创新,涉及政策制定者、技术发现者、推广者和广大公众的动态、交互过程。(3)互动式技术评价(Interactive TA),通过提供一个让受技术发展影响的社会群体的技术评估参与平台,影响政府决策。(4)建构性技术评价(Constructive TA,CTA),被视为社会与技术发展之间的对话与交流,通过完善有关技术发展的决策过程,使技术朝着社会希望的方向发展;强调所有的利益相关者都积极地参与技术评估的实践过程,但仍是一项技术已开发出来后的事后评价活动,它将正在从事技术开发的科学工作者排除在外。(5)整合式技术评价(Integrated TA,ITA),是CTA的一种形式,在CTA模式的基础上发展而来,将处于技术开发中的研究人员纳入技术评价活动中,其目的是在技术应用前评价其后果,从而进行有效的控制,规避技术的社会性风险;并以提高技术项目效益、增强研究者的社会责任感为目标,将技术评估与技术管理过程加以整合。(6)战略性技术评价(Strategic TA),用于面对特定技术发展时,支持特定参与者或群体制定他们的技术发展政策或技术发展战略。(7)实时性TA(Real-time TA),是CTA的进一步发展,运用类比案例研究、交流和预警等方法,为自然科学工程研究提供支持,并将社会价值观纳入创新过程,对不同价值观进行观察、批评和影响[①]。

随着不同类型技术评价模式的出现,学者们对技术评价模式进

---

① 王海政、谈毅、仝允桓:《面向公共决策技术评价的多维融合方法体系》,《科学学与科学技术管理》2006年第7期。

行了分类。Rathenau 研究所（原荷兰技术评价组织）主任约森·C. M. 范·艾金德霍温将技术评价分为四种范式，经典范式（Classical）、OTA 范式（OTA）、公众范式（Public）和建构性范式（CTA）[1]；扬·范登恩德、卡雷尔穆德等人总结出了传统的早期预警性技术评价（Traditional Early Warning TA）和新型的战略性技术评价（Strategic TA）、建构性技术评价（Constructive TA）及反推技术评价（Backcasting TA）等几种类型的技术评价模式[2]。

另外，从技术评价模式演进的角度出发，罗伯特·贝罗兹尼克和卢克·范兰根霍夫（1998）[3]对技术评价模式进行了归纳，包括早期预警性技术评价（Early Warning TA，EWTA）、建构性技术评价（Constructive TA，CTA）和整合性技术评价（Integrated TA，ITA），并具体提出这三种技术评价模式的演化和发展过程：EWTA 模式由社会学家、政界人士参与，无研究与开发人员参与，对技术成果进行事后评价，强调技术的负面社会影响，通过评价技术的负面影响，控制技术发展过程；CTA 模式由所有利益相关者共同参与，研究与开发人员在技术研发结束后参与评价，对技术成果进行事后评价，强调技术的正面与负面社会影响，通过扩大公众参与的范围，提高评价的公正性，指导技术发展；ITA 模式同样由所有利益相关者共同参与，但研究与开发人员在技术研发的同时即参与评价，对尚处研发阶段的技术进行全过程评价，强调技术的正面与负面社会影响，通过让研究与开发人员在研发的同时参与评价，增强研究与开发人员的社会责任感，提高研发过程的成本效益比，引导技术发展。

---

[1] Josée C. M. Van Eijndhoven, 1997, "Technology Assessment: Product or Process", *Technological Forecasting and Social Change*, Vol. 6, No. 2.
[2] 谈毅：《面向公共决策技术评价的研究维度与展望》，《科技进步与对策》2009 年第 17 期。
[3] Robert Berloznik and Luk Van Langenhove, 1998, "Integration of Technology Assessment in R&D Management Practices", *Technological Forecasting and Social Change*, Vol. 58, No. 1.

(六) 技术评价的方法体系

技术评价的方法体系形成于长期的技术评价实践。一般来说，目的决定方法，方法服从于目的，要使技术评价做到客观、公正、准确，就要有正确的理论和方法指导，技术评价的方法体系不是封闭的，要根据实际需要不断补充和发展。

在技术评价方法的认识和分析方面，科茨（1976）最早从动态宏观系统、土地利用、医药、能源到社会影响模型方面系统地介绍了技术评价使用的大量模型分析方法[1]；范登恩德等（1998）从方法的类型和使用范围两个维度对技术评价方法进行了分类，并提出方法的采用应依据技术本身所处的阶段和公众对技术的认知程度两方面[2]；林斯顿等（1981）提出技术评价的分析框架，即在技术评价和其它决策领域中要多视角认识技术，从组织或社会角度、个人角度和传统技术角度三个层面细致地检视要评价的技术[3]。

齐建国、王宏伟等（2014）提出从评价方法的属性看，技术评价有三类方法：定性评价法、定量评价法和定性与定量相结合的综合评价法[4]。其中，定性评价法主要依靠专家的分析与判断，按照一定的标准对被评价对象给出非量化的评价结论，这种方法历史悠久，应用范围较广，适用于无法进行定量分析的情况，主要包括同行评议法、头脑风暴法、专家会议法、回溯分析法和德尔菲法等；定量评价法主要运用数学模型对评价过程中得到的投入、产出等相关数据进

---

[1] Coates. J. F, 1976, "The role of formal models in technology assessment", *Technological Forecasting & Social Change*, Vol. 9, No. 1.

[2] Ende. J. V. D, Mulder. K, Knot. M, et al, 1998, "Traditional and Modern Technology Assessment: Toward a Toolkit-A Research Methodology and Learning Strategy for Social Impact Assessment", *Technological Forecasting & Social Change*, Vol. 58, No. 1.

[3] Linstone. H. A, 1981, "The multiple perspective concept: With applications to technology assessment and other decision areas", *Technological Forecasting & Social Change*, Vol. 20, No. 4.

[4] 齐建国、王宏伟、蔡跃洲：《技术经济学及其应用》，社会科学文献出版社2014年版。

行计算，得出定量的评价组合，主要包括计量经济分析法、趋势外推预测方法、文献计量法、费用效用分析法、决策树法等；综合评价法是将定性与定量评价方法相结合的评价方法，主要包括情景分析法、层次分析法、交叉影响分析法、定标比超方法、反推法等。

王海政、仝允桓等（2006）提出从方法选择与方法体系建构和方法选择角度来看，完整的技术评价方法体系是技术生命周期、通用性、评价流程三维视角的集成[①]。其中，基于技术生命周期全过程视角，研究技术发展及影响的长期性及宏观系统性要按照不同技术发展阶段的特点进行技术的前、中、后评价，即预警性、监控性和回顾性技术评价。基于技术评价流程视角，技术评价各步骤可能采用的评价方法有头脑风暴法、德尔菲法、检查表法、关联树、结构模型解析法、交叉影响分析、计量经济分析、置换分析法、层次分析法、成本效益分析法、趋势外推法、历史分析法、情景分析法、社会技术试验法、敏感性分析法、冲突分析法、多准则综合评价、效用分析法、决策理论、博弈理论、主成分分析方法、模糊数学法、数据包络分析法和多属性综合评价法等。基于评价方法通用性视角，对通用于技术评价流程各主要步骤的评价方法来说，比如头脑风暴法、德尔菲法等，可以称为通用性方法；而一些评价方法在不同步骤中多次运用，在一些步骤中共用，表现出局域性，比如层次分析法、检查表法等，可以称为半通用性方法；还有一些评价方法只在一个步骤中出现，表现出专用性，比如趋势外推法、置换分析法等，可以称为专用性方法。

从主观分析和客观分析的角度出发，技术评价方法可以划分为：基于大量数据的客观分析方法，利用大量数据进行外推和拟合，如文献计量法、趋势外推预测法等；基于专家知识的主观评价方法，以专家判断为依据，如技术路线图法、德尔菲法、层次分析法等；

---

① 王海政、仝允桓、徐明强：《多维集成视角下面向公共决策技术评价方法体系构建与评价方法选择》，《科学学与科学技术管理》2006年第8期。

基于案例、情景等的主观和客观相结合分析方法，如情景分析法等。

从技术评价系统性的角度出发，技术评价方法体系可以按照相关基础资料收集、评价指标选取及指标体系构建，信息收集，可能产生的经济、社会、环境影响评价这一流程所应用的方法构成。在相关基础资料收集过程中，可采用的方法包括调查法（抽样调查、定点调查等）、相关统计方法等；在评价指标选取及指标体系构建过程中，可采用层次结构论、数据包络分析法、比较分析法、主成分分析法、生命周期评价理论、模糊评价法等方法；在信息收集阶段，可采用头脑风暴法、德尔菲法、文献计量法、问卷调查法等方法；在最后的评价阶段，可采用计量经济分析法、趋势外推预测方法、情景分析法、层次分析法、反推法等方法。

虽然基于不同角度的技术评价方法体系呈现不同的形式，且技术评价方法种类繁多，但技术评价方法体系的基本内容不变。在技术评价方法的选择过程中，常常需要结合实际，采用定性评价法（专家评议法、头脑风暴法、德尔菲法）与定量评价法（计量经济分析法、文献计量方法、费用效用分析法）相结合的综合评价方法，由该领域或相近领域专家评定，通过科学共同休保障和评价科技成果质量，再通过客观的计量指标提供更准确的评价结果。当前，随着互联网的迅速发展，技术评价方法也经常借助计算机技术，运用人工神经元网络技术、智能专家系统和数据挖掘技术等。

第二节　技术预见

技术预见（Technology Foresight）是在技术预测（Technology Forecast）的基础上发展而来的。第二次世界大战期间，美国军方为制定科技政策提供依据，首次采用技术预测方法。随后，日本、德国等国家将技术预见作为政府制定科技政策、使科技最大化作用于经济及社会发展的一种尝试。随着经济全球化进程加速、技术发展日新月异、国际竞争加剧，知识积累、关键技术优势成为提升国家和企业竞争力的重要因素，技术预见作为一种把握世界科学技术前沿、识别国家战略需求、选择关键技术领域的系统化工具，为优化科技资源配置提供了必备手段，逐步演变为世界性潮流，经历了"始于美国—日本改进—欧洲跟进—世界各国开始加入"的历史进程[1]。

一 技术预见在中国的发展历程

（一）技术预见的萌芽和开展时期（20世纪90年代初至20世纪末）

随着改革开放的深入，中国不断与国际先进科学理念接轨。1992年，中国开启"国家关键技术选择研究"，第一次明确国家关键技术的定义、特征和选择原则，研究涉及以信息、生物、制造和材料等为主要研究领域的关键技术共24项，总计124个重点技术项目的技术预见相关工作随之开始。1999年，中国对农业、信息技术以及先进制造业三个优先领域进行了技术预见的德尔菲调查，组织了约1200名社会各领域的专家，经过两轮专家预测、评价分析，收集结果以及反复论证，最终选择了128项国家关键技术，其中农业34项、信息技术55项、先进制造39项，完成了对国家重点领域的技术预见研究。[2]

这段时期的技术预见活动，为中国识别关键技术领域，加强官、产、学、研各领域专家的直接和间接沟通，促使中小企业制定正确的未来技术投资战略，逐步实现由依赖国外技术向依靠自主开发为主的转变，制定科技发展战略和科技政策，以及建设国家创新体系打下坚实的基础。

---

[1] 高卉杰、王达、李正风：《技术预见理论、方法与实践研究综述》，《中国管理信息化》2018年第17期。

[2] 王伟：《文献计量法在技术预见中的应用》，博士学位论文，大连理工大学，2008年。

(二) 技术预见快速发展和普及时期 (21世纪以来)

2000年，中国开始组织系统性的技术预见，最早开展系统性技术预见研究的机构是科技部和中国科学院，近年来中国工程院也开展了技术预见研究。2002年，科技部启动了国家技术预见工作，之后每隔五年进行一次，服务于国家科技规划和政策制定。2003年，中国科学院启动了"中国未来20年技术预见研究"，运用德尔菲调查、情景分析等方法识别和选择未来关键技术课题，并分别于2005年和2008年完成了四个不同领域的技术预见工作。自2006年起，中国开始正式探索和全面推进创新型国家建设的进程。2009年，中国科学院发布了《创新2050：科技革命与中国的未来》系列报告，描绘了中国2050年的科技发展路线图，提出构建以科技创新为支撑的中国八大经济社会基础和战略体系[①]。2015年，科技部开展"技术预见调查工作与关键技术研判"工作，为中国"十三五"重点发展技术领域的确定提供依据。同年，中国工程院与国家自然科学基金委员会共同组织开展了"中国工程科技2035技术预见"研究，为系统谋划中国工程科技及相关领域的基础研究提供前瞻性的视角。2017年中国工程院审议通过《中国工程科技未来20年发展战略研究工作方案》，批准2017年度"中长期"领域战略研究项目和支撑研究项目的立项建议。2019年2月15日，科技部开启第六次国家技术预测工作，以支撑国家新一轮中长期科技发展规划的研究编制。同年，科技部启动实施科技创新2030重大项目。

在地区层面上，技术预见的应用和实证研究在中国一些省市陆续展开。2001年，上海市和北京市先后启动技术预见研究。2008年广东省开展科技创新平台"产业技术预见制定"试点工作。随后，武汉、天津、山东、新疆等省、市、自治区也先后开展了区域技术预见活动，云南、武汉、广州、江西和贵州还发布了各自的技术预见报告。

与科技部和中国科学院的技术预见步伐几乎一致，中国学者就技

---

① 李平：《颠覆性创新的机理性研究》，经济管理出版社2018年版。

术预见基本理论及其方法、区域技术预见、行业或产业技术预见以及技术预见、科技创新、区域创新及科技发展战略展开了分析探讨。

在技术预见理论和方法的研究方面，万劲波（2002）指出技术预见是中国制定科学技术战略规划和科技政策的有效工具，国内学术界对技术预见的实质、意义、方法等进行了探讨[①]。高红阳、张少杰（2005）通过对经典技术预见方法的深入分析与研究，总结出了一套以"外在技术预见"为中心的理论体系。[②] 穆荣平和任中保（2006）指出德尔菲调查作为技术预见最常用的方法，能够以匿名的方式获得各位专家反馈，反馈意见会在多轮调查中趋于收敛，具有较强的统计意义和可操作性[③]。宋超和刘海滨（2016）在专利引证分析的基础上提出一种基于拉力算法的专利共引可视化方法，将某一技术领域的大量专利以共引关系聚类，并将其可视化表达，直观展现领域的技术群组[④]。当前，采用组合和集成的方法进行技术预见是国内外研究的热点和趋势[⑤]。沙振江等（2015）认为定性和定量方法相结合是较为常见的技术预见组合方法[⑥]。陈旭和施国良（2016）构建了基于情景分析和专利地图的企业技术预见模式[⑦]。自20世纪90年代颠覆性技术的概念被提出以来，潜在的颠覆性技术识

[①] 万劲波：《技术预见：科学技术战略规划和科技政策的制定》，《中国软科学》2002年第5期。

[②] 高红阳、张少杰：《基于外在技术预见的国家宏观发展战略研究思考》，《科学学与科学技术管理》2005年第3期。

[③] 穆荣平、任中保：《技术预见德尔菲调查中技术课题选择研究》，《科学学与科学技术管理》2009年第7期。

[④] 宋超、刘海滨：《一种面向技术预见研究的专利共引可视化方法》，《情报理论与实践》2016年第1期。

[⑤] 任海英、于立婷、王菲菲：《国内外技术预见研究的热点和趋势分析》，《情报杂志》2016年第2期。

[⑥] 沙振江、张蓉：《基于专利技术地图的技术预见模型研究》，《图书情报研究》2015年第3期。

[⑦] 陈旭、施国良：《基于情景分析和专利地图的企业技术预见模式》，《情报杂志》2016年第5期。

别方法成为探讨的热点。黄鲁成等（2015）从技术路径的角度提出，颠覆性技术会打破原有技术生命周期，形成新的技术轨道，因此，传统的技术预测方法（针对持续性技术）不适用于颠覆性技术的识别，颠覆性技术的识别方法应与颠覆性技术的特性相契合。[1] 李平（2018）对美国、日本、德国等国家的主要技术预见活动和颠覆性创新的预见方法进行了系统的梳理。[2]

在区域技术预见的研究中，李健民和万劲波（2003）[3] 以及李红（2005）[4] 对上海市技术预见的基础条件、特点、整个过程进行了描述和实证研究；朱兴龙（2006）对黑龙江省实施技术预见的必要性与可行性进行了分析[5]。

在行业或产业技术预见中，刘宇飞等（2016）探索了专利、文献等大数据方法应用于支撑中国新兴产业技术预见的理论和方法研究[6]。孟凡生和李晓涵（2017）运用词频分析与TOPSIS相结合的分析方法确定了新能源装备的关键智造化技术，并以此为基础引入了技术预见方法分析，构建起新能源装备智造化指标体系[7]。

在技术预见、科技创新、区域创新及科技发展战略的关系探讨方面，樊春良（2003）认为技术预见是制定长远战略规划的新机制，

---

[1] 黄鲁成、成雨、吴菲菲、苗红、李欣：《关于颠覆性技术识别框架的探索》，《科学学研究》2015年第5期。

[2] 李平：《颠覆性创新的机理性研究》，经济管理出版社2018年版。

[3] 李健民、万劲波：《上海开展技术预见的实践与思考》，《科学学与科学技术管理》2003年第1期。

[4] 李红、孙绍荣、刘继云：《上海市科技发展重点领域技术预见的实证研究》，《科学学研究》2005年第S1期。

[5] 朱兴龙：《黑龙江省技术预见的必要性与可行性分析》，《对外经贸》2006年第6期。

[6] 刘宇飞、周源、廖岭：《大数据分析方法在战略性新兴产业技术预见中的应用》，《中国工程科学》2016年第4期。

[7] 孟凡生、李晓涵：《中国新能源装备智造化发展技术路线图研究》，《中国软科学》2017年第9期。

能够通过对预期的理解、政策制定过程中的协商、创造实现未来的机制等方面,有效地建立起科学与社会的新契约关系[1]。贺善侃(2007)提出技术预见能为城市自主创新规划的制定提供依据。[2] 涂辉文等(2007)提出技术预见活动为区域科技政策与规划、创新方向提供了强有力的指导,并通过整合区域的创新资源,加强区域创新主体以及相关要素的沟通与交流,促进区域创新网络的形成和发展,充分发挥资源在区域创新及经济发展中的效率[3]。

随着中国技术预见活动的展开、技术预见实践经验的不断积累,中国技术预见研究更具深度、更加细致和专业化,覆盖范围更加广泛。由于技术预见强调未来导向、需求导向,能够探索利于未来经济和社会发展的战略领域及通用新技术,因而,开展技术预见不仅是中国参与国际竞争的需要,也是建设创新型国家和科技强国的重要基础,技术预见对中国政府科技战略领域的识别与选择、科技决策、科技发展战略制定、科技发展规划实施的支撑作用得到增强。

二 技术预见理论与方法

(一) 技术预见的定义

技术预见活动最早的现代意义出现于第二次世界大战后,美国空军科学顾问团出版了题为"迈向新的地平线"(Towards New Horizon)的报告,以预测20年后的军事技术。之后,为把军事预测继续下去,兰德公司(Rand Corporation)成立。由此,军事预测逐渐发展为技术预见。

关于"技术预见(technology foresight)",目前尚未形成严格、

---

[1] 樊春良:《技术预见和科技规划》,《科研管理》2003年第1期。
[2] 贺善侃:《技术预见:城市科技创新的引领》,《科学技术哲学研究》2007年第1期。
[3] 涂辉文、史永安、裴学进:《论区域创新系统中技术预见的角色》,《科技与经济》2007年第1期。

明确的定义，具有代表性的技术预见定义如下。

一是技术预见的最初定义，也国际上最为公认的定义，该定义来自英国学者本·R.马丁："技术预见是对未来较长时期内的科学、技术、经济和社会发展进行系统研究，其目标就是要确定具有战略性的研究领域，以及选择那些对经济和社会利益具有最大化贡献的通用技术"。

二是经济合作与发展组织（OECD）对技术预见的定义，认为技术预见是系统研究科学、技术、经济和社会在未来的长期发展状况，以选择那些能给经济和社会带来最大化利益的通用技术。

三是亚太经合组织技术预见中心（APEC CTF）的定义，与OECD的定义基本相近，认为技术预见是系统研究科学、技术、经济、环境和社会在未来的长期发展状况，以选择那些能给经济和社会带来最大化利益的通用技术和战略基础研究领域。

四是中国科学院对技术预见的定义，认为技术预见是对科学、技术、经济、环境和社会的远期未来进行有步骤的探索过程，其目的是选定可能产生最大经济效益与社会效益的战略研究领域和通用新技术[①]。

综上所述，目前学术界对技术预见的理念已基本达成共识：技术预见的出发点是面向未来，强调可预见的、可实现的未来，具有探索性和不确定性；技术预见的对象是战略研究领域和通用技术；技术预见的目的是选择能带来经济、社会效益最优化的通用技术和战略性研究领域；技术预见是一个复杂的系统过程，要求将技术评价和选择置于科学、技术、经济、环境、社会构成的整个系统中，因而必须采用联系的观点进行技术预见；技术预见是动态发展的，技术预见需要着眼于市场的拉动作用，准确把握科技发展趋势，主动跟踪国家政策推动方向，关注长期社会、环境效益和柔性经济效益；技术预见具有创造性，同技术预测相比，技术预见所涉及的不

[①] 穆荣平、王瑞祥：《技术预见的发展及其在中国的应用》，《中国科学院院刊》2004年第4期。

仅仅是推测，更多的是对选定领域和技术的塑造甚至创造。技术预见的基本理念是通过对科学、技术、经济、政治、环境和社会在未来一段时间内的系统化探索和整体性预测，从而选择具有战略意义和最大化经济、社会利益的研究领域和技术。

（二）技术预见的理论基础

技术预见建立在资源稀缺理论的基本假设之上。古典经济学家亚当·斯密认为，资源是稀缺的，即相对于需求，资源的供给在数量上是不足的，这表明并非所有个体或群体都能得到需求的满足，个体、企业和国家间都存在竞争关系。而科学技术往往是竞争奇缺资源最重要的手段，同时，任何个体或群体在发展科学技术事业时也会受到稀缺资源的制约，难以发展所有的科学和技术，只能选择最符合自己需求和实际的科学技术。

技术应用的后果是不可避免的[①]，任何现实技术的应用都会影响人们的生产力、生产关系和生活方式，对将来的政治、经济、社会和环境产生重要影响，因此，对技术进行预见具有十分重要的现实意义。如果能在早期识别和检验某种技术，那么政府和企业不仅能将资源定位于需要确保快速有效发展的领域，而且也能检查和预防技术应用可能带来的社会、环境和法律问题。

技术预见不仅是对技术前景本身的展望，而且是对远期未来的系统性探索，因而，综合多种学科的理论，并在实践中进行集成创新是必不可少的。经济学、管理学、社会学、政治学等多学科均可以作为技术预见活动的基础支撑。

（三）技术预见的方法

技术预见方法的合理选择在很大程度上决定了技术预见成果的科学性和准确率。随着技术预见实践活动的丰富，技术预见方法日趋完善。技术预见主要采用德尔菲法，集合官、产、学、研各方面

---

① 齐建国、王宏伟、蔡跃洲：《技术经济学及其应用》，社会科学文献出版社2014年版。

专家的智慧来共同完成对未来的探索与选择，但每一位专家在做出对未来的判断时，仍需借助传统"技术预测"方法的支持[①]。从主、客观的角度来看，技术预见方法分为三类：一是主观方法，包括德尔菲法、深度访谈法、焦点小组法、头脑风暴法等；二是客观方法，包括文献计量分析法、专利分析法、网络数据分析法、交叉影响分析法等；三是主客观结合方法，包括情景分析法、案例分析法等。

按照采用方法的数量，技术预见方法大致可以分为两类[②]：一是单一型技术预见方法，目前主要采用德尔菲法、情景分析法、技术路线图、文献计量法和专利分析法；二是综合型技术预见方法，组合方法的使用频率不断增加，并趋向于多种方法组合[③]。

1. 单一型技术预见方法

目前国内外主要使用以专家经验为基础、以数据分析为基础和以构建模型为基础的三大类单一型技术预见方法。

（1）以专家经验为基础的技术预见方法。德尔菲法是技术预见最常用的研究方法，是一种非见面形式的专家意见收集方法，具有匿名性、收敛性、统计性和较高的准确性。与德尔菲法类似的技术预见方法还有专家咨询法和头脑风暴法，应用也较为广泛，这两种方法可以直接向专家征询意见，操作较为简便，但容易导致民主化缺失，准确性偏低。

（2）以数据分析为基础的技术预见方法。文献计量分析（科学计量分析）法和专利分析法是两种常用的数据分析方法，具有较强的客观性。文献计量分析法是指通过数据挖掘和分析，发现技术的研究情况、发展方向和领域的关键技术；专利分析法是指通过专利

---

① 王瑞祥、穆荣平：《从技术预测到技术预见：理论与方法》，《世界科学》2003年第4期。

② 李平：《颠覆性创新的机理性研究》，经济管理出版社2018年版。

③ 沙振江、张蓉、刘桂锋：《国内技术预见方法研究述评》，《情报理论与实践》2015年第6期；方伟、曹学伟、高晓巍：《技术预测与技术预见：内涵、方法及实践》，《全球科技经济瞭望》2017年第3期。

计量，快速找到行业或领域内的关键技术，获取技术发展动向。

（3）以构建模型为基础的技术预见方法。通过构建模型进行技术预见属于定量技术预见方法中的一种，主要包括生长曲线法、趋势分析法、层次分析法、交互影响分析法、关联树法、情景分析法、系统动力学模型法等。其中，层次分析法和情景分析法是两种最常用的分析方法。

2. 综合型技术预见方法

由于单一的定性或定量技术预见方法往往存在局限性，并且可能会在准确性和客观方面存在缺陷，因此国内外学者开始采用多种技术预见方法相组合的综合型技术预见方法。

（1）两种方法组合。目前两种技术预见方法的组合有德尔菲法—技术路线图[1]、德尔菲法—科学计量（文献计量）法/专利分析法[2]、定量分析法—专家意见法[3]等。两种方法组合时主要是定性方法和定量方法相结合，具有简洁明了、准确性较高的优点，适用于包括企业、行业和国家在内的技术预见。

（2）三种方法组合。目前采用三种技术预见方法的组合方式包括：德尔菲法—科学计量（文献计量）法/专利分析法—情景分析法[4]、德尔菲法—数据挖掘—聚类分析法[5]、德尔菲法—情景分析法

---

[1] 徐磊:《技术预见方法的探索与实践思考——基于德尔菲法和技术路线图的对接》，《科学学与科学技术管理》2011 年第 11 期。

[2] Robinson D. K. R., Huang L., Guo Y., et al, 2013, "Forecasting Innovation Pathways (FIP) for New and Emerging Science and Technologies", *Technological Forecasting and Social Change*, Vol. 80, No. 2.

[3] Kenny P. G., Parsons T. D., Gratch J., et al, 2009, "Evaluation of Novice Andexpert Interpersonal Interaction Skills with a Virtual Patient", *International Conference on Intelligent Virtual Agents*, Springer-Verlag.

[4] 王金鹏:《基于科学计量的技术预见方法优化研究》，博士学位论文，华中师范大学，2011 年。

[5] 佟煊:《基于数据挖掘的江西有色金属产业技术预见方法的研究》，硕士学位论文，江西理工大学，2012 年。

—专利引证分析[1]等。三种方法组合具有客观性较强、内容全面、结果可信度高等优点，适用于以企业、行业、政府和国家为主体的技术预见。

（3）多种方法组合。当前采用的多种方法组合有德尔菲法—文献计量法—情景分析法—问卷调查法、德尔菲法—技术路线图—K-means 聚类算法—层次分析法等[2]。多种方法组合的技术预见具有概括性强、准确性高、实用性强的优点，适用于国家、政府和企业等层面的技术预见。如日本分别在 2005 年、2010 年、2015 年完成的第八次、第九次和第十次技术预见调查报告中，均采用包括德尔菲法、科学计量（文献计量）法、情景分析法和社会与经济需求调查在内的组合方法[3]；英国在 2012 年和 2017 年的"技术与创新未来项目"中，也采用了德尔菲法、专利分析法、科学计量（文献计量）法、专家咨询法和情景分析法等多种方法组合的形式。

三 技术预见在中国的实践

技术预见已成为各国制定科技发展战略、规划和政策过程中不可或缺的内容，成为识别国家战略需求和把握世界科学技术前沿发展趋势的系统工具，是优化各国科技资源配置的必要手段。同时，技术预见也成为区域发展的重要内容。

（一）国家层面的技术预见实践

在中国科技部、中国科学院等的主导下，国家技术预测、中国

---

[1] 郭卫东：《技术预见理论方法及关键技术创新模式研究》，博士学位论文，北京邮电大学，2007 年。

[2] 徐莉贞：《辽宁交通运输设备制造业技术预见研究》，硕士学位论文，大连理工大学，2008 年。

[3] 张峰、邝岩：《日本第十次国家技术预见的实施和启示》，《情报杂志》2016 年第 12 期；孙胜凯、魏畅、宋超：《日本第十次技术预见及其启示》，《中国工程科学》2017 年第 1 期；吴有艳、李国秋：《日本第十次科学技术预见及其解析》，《竞争情报》2017 年第 1 期。

未来20年技术预见、中国至2050年重要领域科技发展路线图战略研究、"十二五"科技发展规划技术路线图战略研究等国家层面的技术预见相继展开。

自20世纪80年代以来，为制定国家科技发展规划，部署重大科技任务，科技部已持续开展了6次技术预测工作，这是中国技术预见活动的重要组成部分和基础支撑。2013年，科技部启动第五次国家技术预测，并于2016年完成包括信息、生物、新材料、先进制造等13个领域的技术预测工作。2019年2月15日，为支撑新一轮国家中长期科技发展规划的研究编制，科技部决定开展第六次国家技术预测工作，在突出前瞻引领与需求导向相结合、专家参与与多方协同相结合、领域预测与交叉研究相结合、预测研究与规划制定相结合这一工作思路的指导下，重点加强技术竞争评价、重大科技需求分析、科技前沿趋势分析、领域技术调查、关键技术选择5个方面的技术预测工作，由此，开展包括信息、新材料、制造、空天、能源、交通、现代服务业、农业农村、食品、生物、资源、环境、人口健康、海洋、公共安全、城镇化与城市发展、前沿交叉17个领域的预测活动。

在具体的技术预见研究项目方面，2003年，为加强技术预见研究能力，尽快进入技术预见强国队伍，中国科学院高技术局和政策所启动"中国未来20年技术预见研究"。作为知识创新工程的重要方向项目，该项目以全国近3000位专家参与的德尔菲调查为基础，综合定量分析与专家会议等方法，对系统化技术预见方法论、中国未来20年情景分析与技术需求、大规模技术预见调查、政策分析、技术发展趋势跟踪与监控进行了研究，并于2008年正式完成涵盖信息、通信与电子，能源技术，材料科学与技术，生物技术与药物，先进制造技术，资源与环境，化学与化工，空间技术8个技术领域、63个技术子领域的737项技术课题研究。2009年，在科技部资助下，"技术预测与产业技术路线图研究"项目开展农业、生物医药等领域的技术预见,并绘制技术路线图①。此外,国家社会科学基金、教育部人文社科基金等支持了集中于战略性新兴产业和传统产业节能减排方向的技术预见,相关行业协会组织完成了生物医药、水泥、煤炭工业节能减排、绿色建筑、纯电动汽车等10个领域的技术预见②。近年来,中国工程院积极组织开展技术预见活动,2015年,中国工程院与国家自然科学基金委员会联合启动"中国工程科技2035发展战略研究";2017年,中国工程院汇集阶段性研究成果,出版"中国工程科技2035发展战略研究"专辑,包括《世界主要国家工程科技重大计划与前沿问题综述》《支撑强国目标的中国工程科技发展战略路径谋划》等。

与此同时,为加强国内和国际技术预见经验交流,提升中国技术预见研究水平,技术预见研讨会相继召开。2006年,中国科学院科技政策与管理科学研究所、上海市科学学研究所等联合主办"技术预见与区域创新国际研讨会",来自德、俄、日、韩等国家的120多名技术预见专家、学者和相关政府科技管理工作者参加了此次会议,讨论了全球技术预见研究热点与趋势、技术预见方法及其在区域创新体系中的地位和作用机制③。2015年,中国工程院和英国皇家工程院主办的第三届中英先进制造业研讨会,深入探讨了先进制造技术、智能制造、3D打印及其产业化。2018年8月3—4日,中国科学院科技战略咨询研究院、科技部中国科学技术发展战略研究院、上海市科学学研究所等联合主办"第十三届全国技术预见学术

---

① 李振兴、程家瑜、张俊祥:《提高我国农业综合生产能力的关键技术和路线图》,《中国科技论坛》2009年第6期;张俊祥、李振兴、武治印:《我国生物制药产业技术路线图研究》,《中国科技论坛》2009年第6期。

② 孟凡生、张明明:《我国煤炭工业节能减排技术路线图研究》,《中国军转民》2010年第12期;贺正楚、张蜜、陈一鸣等:《生物医药产业共性技术路线图研究》,《中国软科学》2012年第7期。

③ 叶继涛、张瑞山:《技术预见 塑造未来——"技术预见与区域创新国际研讨会"部分发言摘要及经验启示》,《世界科学》2006年第12期。

研讨会",以"技术预见与新旧动能转换"为主题,讨论了未来科技发展趋势,技术预见的方法、实践及其支撑作用。2019年5月,科技部中国科学技术发展战略研究院、上海市科学技术委员会、上海市科学学研究所等联合主办"浦江创新论坛—2019科技创新智库国际研讨会",以"预见未来:2035的科学、技术与创新"为主题,来自中、美、俄、英、韩、丹麦等国内外一流科技创新智库的多位专家从不同角度和维度分析了世界发展的愿景和技术预见方法的发展趋势,并就未来15年全球科技创新发展的大趋势及可能实现的重大突破进行了研判,讨论了技术创新对经济、社会和城市发展的影响及其对策。

(二) 区域层面的技术预见实践

区域层面的技术预见以上海市和北京市为代表,主要包括上海市技术预见计划、上海市两次技术预见研究和北京市技术预见行动计划。除此之外,广东、江西、湖北等省份也积极组织开展了产业技术路线图研究。

2001年,上海技术预见计划启动,上海市科学技术委员会和上海市科学学研究所对技术预见的背景、流程、方法、成果及问题进行了系统介绍,围绕信息技术、生物制药、先进材料、先进制造与自动化等八大领域,综合德尔菲调查、专家访谈、讨论会、SWOT分析和STEEP分析方法,完成了预期的技术预见阶段性研究成果,即《上海技术预见报告》[①]。随后,上海市于2004年和2009年分别开展了两次德尔菲技术预见调查。2004年,为支撑中长期及"十一五"科技发展规划制定,上海市科学技术委员会启动"上海市科技发展重点领域技术预见"项目,开展第一次德尔菲技术预见调查,对生物技术、新材料、信息技术和先进制造技术四大科技发展重点领域进行两轮预见。截至2006年,上海共聘请了234位技术预见专

---

① 李健民、万劲波:《上海开展技术预见的实践与思考》,《科学学与科学技术管理》2003年第1期。

家，为上海的重大科技项目、政策提出了 1000 多条年度和中长期技术项目建议，提交了 600 多篇各种类型的技术预见报告，涉及信息、生物、新材料、先进制造与社会发展诸多领域，并于 2006 年相继发布新材料、生物技术领域技术预见成果①。2009 年，上海市科学技术委员会启动"中国上海技术预见第二次德尔菲综合调查"，调查按照"1+8"的模式开展，即 1 个经济社会发展愿景与需求调查和 8 个技术领域调查，后者涉及电子信息、生物医药、新材料、先进制造、能源、环境等领域，共计 61 个研发方向、276 个备选项目。其中，既有干细胞、智能电网、减碳技术等当前普遍关注的热点技术，也有新型计算机系统、癌症疫苗、海洋监测系统等前沿基础技术。该调查邀请了 2000 多名各领域技术专家"极目远眺"，梳理出对未来 15 年（2011－2025 年）上海经济社会发展极为重要的关键技术、共性技术与通用技术，以重点关注，提前布局。2011 年以来，上海市又相继发布软件和信息服务、飞机发动机高温合金材料、新型显示、机器人、微创介入植入等产业技术路线图②。2013 年，上海市科学学研究所承担"上海中长期科技重点领域技术预见研究"项目，研究包括生物医药、临床医学、生物医学工程、农业科技、能源新兴领域、海洋科技、生态环境、先进制造、先进材料和信息技术在内的 10 项科学与技术领域，同时进行 4 项上海科技专题领域技术路线图研究，分别是微燃机、自动驾驶、数字医疗影像诊断器械和支撑先进制造的智能设计及控制技术。同年，上海市委、市政府在科学评估中长期科技规划和"十二五"规划实施情况的基础上，研究凝练"十三五"期间上海科技创新工作的思路目标，开展重要领域技术预见。

2001 年，北京市启动"北京技术预见行动计划"，该计划主要

---

① 刘继云、李红：《上海市新材料技术领域技术预见的实证研究》，《科技管理研究》2006 年第 6 期；李红、孙绍荣、李健民：《上海市生物技术领域技术预见的实证研究》，《科技进步与对策》2006 年第 9 期。

② 王志玲、管泉、蓝洁：《国内技术预见研究的文献计量分析》，《现代情报》2015 年第 4 期。

运用德尔菲法、专家和政策分析会议法，通过对信息领域和材料领域的技术预见，探索未来 20 年技术发展趋势和影响因素，提出中国应优先发展的 10 个战略技术课题及政策措施，并与北京市经济社会发展的战略需求相结合，提出北京市的战略技术课题、相应发展战略及政策措施[①]。简而言之，"北京技术预见行动计划"包括三项任务，即技术预见德尔菲调查、政府宏观政策选择和区域行动计划研究。2009 年，北京市开展新材料领域的技术预见[②]，并于 2010 年发布《北京未来 10 年新材料领域技术预见报告》，该报告包括技术预见在国内外的发展、国内外新材料领域发展概况、北京新材料领域发展的基础与条件等内容。

此外，广东在 2008 年左右提出开展产业技术路线图工作，并在 2009—2012 年相继发布一系列产业技术路线图研究成果，主要涉及茶、软包装印刷设备、制糖、中成药、猕猴桃、LED 照明等产业，多为广东特色产业[③]。江西于 2007—2010 年开展了日用陶瓷、建筑卫生陶瓷、信息产业、有色金属、LED 等产业技术预见和技术路线图研究；湖北于 2009—2011 年也相继对汽车零部件、重型数控机床、软件产业、动漫产业和鸭产业等开展了技术路线图研究[④]。

技术预见活动不仅是聚集知识、加工知识的过程，也是主动调整政、产、学、研、用各方对未来发展认知的动态机制，其实践意义既体现在预见结果对现实的指导意义上，同时也体现在技术预见过程对包括政府、学界、企业等在内的参与主体的影响上，技术预

[①] 穆荣平：《北京技术预见：实践与思考》，《世界科学》2003 年第 4 期。

[②] 李海丽、张士运：《北京未来十年新材料领域技术预见》，《第五届全国技术预见学术研讨会暨技术预见与科技规划理论与实践研讨会会议论文集》，天涯，2009 年 10 月。

[③] 朱星华、蒋玉涛：《产业技术路线图的广东实践及对政府科技计划管理的建议》，《中国科技论坛》2008 年第 6 期。

[④] 王志玲、蓝洁、管泉：《国内技术预见研究综述》，《情报探索》2015 年第 8 期。

见能通过促进主体间的沟通和交流，推动各方主体共同专注于可持续发展并致力于长期性、战略性问题，进而协调参与各方为未来图景共同努力。

第七章

科技创新政策研究

新中国成立70年来,尤其是改革开放以来,中国经济社会发生了翻天覆地的变化,科技创新取得了重大进步,对中国经济发展起到了关键支撑作用。特别是随着中国资源环境约束加剧和劳动力结构的变化,传统的要素驱动模式已经不可持续,科技创新已经成为经济发展的主要动力。中国科技创新的进步离不开科技创新政策的支持。站在新的历史起点上,总结和分析中国科技创新政策的发展历程和基本理论,能够为未来制定和优化科技创新政策提供理论和方法支撑。

第一节 科技创新政策的发展历程和主要特点

中国科技创新政策经过70年的探索与实践,已经成为独立的运作体系,有效支撑了中国科技创新的发展。早期阶段,为了实现一定的科技目标,中国制定了一系列的科技规划,这一时期的科技政策主要表现为规划政策。20世纪90年代以来,随着科技创新日益成为经济增长的主要动力,科技政策主要表现为创新政策。因此,科技创新政策是科技政策的延续,现阶段已经成为科技政策的主要类型,为了表述方便,本书统一表述为科技创新政策。

一 科技创新政策的发展历程

新中国成立以来,党和国家高度重视科学技术发展,并根据国际形势和国家发展战略,制定了不同时期的科技创新政策,出台了一系列的政策文件,有效地推动了中国科学技术的发展。本书结合薛澜对科技创新政策进行的阶段划分[①],根据经济发展阶段和科技发展的重大事件,把新中国成立以来科技创新政策的发展历程划分为六个阶段。

第一阶段:科技创新政策的酝酿阶段(1949—1977年)。新中国成立之初,面对科技水平非常落后的局面,为了迅速壮大中国的科学技术力量,实现社会主义工业化的目标,1956年国家制定了《1956—1967年科学技术发展远景规划》(以下简称《12年科技规划》)。这是新中国的第一个科学技术发展规划,确定了"重点发展,迎头赶上"的方针,就重要科学技术任务、科学研究机构和人员、国际合作等方面进行了规划。总体来看,《12年科技规划》对中国科研布局和科技体制建设起到了关键作用,推动了中国各项科技事业的发展。1963年,中共中央、国务院制定了全国《1963—1972年科学技术发展规划纲要》,确立了"自力更生,迎头赶上"的科学技术发展方针,提出了"科学技术现代化是实现农业、工业、国防和科学技术现代化的关键"的观点,为中国科学技术的发展做出了重大贡献。

第二阶段:科学技术的恢复阶段(1978—1984年)。在1978年3月举办的全国科学大会上,邓小平提出了"科学技术是生产力"的重要论断,澄清了长期束缚科学技术发展的重大理论是非问题,提出了实现科学技术现代化的目标,会议通过了《1978—1985年全

---

① 薛澜:《中国科技创新政策40年的回顾与反思》,《科学学研究》2018年第12期。

国科技技术发展规划纲要》，确定了"经济建设必须依靠科学技术，科学技术工作必须面向经济建设"的战略方针，为科技创新政策的发展指明了方向。

第三阶段：科技体制重大改革阶段（1985—1997年）。1985年3月，中共中央发布了《关于科学技术体制改革的决定》，重点对科技管理体制、科技拨款制度、国家重点项目管理、科研机构的组织结构等方面进行改革，开启了中国科技体制改革的序幕。同时，国家建立了知识产权保护制度、国家自然科学基金等一系列创新机制，设立了"星火计划""火炬计划""863计划""973计划"等各类科研计划，促进了科学技术的大力发展。此外，在"火炬计划"的支持下，国家提出大力推进高新技术产业化，各地相继成立了高新技术产业开发区，促进了中国高新技术产业的快速发展。

第四阶段：国家创新体系的布局建设阶段（1998—2005年）。这一阶段，国家开始注重科技创新体系的建设，颁布了《中共中央、国务院关于加强技术创新，发展高科技，实现产业化的决定》《关于促进科技成果转化的若干规定》《2004—2010年国家科技基础条件平台建设纲要》等一系列科技创新政策。同时，随着1998年国务院机构改革的实施，中国开启了新一轮的科技体制改革，完成了科研院所改制，更加重视大学在创新体系中的作用，促进科技成果转化，支持中小企业科技创新，大力开展国际科学技术交流合作，支持大型跨国企业在中国成立研究中心，极大地提高了中国的科技创新能力。

第五阶段：国家创新体系的系统运行和提高阶段（2006—2012年）。这一时期，围绕国家创新体系建设，中国出台了很多科技创新政策。2006年2月，国务院出台了《国家中长期科学和技术发展规划纲要（2006—2020年）》，确定了"自主创新、重点跨越、支撑发展、引领未来"的指导方针，提出到2020年建成创新型国家的目标，并出台了一系列配套措施，这在中国科技创新政策发展过程中具有重大意义，为21世纪中国科技创新发展指明了方向。2007年，党的十七大报告提出提高自主创新能力，建设创新型国家的战略任务。2012年，国务院发布《关于深化科技体制改革，加快国家创新体系建设的意见》，提出促进科技与经济社会发展紧密结合，到2020年基本建成中国特色国家创新体系的目标。

第六阶段：创新驱动发展战略实施阶段（2013年至今）。党的十八大以来，国家高度重视科技创新，把科技创新是提高社会生产力和综合国力的战略支撑摆在国家发展全局的核心位置。2016年5月，党中央、国务院发布了《国家创新驱动发展战略纲要》，提出了科技创新三步走的战略目标，指出依靠科技创新和体制机制创新"双轮驱动"，建设国家创新体系，为中国科技创新未来发展提供了战略规划。与此同时，国务院出台了《关于大力推进大众创业万众创新若干政策措施的意见》，推进科技创新与"双创"融合发展，促进了创业型企业的大量增长，为中国创新驱动发展提供了动力支持。

二 科技创新政策的主要特点

从中国科技创新政策的发展历程来看，现阶段科技创新政策已经呈现系统性和协调性等特点，具体表现如下。

第一，科技创新政策已经形成独立体系。新中国成立70年来，随着科学技术的重要性日益突出，国家对科技创新政策越来越重视，科技创新政策的内涵也越来越丰富，可以说，科技创新政策已经形成了独立的体系。从科技创新政策在中国的发展来看，在计划经济时期，科技创新政策隶属于经济政策、教育政策，随着市场经济体制的确立，科技创新政策逐步被划分为公共政策领域，科技创新政策也被作为一个专门的政策体系来进行研究。综合来看，科技创新政策包括科技创新人才政策、科技创新投融资政策、科技创新成果转化政策、科技创新评估政策、科技创新市场政策等。

第二，科技创新政策呈现系统性特征。现阶段，科技的影响范围越来越大，科技与经济社会、公共管理、法律体系、价值标准的联系越来越密切，并且对现行的管理体制提出了新的挑战。从系统的角度看,虽然科技创新政策已经形成独立体系,但是其政策制定、运行和评估的整个过程不是单一的,而是需要政府部门、科研单位、企业、中介组织多个部门共同联合运行,才能实现整个科技创新政策的目标。同时,科技创新政策必然受到经济基础、社会环境、科技实力、法律制度等方面的影响,科技创新政策的运行也需要其他配套政策协调运行,才能更加科学合理,更容易实现科技目标。因此,科技创新政策系统已经成为公共政策系统中一个相对独立的子系统,具有其系统性特征。

第三,科技创新政策具有长远性。目前,中国科技创新政策的制定大部分是以中长期规划为主。一般而言,科技发展规划是为了实现一定时期内的科技发展目标而制定的科学技术研究和发展的综合性规划,是国民经济发展规划的重要组成部分。从时间上来看,可以划分为长期规划和中期规划。长期规划一般为10—15年,是一种指导性的科技规划。中期规划一般是5—10年,与经济发展计划并行,目的是配合经济发展需要而制定国家科技项目。从内容上看,科技规划主要包括规划目标、发展方向、主要政策、保障措施等方面。中国科技发展规划是科技创新政策的重要组成部分,体现了科技发展的计划性和预见性,从而使科技创新政策更加具有可操作性。

第四,科技创新政策更加注重协调性。科技创新政策的实施,离不开配套政策的支持。科技创新政策的配套政策包含与科技发展相关的人才政策、产业政策、税收政策、法律政策等,这些配套政策具有重要作用,能够保障科技政策的顺利实施。通过与科技配套政策共同实施,建立统筹协调机制,才能实现科技资源配置与创新活动的相互促进,实现经济政策与科技创新政策的协调,推进科技和经济的共同发展。同时,在政策实施和评估过程中,需要对政策实施细则进行调研,对政策的实施效果进行评估,进一步提出改进和完善的建议,才能保证科技创新政策的实施效果。

第五,科技创新政策制定的科学化程度不断提高。科技创新政策的制定需要进行充分调研和充分论证,才能保障其科学合理。随着社会主义市场经济体制的建立，中国确立了企业在自主创新中的地位和作用，更加关注如何通过体制机制建设让企业成为技术创新决策、研发和成果转化的主体，越来越注重发挥企业在政策制定过程中的作用，扩大了企业的决策话语权。党的十八大以来，国家越来越重视智库在政策制定过程中的决策支撑作用，将一大批专家学者纳入创新决策咨询的范围，为科技创新政策的制定提供了强大的人力资源。

第二节 科技创新政策制定的理论和方法

科技创新政策的制定受到政策制定主体对科技认知的影响，科技创新政策制定的理论方法也随着经济社会的发展和对科技创新政策的认知而不断发生改变。改革开放以来，随着国家的工作重心转移到经济建设上来，中国继承和发展了马克思主义对科学技术的认识，同时不断开拓创新了政策制定的理论方法，科技创新政策的制定也由过去的"科技与政治结合"转向"科技与经济结合"。在新的科学技术理念指导下，中国经济社会发生了根本变化，科学技术取得了长足进步。

一 科技创新政策制定的主体认知理论

科技创新政策的制定是由政策制定主体采取适当的行动促进科学技术发展，进而促进科技进步与经济增长。从这个意义上看，科技创新政策的制定本质上体现了政策制定主体对科学技术的认知，并形成了科学技术的基本理论和指导方针[①]。中国科技创新政策制定

[①] 杨斌：《我国科技政策制定主体的政策认知及政策分析》，《武汉科技大学学报》（社会科学版）2010年第3期。

的主体主要是政府部门和国家的立法机构。政策制定主体对科学技术的认识直接决定了科技创新政策制定的导向。

中国对科学技术的认识理论来源于马克思主义的科学技术观。马克思主义认为技术发展是多种矛盾共同推动的结果,其中社会需求和技术发展水平之间的矛盾是技术发展的根本动力。同时,中国又发展了马克思主义对科学技术的认知,根据中国改革开放的实践,更加注重科学环境的培育、科研组织的保障和科学功能的发挥。特别是1988年9月,邓小平提出了"科学技术是第一生产力"的论断,进一步说明了科学技术在当今经济社会发展中的决定性作用,以及科技进步是中国实现现代化的根本途径,从而推动了中国科技体制改革,实现了科学技术的快速发展。

二 科技创新政策制定理论的发展

中国科技创新政策的制定和当时的经济体制密切相关。新中国成立之初,中国实行计划经济体制,科技创新政策制定表现为单一的问题导向模式;改革开放以来,特别是随着市场经济主体地位的逐步确立,科技创新政策也逐步由系统研究模式转化为科学规划模式。

1. 问题导向模式

从新中国成立到改革开放以前,中国科技创新政策的制定采用了问题导向模式,即在充分认识科技创新问题的基础上,针对问题提出具体的政策措施。这一时期,科技创新政策制定的目的是促进科学技术的发展,没有实现和经济社会发展的紧密结合。这一时期中国往往通过大型项目建设带动科学技术发展,通过对政策的必要性和可行性分析、政策效果评价,科技创新政策得到快速发展。同时,科技创新政策的制定被认为是一个政策选择的过程,通过在一组备选方案中选出最佳方案,帮助政策制定者选择最有利的政策方案的过程。

2. 系统研究模式

随着改革开放的推进,中国科技活动和经济社会的关系越来越密切,需要综合分析制定科技创新政策,因此,这一时期科技创新政策的制定表现为系统研究模式。政府需要在科技创新政策制定过程中综合考虑多种因素,进行综合分析。主要考虑因素如下:围绕共同目标和结果制定科技创新政策,促进跨部门协同;充分考虑多种利益相关者的诉求,保证科技创新政策的包容性;注重成本收益分析和政策实施效果;构建相应的渠道和机制,推动政策制定中利益相关者的广泛参与。系统研究模式要求从政策制定的初始阶段开始就有相关利益者参与,充分保障政策的可操作性。同时,提高公共决策科学化和民主化水平成为迫切要求,中国科技创新政策也开始全面地论证政策的必要性[1]。

3. 科学规划模式

近年来,科技创新对经济社会的影响越来越大,中国越来越重视科技创新政策的作用。中国科技创新政策大多以中长期规划为主,科技创新政策表现为科学规划型。主要原因是由于科学技术对经济社会的影响越来越复杂,科技创新政策的制定环境、制定主体和制定过程也越来越复杂。首先,科技创新政策的制定环境越来越复杂。不同的环境会对政策产生不同的效果,在一项新的科技创新政策出台前,政策制定者必须充分考虑当时的国际和国内环境,综合考虑各种因素,做到既有前瞻性,又不失可操作性。其次,科技创新政策的制定主体比较复杂。一项科技创新政策的制定涉及很多部门,需要统筹考虑,相互协调,才能保证政策的有效性和可操作性。最后,科技创新政策的制定过程比较复杂[2]。需要对各个主体进行充分

---

[1] 卢阳旭等:《科技政策研究中的社会调查方法:定位、功能与应用》,《中国科技论坛》2018年第8期。

[2] 张永安等:《我国科技创新政策复杂性研究》,《科技进步与对策》2015年第12期。

的调研论证，协调各个主体的目标，推进跨部门协调，才能保证科技创新政策目标的实现。因此，科技创新政策的制定需要科学规划，统筹协调，才能保障科技创新政策取得良好的效果。

三 科技创新政策制定的模型和方法

科技创新政策制定包含大量的主体和客体，涉及面很广。因此，科技创新政策制定是一个复杂的系统工程，具有很强的专业性和学术性，需要科学的方法加以指导。一般来讲，科技创新政策的制定需要根据不同的模型假定来使用不同的方法。科技创新政策制定模型来源于政策科学模型，这些模型来源于不同的社会实践，与科技文化背景、政策主体状况密切相关。根据科技决策的不同模式，科技创新政策制定模型一般分为有限理性决策模型、渐进决策模型、精英决策模型和集团决策模型四种类型[1]。结合中国科技创新发展的实际和不同的科技创新政策模型假定，在政策制定过程中，主要的方法如下[2]。

1. 调查研究法

调查研究法一般是指在科技创新政策制定的过程中，政策制定部门对政策客体和科学技术发展的实际情况进行调查研究，从而获得政策相关材料，并对材料进行分析。一般而言，问卷调查、访谈是调查研究法的主要形式。中国科技创新政策的制定非常重视调查研究，主要是由于政策制定涉及科技发展的方方面面，政策客体又千差万别，所以在政策制定的时候需要进行调查研究，充分了解实际情况，同时又要进行国内外科技发展比较，找出差距和不足，才能制定出适合中国发展的科技创新政策。

---

[1] 王卉珏：《科技政策制定的理论与方法研究》，博士学位论文，武汉理工大学，2005年。

[2] 管书华：《科技政策制定与评价的研究》，硕士学位论文，武汉理工大学，2004年。

2. 定性分析与定量分析相结合的方法

定性分析建立在价值判断的基础上，通过归纳、演绎、比较进行分析与综合，从而把握事物的属性与特征。定量分析是从事物的数量特征、数量关系及事物发展过程中的数量变化等方面来研究事物。把定性分析与定量分析结合起来，可以防止认识事物的片面性。因此，定性分析与定量分析的结合是科技创新政策制定的重要方法。目前，中国科技创新政策制定主要以定性分析为主，定量分析运用比较少。主要原因是科技创新政策本身具有长远性，且大部分是预期性和引领性政策。同时，中国科技创新政策制定的方法体系还需要进一步完善。

3. 系统分析法

系统分析法来源于系统科学的发展。系统分析法要求把研究问题看成系统工程，通过要素分析、环境分析、资源分析和管理分析，实现系统整体目标最优化，并对系统的各个方面进行定性和定量分析。在科技创新政策制定中运用系统分析法，就是把科技创新政策看成一个系统，用系统论的方法来指导科技创新政策的制定。一方面，从科技创新政策内部来看，各政策之间应该相互协调、相互补充，共同作用于科技发展的实践，取得整体大于部分的效果；另一方面，科技创新政策和其他政策之间，特别是和经济政策、社会政策之间要做好统筹协调。科技创新政策作为公共政策的一种，其制定首先要促进科技的发展，进而促进经济社会的发展。

4. 预测方法

预测方法在科技创新政策制定过程中也经常使用。由于科技创新政策本身越来越注重中长期规划，所以预测方法越来越重要。在科技创新政策制定过程中，预测方法是指对政策效果进行预测和评估，进而对各种可能发生的情况提出相应的对策。常用的主要预测方法有专家预测法、德尔菲法、趋势外推法、情景描述法、类比分析法等。

5. 专家咨询法

政策制定过程一个很复杂的过程，需要专业化的知识。专家咨询法是科技创新政策制定经常使用的一种方法，可以帮助政策制定者迅速制定科学、合理的科技创新政策。随着中国科技创新政策科学化程度的不断提高，如何进一步发挥专家咨询法在科技创新政策制定中的作用是一个需要深入研究的课题，目前来看最重要的是进行机制建设，将专家咨询制度化、规范化。

第三节　科技创新政策分析的理论演进和分类

科技创新政策作为政府引导和调整科技创新活动的重要工具，与一个国家和地区的科技创新实践高度相关。同时，由于科技创新活动具有复杂性，政策制定主体具有多元性，造成了科技创新政策的复杂性和多面性。从科技政策的发展历程来看，中国的科技创新政策经历了"科学—技术—创新"的演变。随着不同类型的科技创新政策的出台，政策分析和评价变得越来越重要。

一　科技创新政策分析的理论演进

科技创新政策分析主要研究政府是否需要支持科技创新、支持哪些科技创新、如何支持科技创新以及政策效果如何等问题。当今，科技创新政策分析已经成为一个专门的研究领域，在不同时期具有不同的理论基础和分析框架。改革开放前，中国科技创新政策分析更多的是使用苏联的计划经济分析方法；改革开放后，随着西方经济学的引入，中国科技创新政策分析方法不断演进，逐渐由新古典经济学路径过渡到政策科学路径[1]。

---

[1] 邢怀滨等：《公共科技政策分析的理论进路：评述与比较》，《公共管理学报》2005年第4期。

1. 新古典经济学路径

科技创新政策分析的新古典经济学路径起源于新古典经济学理论。新古典经济学在20世纪70年代形成，其理论架构是建立在理性预期和自然失业率假说的基础上，通过建立均衡分析，探讨资源配置的条件和机理。在科技创新政策分析的新古典路径中，由于存在外部性和信息不对称，所以会造成科技配置的市场失灵，导致市场无法有效地配置科技创新资源，因此，需要通过政府来配置科技创新资源，进而弥补市场失灵的不足。

科技创新领域的市场失灵主要体现在以下五个方面：一是科技创新具有公共物品属性，非常容易"搭便车"，导致企业研发投资不足；二是一般而言，科技创新具有很大的风险，一般的中小企业研发能力相对不足；三是科技创新在关键核心领域和基础领域需要巨大的研发投入，导致私人部门投资不足；四是由于在科技创新过程中，不同主体之间存在信息不对称，导致科技创新供给不足；五是科技创新在某些领域由于存在负外部性，导致市场投资相对过剩。

现阶段，市场失灵概念的提出为政府制定科技创新政策提供了理论依据。在市场对资源配置起决定性作用的基础上，以纠正市场失灵为出发点，进而进行科技创新政策制定。具体来看，根据市场失灵的不同类型，采取不同的科技创新政策，包括专利制度、研发补贴、财政支持、税收减免、风险分担、金融支持、科技服务平台等政策，用以弥补市场失灵，提高科技资源配置效率。

2. 演化经济学路径

20世纪70年代，演化经济学开始兴起。与新古典经济学的静态均衡分析不同，演化经济学注重从动态的、演化的观念来看待经济学问题，注重制度变迁，以期更好地了解技术创新、产业变迁和整个经济系统的演化过程。在分析方法上，演化经济学采用系统分析法，用复杂系统的观点看待经济系统，把经济系统看成演化过程的产物。在科技创新政策分析的演化经济学路径中，技术创新被认为是多种因素相互作用、动态演进的结果。这就说明技术创新并不仅仅依赖于单一主体，而是各种要素综合作用的结果。因此，系统失灵会发生。只有纠正系统失灵，才能保证技术创新的有效运行。

系统失灵为演化经济学进行科技创新政策分析提供了一个研究的视角。邢怀滨（2005）把系统失灵分为要素失灵、制度失灵、互动失灵和企业创新能力失灵四种类型，分别如下：要素失灵是指科技创新的人才、资金、科技基础、知识产权等要素不完备，导致科技创新供给不足；制度失灵是指科技创新的体制机制、法律法规不健全，缺乏创新文化；互动失灵是指各创新主体不能形成有效互动，影响科技创新效果；企业创新能力失灵是指企业缺少创新能力，不能满足社会发展需要。

根据系统失灵的不同类型，需要采取不同的科技创新政策。主要通过一些政策组合，做出一些结构性的制度安排，通过政策工具来纠正系统失灵。

3. 科学技术与社会学研究路径

20世纪60年代，随着现代科学技术的快速发展，西方资本主义国家逐渐出现了一系列的环境污染、生态破坏等问题，人们开始反思科学技术的负面影响，出现了科学技术批判思潮，科学技术与社会学研究随之发展起来。科学技术与社会学是以科学技术与社会的相互关系为研究对象的学科，主要研究科学技术发展对社会的影响，科学技术如何与经济社会、资源环境相互协调实现可持续发展。科学技术与社会学研究从不同的视角来研究科学技术问题，体现了这些领域之间的相互渗透与交叉。

科学技术与社会学研究路径对科技创新政策的分析与以往的分析方法不同，不仅关注科学技术发展带来的社会经济发展的正面效应，更加关注如何通过科学技术与经济社会、资源环境协调发展，来消除科学技术发展的负面效应。这种方法使科技创新政策的价值取向发生变化，影响科技创新政策的制定和执行。同时，这种方法具有系统性和整体性的特点，可以为政策设定目标和导向，并对科学技术进行预见和评价。

尽管科学技术与社会学研究中的科技创新政策分析比较分散，但由此可以反思科技与社会的关系，考察科学技术活动作为的运行规则，分析科技发展的过程，为政策导向、制度措施和政策行动提供支持。

4. 政策科学路径

20世纪70年代以来，随着运筹学和系统分析的不断应用，政策科学开始发展起来。政策科学具有一系列独特的研究范式，决策程序比较注重科学化和民主化，对经济社会发展起到了良好的促进作用，政策科学被认为是西方政治学和社会科学的一次革命。政策科学是以公共政策为研究对象，研究政策调研、制订、分析、筛选、实施和评价的全过程，研究内容包括政策系统、决策机制、政策过程、政策分析方法等。

政策科学主要采用政治学和经济学的研究路径。科技创新政策的政治学研究路径主要以制度环境、决策程序、权利分配为基础，研究科技体制、科技政策系统、政策过程等内容；科技创新政策的经济学研究路径主要以公共选择理论为基础，将经济人假设、个体主体方法论、交易政治等理论用于科技创新政策分析中。这样就会出现政府失灵，进而无法使创新资源配置达到最佳效果。

在科技创新政策领域，政府失灵主要表现在以下五个方面：一是科技决策失效，由于政府部门利益、短期利益、知识的局限性和信息不完备等原因，导致做出错误的科技决策，影响科技创新的发展；二是科技公共物品低效供给，政府忽视科技公共物品，导致科技公共物品供给不足，影响科技创新能力的提升；三是科技体制低效与僵化，不适应科学技术的发展，影响科技创新活力；四是科研经费存在寻租问题，没有形成合理分配；五是集体行动难题，由于个体理性而没有实现集体理性，例如某些技术的负面影响超出一国范围时，国家很可能基于本国利益的角度而不采用最优的技术。

政府失灵的提出，为科技创新政策制定提供了一个新的概念工具。为了消除政府失灵，需要科学合理的政策制定机制，增加政策制定的科学化，吸纳专家参与政策制定，促进政府与企业、民众建立通畅的信息沟通渠道等措施。

政策科学的兴起，为科技创新政策分析提供了统一的理论基础，从某种程度上来说，科技创新政策分析的新古典经济学路径、演化经济学路径、科学技术与社会学研究路径都属于政策科学的研究范畴，为政策科学分析提供了一种视角，但是政策科学的一般规律必须要和科学技术的规律结合起来，才能实现更好的科技创新政策效果。

二 科技创新政策的分类

科技创新政策分类是科技创新政策评价的前提，不同的学者进行了不同的分类。罗斯威尔和泽格费尔德（1985）根据科技创新活动影响层面的不同，把科技创新政策分为供给型、需求型和环境型三种类型[①]。奥尔特拉（1999）认为根据科技创新政策制定目的的不同，把科技创新政策分为激励研究的政策、激励企业技术创新的政策以及作用于选择机制水平上的政策三种类型[②]。弗雷塔斯和藤泽尔曼（2008）根据科技创新政策内容，把科技创新政策分为政策目标、政策执行、政策工具三个维度[③]。

结合李春艳（2019）综合科技政策的理论分析，我们把科技政策分为政策效力、政策目标和政策工具三个维度[④]。这种分类方法比较科学、全面，具有代表性。其中政策效力反映的是颁发政策的国家行政权力机构的类别[⑤]，政策目标和政策工具又各分为三类，每一类又由若干个工具组成，具体见表7—1。

[①] 李春艳等：《对我国1985—2017年科技政策的数量、效力及效果的评价》，《东北师大学报》（哲学社会科学版）2019年第1期。
[②] 同上。
[③] 同上。
[④] 同上。
[⑤] 姚海琳等：《政策工具视角下中国城市矿产政策效果评估》，《城市问题》2018年第11期。

表7—1 科技创新政策分类

维度	类别	工具
政策效力	全国人大及其常务委员会颁布	法律
	国务院及各部委颁布	条例、指令、规定、方案、决定、意见、办法、标准
	地方政府颁布	通知、公告、规划
政策目标	鼓励基础研究	专利制度、政府拨款、税收优惠、政府采购
	鼓励科技成果转化	技术标准、研发投入、研发补贴、技术引进、政府采购、产业化
	鼓励完善创新体系	合作研究计划、企业创新能力
政策工具	需求型政策	政府采购、用户补贴、应用示范、价格指导
	供给型政策	人才培养、技术支持、资金支持、公共服务
	环境型政策	目标规划、法律法规、金融支持、税收优惠

资料来源：笔者根据相关资料整理而成。

第四节 科技创新政策评估的理论和方法

政策评估是评估主体根据一定的标准和程序，通过考查政策过程的各个阶段、各个环节，对政策的效果、效能及价值进行评价和判断。通过评估科技创新政策，可以对技术可行性、经济合理性、行政有效性、社会影响性等方面进行判断与分析，为政策制定和改进提供依据。

一 科技创新政策评估的实践与内涵界定

随着科技创新政策在经济社会发展中的作用日益突出，中国政府也越来越重视政策评估。1997年，科技部成立了国家科技评估中心，依托评估专家网、数据库系统和外部咨询专家对重大战略规划、科技创新政策等开展评估活动。2000年，中央进行部门预算制度改革，开启了中国政府公共政策评估的新历程。党的十八大以来，国务院和地方政府开展了一系列公共政策评估工作，对科技创新政策进行自我评估或委托第三方进行评估。例如：2014年，科技部牵头对《国家中长期科学和技术发展规划纲要（2006—2020年）》实施情况进行了中期评估。2016年，中国科协作为第三方评估机构对"关于推进大众创业、万众创新政策措施落实情况"进行了评估。2017年，国家知识产权局委托第三方机构对《国家知识产权战略纲要》实施10周年情况进行评估。与此同时，地方政府也积极进行科技创新政策评估。2013年，上海市建立了创新政策评估研究基地，聚焦科技创新政策评价。2015年以来，安徽省依托各地市科技部门开展重点政策落实情况调查，多次面向全省开展重点政策落实情况的分析与评估。2015年，江苏省出台《省政府办公厅关于开展重大政策举措第三方评估的实施意见》，通过政策第三方评估提高决策科学化水平，提升政府治理能力[①]。

但是，总体来看，中国原创性的科技创新政策评估理论还非常少，已有的科技创新政策评估理论基本上沿用了公共政策评估理论。普遍认为，科技创新政策评估本质上属于政策评估的范畴。政策评估主要包含三个方面的内容：一是政策方案评估，二是政策过程评估，三是政策效果评估。其中，政策效果评估是政策评估的关键，政策评估大多以政策效果评估为主。同时，科技创新政策评估具有

[①] 康捷等：《日本科技创新政策评价制度建设经验及启示》，《特区经济》2018年第6期。

价值导向性。由于科技创新的价值体现在不同方面，因此有必要对科技创新政策的价值进行界定。

一般而言，科技创新政策的价值主要体现在行政价值、经济价值、社会价值三个方面。行政价值是指政策的绩效、合法性、公共性等价值；经济价值主要考虑政策的经济效益、成本收益等价值；社会价值主要考虑政策的科学精神与文化、科技伦理与风险等价值。这三个方面构成了完整意义上的科技政策的价值导向，具体见表7—2。

表7—2　　　　　　　　　　科技创新政策的价值

政策价值	价值说明	政策类型
行政价值	绩效、效用、合法性、公共性等"绩效性"	任何种类的科技政策
经济价值	成本、收益、效果、生产力等	技术政策、创新政策
社会价值	科学精神与文化、科技伦理与风险等"社会性"	科学政策、技术政策、创新政策

资料来源：赵峰等：《科技政策评估的内涵与评估框架研究》，《北京化工大学学报》（社会科学版）2011年第1期。

一般而言，科技创新政策评估是评估主体根据评估标准和评估框架，通过科学合理的评估方法，对科技创新政策的价值及其实现过程进行判断，对政策效果进行评估。评估目的在于评价政策制定过程的科学性和合理性，找出政策执行过程中存在的问题，分析政策的实际效果与影响，分析政策目标的达成程度等一系列目标。一般而言，科技创新政策评估包括科技创新政策预评估、科技创新政策执行评估以及科技创新政策效果评估三类，最重要的是科技创新政策效果评估。

综合来看，科技创新政策的价值更加多元化，不仅包括政策绩效，还包括政策的社会、经济、政治、伦理等因素，因此，相对于一般公共政策，科技创新政策的绩效评估更为复杂。

二 科技创新政策评估的理论和框架

中国学者在科技创新政策评估方面做了大量的研究工作，取得了一系列富有理论与实践意义的成果。但是，在评估理论和模型研究方面缺少重大理论创新，政策评估缺乏适用性。

一般而言，科技创新政策评估框架也称评估模式，是政策评估的指导理念，体现了评估目标和评估重点，决定了评估的思路和内容，对评估效果会产生很大的影响。因此，需要根据评估目标和评估价值导向来设定评估框架。科技创新政策属于公共政策的一种，因此科技创新评估要遵循一般公共政策的评估框架，体现行政价值、经济价值和社会价值。同时也要体现科技创新政策的特殊性，体现其科学技术的内在价值。例如科学文化精神、科技伦理和风险等社会价值。

目前，中国科技创新政策评估大多采用"目标—执行—结果"框架，主要考察科技创新政策的行政价值。中国学者赵峰将科技创新政策评估分为三种框架，分别对应科技创新政策的三种价值，即行政价值、经济价值、社会价值。具体如下：

1. "目标—执行—效果"框架（Objective – Performance – Effectiveness Models，OPEM）。这是20世纪90年代中国逐渐采用的评价模式，也是最基本的科技评价框架。该框架应用公共政策的相关理论，侧重政策的执行过程和效果评估，适用于各类科技创新政策。评估指标主要围绕政策制定、政策执行、政策实施效果等来进行设计，突出了政策效果的价值导向性。

2. 经济框架（Economic Models，EM）。这是中国最早采用的科技创新政策评估框架。该框架主要侧重评估科技创新政策的经济效果，适用于产业政策和技术政策的评估。该框架主要根据产业经济学、技术经济学、计量经济学等，设计相应的经济指标和科技指标。

3. 利益相关者框架（Stakeholders Models，SM）。该框架侧重于从利益相关者的角度评价科技创新政策对利益相关者的影响。该框架适合各类科技创新政策，主要应用科技伦理、价值论、功能论、系统论等理论，进行相关利益方的指标设计，体现了科技创新政策的经济效益、环境效益和社会效益的结合。

综合来看，评估框架最重要的作用就是设计评估体系和评估指标。对于同一评估客体，不同的评估框架设计的评估体系可能大相径庭。同时，每一种评估框架都是不完美的，不能完全体现科技创新政策的完整价值，评估框架之间也存在交叉融合。当然，不同的评估框架由于价值导向不同，所需要的评估方法也不相同。

三　科技创新政策评估方法

科技创新政策评估方法是随着科技创新评估理论的发展而不断发展和完善的。科技创新政策评估方法不仅包括适用于一般政策评估的通用方法，也包括只适用于科技创新政策的特殊评估方法。目前，科技创新政策评估大多数是以定性分析为基础，以定量分析为手段，采用定性与定量相结合的方法[①]。

1. 定性分析法

定性分析法主要是通过理论分析，对科技创新政策制定过程和实施效果进行评价。这种方法对理论要求较强，需要具有一定的理论基础。比较常用的定性分析方法有理论分析法、对比分析法、案例研究法、专家访谈法。

理论分析法是运用经济学和社会学的理论，通过对政策制定过程进行全面的跟踪研究，分析政策实施的效果和影响。对比分析法是根据政策实施前后、政策实施不同地区进行对比分析，分析在政策实施前后一些指标的变化差异，找出实际效果与政策目标之间的差距，进而提出改进建议。案例研究法一般是选取典型案例进行研究，分析政策的实际影响情况，然后进行政策推广。专家访谈法是

---

① 肖士恩等：《科技创新政策评估的理论与方法初探》，《中国科技论坛》2003年第5期。

对权威专家进行访谈，综合访谈结果，得出研究结论，可以结合不同专家的意见，为政策研究从多个视角提供观点，从而使得出的结论更加权威可靠。

2. 定量分析法

定量分析法是运用数量方法来进行政策评估。在定量分析法中，运用比较多的是问卷调查法、统计分析法、数量模型法等。

问卷调查法是比较简单但又经常使用的政策评估方法，是指通过对科技创新政策制定过程和实施效果设计科学合理的调查问卷，并进行统计分析，得出评估结论。统计分析法是通过对政策制定过程中的各种数据进行统计分析，形成定量的结论，然后对政策效果进行评价。数量模型法是指通过设计科学合理的数学模型，来评估政策的实施效果，一般采用回归分析、成本收益分析、均衡分析、社会网络分析、系统分析等方法。

第 八 章

价值工程研究与应用

价值工程（Value Engineer，VE），又称价值分析（Value Analysis，VA），是综合利用科学的方法、技术和工具，对一项产品、工程或服务进行的以价值为指导、以功能分析为核心的系统分析和研究[1]。通常认为，价值工程理论来源于20世纪40年代美国通用电气公司设计工程师迈尔斯研究和选择原料替代品所采用的价值分析方法，后经美国海军采用并改称价值工程。作为一种典型技术经济分析方法，价值工程是要以更低成本提出解决问题的更佳方案，同时不降低其对客户的价值[2]。因此，价值工程的理念或价值分析方法很快受到各方重视，不仅众多企业迅速投入实践，众多高校也加入研究和推广，并向包括中国在内的世界各地广泛传播开来，也在中国产生了巨大影响和取得了显著成效。

---

[1] 汝信主编，黄长著、沈世鸣副主编：《社会科学新辞典》，重庆出版社1988年版。

[2] D. Miles, Lawrence, 1961, *Techniques of Value Analysis And Engineering*, New York: McGraw-Hill Book Company, p. 3.

第一节　价值工程研究和应用在中国的发展历程

学界多数认为，价值工程是在 20 世纪末开始从日本引入中国。根据篇名检索，从中国知网数据收录的价值工程相关文献也可以印证这一点（见图 8—1）。根据不同时期研究文献数量、企业实践以及价值工程对技术经济研究和社会影响，价值工程研究和应用大致可以分为如下三个时期。

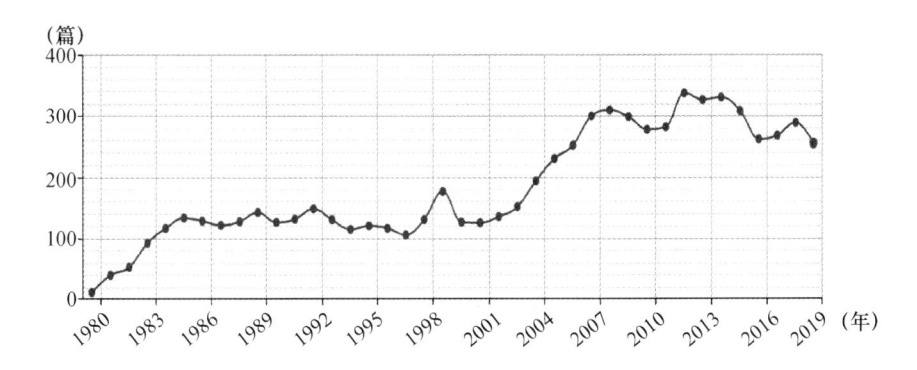

图 8—1　1978—2018 年价值工程研究相关文献数量

资料来源：笔者自中国知网数据检索而得。

一　价值工程的引进和消化期：20 世纪 70 年代末——1987 年

20 世纪 70 年代末，改革开放打开国门，国人开始接触国外各种先进管理思想，价值工程理论和分析方法被引进后，迅速在机械、冶金、轻工等诸多行业开始推广和应用，也引起理论界的重视，并推动国家于 1987 年颁布价值工程标准，这成为价值工程研究和应用的一个重要里程碑，标志着中国对价值工程的引进和消化开始被固化下来。

(一) 发展背景

1975 年，邓小平同志主持中央日常工作时，强调提出要把国民经济搞上去。1980 年 1 月 16 日，中央召集干部会议指出，要把经济建设当作中心[①]。从"以阶级斗争为纲"转向"以经济建设为中心"，当务之急是加强企业工作。在当时的计划经济体制下，企业产品质量不高、市场竞争力不强、经济效益不显著。因此，采用科学管理方法改善企业管理、提高企业成本效益比的需求强烈。当时主管经济的国家经委委托中国企业管理协会考察发达国家现代企业管理方法，复旦大学沈胜白和长春汽车研究所戴俊波等率先在国内介绍的价值工程分析法[②]得到认同和支持，价值工程正式开启在我国的研究和应用历程。

(二) 主要研究领域和代表性研究

1. 价值工程基本理论和方法

作为一个新学科被引入中国，研究基本上都是从基本理论的介绍开始，包括系统介绍价值工程理论的来龙去脉、价值工程国际实践，价值工程的概念理解[③]、内容和分析方法等。比较具有代表性的有，沈胜白和王公一等[④]较早在国内开始介绍价值工程，提出价值工程就是通过功能分析来控制产品成本，其主要内容就是要处理好价值（V）、功能（F）和成本（C）三者之间的关系[⑤]。由于改革开放伊始，当时占主导的经济研究仍然是受传统政治经济学中的价值影响，但一些学者也注意到价值工程中的成本和价值概念与剩余价值

[①] 奚洁人主编：《科学发展观百科辞典》，上海辞书出版社 2007 年版。
[②] 《我国价值工程发展记事》，《价值工程》1986 年第 1 期。
[③] 贾学程：《价值工程的基本概念问题》，《价值工程通讯》1983 年第 2 期。
[④] 沈胜白：《价值工程分析》，北京化工厂 1980 年版；王公一：《价值工程简介》，《经济问题》1980 年第 7 期；张琰：《价值工程原理简介》，《建筑经济》1980 年第 4 期。
[⑤] 史如海：《关于 V = F/C 的含义》，《价值工程通讯》1983 年第 2 期。

论中的成本和价值概念的区别①。另外，价值工程中的功能评价②问题也成为研究关注的一个热点。

在当时以理论引进为主的研究中，浙江大学马庆国教授除介绍国外价值工程分析方法③外，还通过介绍和比较研究最合适区域法（田中法）与价值指数直接分析法，指出最合适区域法的合理性和缺陷，提出了一个改进的基点双曲法④。

2. 价值工程的应用程序及其应用实践

引入价值工程理论的目的是为了应用。实施价值工程通常的程序是，首先要选择对象，一般要选择价值低的产品或零部件；其次是收集情报，收集相关资料以便提出改进方案；再次是功能分析，即了解对象所有功能并进行分解，再结合情报资料确定应达到的功能指标，去掉过剩功能，评定提出功能不变或功能提高但成本较低的合理化方案组合。最后是选定最优方案，即根据 V = F/C 共识，选定技术先进且经济效果最大的最优方案⑤。与此同时，随着价值工程在不同领域的应用，大量研究总结了价值工程应用经验和成本降低的成效。

综合来看，在这一时期，中国对价值工程的研究和应用主要是

---

① 李俭：《VE 中"价值"与政治经济学中"价值"辨析》，《价值工程》1986年第 4 期；徐剑波：《价值工程中的"价值"不同于政治经济学中的"价值"》，《价值工程》1986 年第 4 期；林海：《"价值"杂议》，《价值工程》1986 年第 4 期。

② 张立民：《关于价值工程中功能评价值问题的探讨》，《天津财经大学学报》1983 年第 2 期；赵国军：《价值工程的功能评分方法的探讨》，《管理现代化》1985 年第 3 期；项保华、王观潮：《影响功能评价的要素》，《管理工程学报》1986 年第 1 期。

③ 马庆国：《价值分析中的两个新方法》，《系统工程理论与实践》1982 年第 3 期；黄擎明、马庆国：《关于价值工程技术方法科学性的探讨》，《价值工程通讯》1982 年第 6 期。

④ 马庆国：《价值工程中成本—功能分析的一个新方法》，《浙江大学学报》1982 年第 1 期；马庆国：《价值工程中基本模式的局限性与基点方法的修正》，《系统工程理论与实践》1984 年第 4 期。

⑤ 李天明：《降低成本与价值分析》，《会计研究》1980 年第 4 期；李友竹：《广泛开展价值工程的刍议》，《技术经济》1983 年第 5 期。

集中在引进概念、理论和方法，探讨如何实施并分析总结实施经验。通过先进理论的引进和国内企业界的初步应用，价值工程引起了较为广泛的关注，并受到政策层面和企业的高度重视；但总体上中国价值工程应用范围相对较窄，对价值工程的研究仍处于起步阶段，并未形成系统严密的价值工程理论体系。这一时期价值工程在中国发展的成果主要体现在三个方面：一是学术界、企业界和政策层面广泛认可价值工程的重要性和应用推广价值，对价值工程的基本概念、术语、内涵和实施程序等达成共识，最终以《中华人民共和国国家标准：价值工程基本术语和一般工作程序》的形式发布。二是理论界对价值工程的分析方法和组织管理等的研究逐步深入，马庆国、韩荣等的研究即是典型代表。三是价值工程应用逐步推广，经验分析和总结取得了众多成果。与此同时，价值工程应用范围和领域也在不断扩大，逐步从早期的成本管理向产品设计，甚至是企业管理等领域拓展。

（三）主要学术活动

1980年10月，中国人民大学工业经济系第一次在高校中召开价值工程专题讨论会，表明价值工程正式引起高校重视。1981年5月，中国纺织企业协会管理现代化学组在国内率先成立价值工程专题组织，此后各种研究和推广价值工程的专业化组织纷纷成立。1982年10月，《价值工程通讯》创刊，后改名为《价值工程》（1984年2月），成为国内最早、最重要的价值工程理论研究阵地和研究出版平台。

1984年3月，中国技术经济研究会等组织召开全国首届VE/VM学术交流会。会议提出了建立价值工程术语标准、高校开设价值工程课程和国家行政部门支持价值工程推广和应用等建议，对推动价值工程在中国发展产生了重要影响和发挥了积极作用。在此推动下，1985年12月，中国标准化综合研究所组织在浙江大学召开讨论会，研究推动起草价值工程国家标准。1987年《中华人民共和国国家标准：价值工程基本术语和一般工作程序》正式发布，标志着价值工程正式为我国所接受。

（四）价值工程应用概况

价值工程被引入中国后，迅速得到纺织和机械等行业主管部门的应用支持。例如，1984年，第一机械工业部印发《关于积极推行价值工程的通知》，组织在行业内开展价值工程应用。国家经委下发《企业管理现代化座谈会纪要》，把价值工程列为推广的现代化管理方法和手段之一。各地也出台了很多政策支持价值工程应用。

在研究推动和国家相关部门支持下，价值工程在纺织、机械、化工、轻工、交通、建筑和农业等领域得到快速推广，也产生了较好的预期收益。据报道[①]，1981—1985年，浙江省机械系统有20多家企业应用价值工程，其中12家企业取得显著成效，经济效益达350万元。

（五）其他标志性事件

在价值工程引入中国的初期，离不开一些知名人士的推动。比较具有代表性的事件，如1984年，中国科学院学部委员钱伟长与其他八位知名教授联合发出倡议，呼吁深入开展价值工程理论研究和资讯服务，加强价值工程推广应用，为"翻两番"做贡献。

二 价值工程的活跃发展期：1988年—20世纪90年代中前期

（一）发展背景

价值工程被引入中国后，在一些企业的应用取得了较为显著的经济效益，因而受到国家宏观经济管理部门和部分行业主管部门的积极支持，进一步推动形成了较为活跃的价值工程应用。例如，1989年10月在上海召开的全国推广应用价值工程座谈会即由国家计委支持，由国家计委生产调度局和中国企业管理协会价值工程研究会联合组织。理论研究与实践应用互为促进，直到20世纪90年代中前期，价值工程理论研究始终比较活跃。据统计，1985—1989年

---

① 毛洁良：《浙江省机械系统推行价值工程见成效》，《价值工程》1986年第1期。

出版的价值工程图书占 1978—1998 年出版的价值工程图书的 50%，由此可见，20 世纪 80 年代中后期是一个明显的研究高潮[①]。

（二）主要研究领域和代表性研究

在应用推动下，理论界对价值工程的研究和认识日益深化。例如，从价值工程的基本原理出发，探讨了功能—成本曲线的区间变化和动态变化特征，以此更好地揭示价值工程活动的特点和规律[②]。价值工程的主要功能是对不同功能和成本组合及其运动趋势和方向进行定性和定量分析与比较，即评价功能，同时也具有决策功能[③]。在不同学科和不同语境下，价值和价值分析可以有不同理解[④]，应从技术经济学的角度理解价值工程中的价值，不应脱离特定时间、空间等外部环境[⑤]。有研究也意识到，在计划经济体制下，由于企业成本意识和对象产品成本范围较窄，应用价值工程应从商品生产的总过程来考虑降低生产成本[⑥]。相应地，对功能的理解也不应仅限于功能分析技术的理解，而应该更加开放[⑦]。价值工程的本质是功能—成本分析，韩国柱（1994）区分了其与传统费用—效能分析的关系和异同[⑧]。

与此同时，也有学者提出了价值工程学的概念，并尝试从马克

[①] 胡树华、张治河：《价值工程的创新本质与发展》，《价值工程》2000 年第 1 期。

[②] 傅毓维：《价值工程中功能—成本相关性原理探讨》，《哈尔滨工程大学学报》1995 年第 4 期。

[③] 胡宝民：《价值工程的功能和体系探讨》，《价值工程》1995 年第 2 期。

[④] 张书琛：《系统工程中的价值分析》，《人文杂志》1995 年第 3 期。

[⑤] 刘维忠：《价值特性浅析》，《价值工程》1998 年第 2 期。

[⑥] 汪锦才：《"价值工程"新论——实现产品型 VE 向商品型 VE 的转化》，《价值工程》1994 年第 6 期。

[⑦] 王国庆：《关于价值工程中"功能"的思考》，《暨南学报》（哲学社会科学版）1990 年第 2 期。

[⑧] 韩国柱：《价值工程与费用——效能分析》，《系统工程与电子技术》1994 年第 10 期。

思主义劳动价值论和创造论的角度构建价值工程学的学科理论体系[1]。尽管对价值工程的研究尚不足以支撑形成一个新的学科，但总体来看，中国对价值工程的研究范式和研究方法逐步成熟，初步形成了比较规范的价值工程基本理论体系和方法体系。

（三）主要学术活动

1988年5月，中国企业管理协会价值工程研究会在天津成立，《价值工程》杂志成为其会刊。此后，这两个平台始终是价值工程研究和应用最重要的两个载体。例如，对2012年3月前的文献检索和统计发现，《价值工程》期刊发文量占价值工程期刊论文总数的28.78%，是名副其实的价值工程研究主阵地。

另外，值得一提的是，1989年钱伟长为上海市价值工程协会成立发来贺信，明确指出价值工程是技术与经济相结合的管理学科。1989年11月，在国家计委支持下，中国企业管理协会价值工程研究会在上海召开全国推广应用价值工程座谈会，汪道涵受邀成为名誉会长。1990年，天津市成立价值工程研究会，推动出台《天津市推广应用价值工程条例》。1991年，经国务院企业管理指导委员会和国务院生产办公室批准，全国推广应用价值工程经验交流会在天津召开。1992年，中央电视台和中国科协等联合组织"价值工程电视讲座"。各地价值工程研究组织相继成立，知名学者、国家经济主管部门和新闻媒体的推动，都在这一时期为价值工程研究高潮形成发挥了重要作用。

与此同时，1992年5月，山东经济学院王乃静博士和浙江大学工商管理学院马庆国教授赴美国参加"美国价值工程师协会第32届

---

[1] 栾军：《价值工程学理论体系探讨（一）》，《上海交大科技》1990年第3期；栾军：《价值工程学理论体系探讨之———运用创造学原理进行方案创新》，《上海交大科技》1992年第1期；栾军：《价值工程学学科体系中几个理论问题的探讨》，《上海交通大学学报》（哲学社会科学版）1993年第2期；方识华、程桂荣：《关于价值工程建成国际性学术学科的思考》，载《价值工程》编辑部编《中国价值工程辉煌成就20年（1978—1998）》，煤炭工业出版社1998年版。

国际会议",这是中国代表第一次参加该类会议,标志着中国价值工程研究开始走出去。中国与日本等亚洲国家、内地(大陆)和港澳台的研究合作等也不断扩大。

三 价值工程的平稳发展期:20世纪90年代中期至今

(一)发展背景

从图8—1可以看出,20世纪90年代中期后,关于价值工程研究的文献数量呈减少趋势。学术界和企业界也有研究认为,由于经济运行机制的变化改变了原先发展VE/VM的推广模式,价值工程应用和研究运作环境相应发生变化。与此同时,企业管理水平低下,尚未理解和自觉适应价值工程应用。因此,从20世纪90年代中期后关于价值工程研究开始进入回落期或处于低谷的平稳调整期[①]。当然,学界也有研究从价值工程理论本身出发提出不同解释。例如,张彩江、孙东川认为,传统价值分析方法无法适应现代企业管理运营的复杂价值系统,导致价值工程思维与价值管理实际方法脱节。

事实上,从1988年开始,中国加快经济体制改革。尤其是从1993年开始,纺织部、机械工业部等行业管理部门逐步转制为经济实体和行业协会,直接调控和影响微观经济运行的行业管理部门大幅度减少。相应地,应用推广价值工程的行政支持彻底取消。与此同时,从20世纪90年代中期开始,民营企业大量涌现,而随着国有企业改革的加快,企业成本效益意识大大增强。在某种程度上,价值工程已逐步内化为企业自主行动。

学科研究的兴衰通常都会与理论拓展甚至是理论突破密切相关。由于价值工程本质上是典型应用性研究,在缺乏进一步重大理论创新的背景下,自然会导致价值工程应用和研究出现回落。当企业意

[①] 张彩江、李克华、徐咏梅:《对我国价值工程理论与实践的回顾和影响降低的深层原因分析》,《南开管理评论》2002年第1期;张彩江、王春生:《对20世纪90年代中期以后引起中国VE/VM应用回落的反思》,《价值工程》2007年第7期。

识到价值分析重要性时，价值工程的应用增加，自然也会推动价值工程研究发展。从图8—1可以看出，进入21世纪后，关于价值工程的研究文献出现了大幅度增长。一方面是高校扩招效应，开始催生大量价值工程研究文献，尤其是应用研究。例如，2018年关于价值工程研究的期刊文献为264篇，其中以理论研究为主的文献不足10篇。另一方面，也说明价值工程应用开始逐步得到企业界的认可，应用推动了研究文献的快速增加。因此，20世纪90年代中期后的价值工程研究是进入了平稳发展期，而非低潮或低谷。

（二）主要研究领域

综合文献来看，进入21世纪后，价值工程研究论文发文量不断增加，主要得益于两方面的原因。一是研究范围拓展，主要是随着各界对资源环境问题的日益重视，价值工程的研究对象从寿命周期扩展到全生命周期[1]，相应地，对功能和价值的理解也得到拓展。例如，传统的产品功能主要局限于使用功能，价值也主要是基于使用产生的经济价值，现在进一步拓展至生态功能和生态价值。二是引入新的研究方法，如层次分析法和模糊数学法等，下文将进一步分析讨论。

另外，从应用研究来看，与早期呈多样化发展不同，新时期价值工程的应用研究越来越集中在建筑工程[2]和工程项目管理领域，尤其是在建筑工程招标、造价、成本控制和工程管理等方面发展迅速。此外，价值工程在节能和能源管理等领域的研究也开始逐渐成为一个新兴热点。

综上所述，应用研究是中国价值工程研究的主要组成部分。这也反映出，一方面，价值工程具有典型应用性特征，应用是促进研

---

[1] 陈起俊、王艳艳：《工程项目全生命周期费用管理的探讨》，《工程设计与建设》2005年第2期；唐祥忠、王文静：《建设项目全生命周期工程造价管理价值工程的实施》，《经济师》2006年第1期。

[2] 杨通文、刘祖容：《建筑工程应用价值工程研究现状及展望》，《江西建材》2018年第6期。

究的重要推动力量。从文献数量和研究领域变化来看，未来的研究不仅需要进一步强化基本理论研究，包括对价值、成本、功能等核心概念的内涵进行解释等，也需要拓宽研究视野。唯有如此，价值工程研究才能焕发出时代的生命力。另一方面，价值工程研究离不开高等教育的人才培养，离不开专业学术组织的推动。但目前绝大多数高校并没有相关课程设置。即使是在当前最主要的应用领域——建筑行业中，多数管理者尚未知道价值工程[①]。20世纪80年代末至90年代中前期，各地成立的价值工程相关组织多数停止开展活动。这些都是未来价值工程研究需要警醒的地方。

第二节　价值工程分析理论与方法

一　价值工程的基本理论

（一）价值工程的基本思想和原理

简单地说，价值工程就是通过功能分析和成本费用结构分析，达到用最低总成本实现对象必要功能的目的。因此，价值分析实际上就是比较必要功能与实现该功能的成本的比值，用数学公式表示为价值（V）=功能（F）/成本（C）。由此可见，价值工程中的价值实际上是对象功能与成本的比较，并非对象使用价值或货币价值，而是一种效率或者经济效益衡量。

通过公式可以看出，提高价值通常有五种途径：（1）功能增加而成本降低；（2）功能不变但成本降低；（3）成本不变但功能增加；（4）成本和功能都增加，但功能增加幅度大于成本增加的幅度；（5）成本和功能都减少，但成本减少的幅度大于功能减少的幅度。由此可见，虽然功能分析是价值工程研究的核心，但必须将功能与

---

① 刘贵文、沈岐平：《价值工程在我国建筑业中发展现状的调查研究》，《价值工程》2001年第3期。

成本结合起来考虑。价值工程是在定性分析剔除多余功能的基础上，定量评价必要功能的价值，寻求功能与成本的最佳匹配方案，而非笼统地涵盖全部功能，也不是单纯地追求成本降低。

有研究[①]认为，上述关于价值工程基本理论的公式是一种静态分析，如将上式扩展为时间 t 的函数，进一步化简求解可以更好反映出功能函数 f（t）是成本的复合函数，也可以更好表明随时间变化，价值的提升既可以从必要功能或不必要功能着手，也可以从成本，或者是同时从功能和成本两个方面着手。

价值工程的思想较为简单，但其背后体现了丰富的基本经济原理[②]，例如，功能是用户需求的本质，也是企业提供产品的本质，产品是外在表象。成本（费用支出）是为了获得或实现功能，而所有功能都是以费用支出为代价的，价值实际上是单位成本支出产生的功能量。功能、经济背景和技术是决定成本的三个主要因素，功能固定或不变，在特定经济背景和技术条件下，存在最低费用。

（二）寿命周期理论

价值工程中对产品等对象功能和成本的分析都是基于对象在某一时间区间内的必要功能和成本。借用市场营销学的产品寿命周期理论（Product Life Cycle Theory），这一时间区间通常被认为是对象的寿命周期，涵盖对象从规划设计到生产，直到对象功能结束。例如，建筑工程的寿命周期从规划建设开始，一直延续到该建筑拆除不再使用。例如，在《中华人民共和国国家标准：价值工程基本术语和一般工作程序》中，寿命周期成本被界定为从对象的研究、形成到退出使用所需的全部费用。

在价值工程研究中，寿命周期理论的目的是要应用者注意到成本不仅限于生产制造，还应涵盖对象全寿命周期范围。同理，《中华

---

① 张彩江：《复杂价值工程理论与新方法应用》，科学出版社 2006 年版。
② 沈明：《价值工程原理与方法》，中国农业机械出版社 1984 年版；马庆国、马延路：《价值工程的理论与方法》，浙江人民出版社 1985 年版。

人民共和国国家标准：价值工程基本术语和一般工作程序》和中国建设工程造价协会等对成本的定义实际上都是指寿命周期成本。有一些研究区分狭义寿命周期成本和广义寿命周期成本，前者泛指生产者承担的从策划到开发、设计、制造等过程发生的成本，后者则在前者的基础上，还包括消费者承担的使用维护成本等[①]。

（三）成本和功能理论

成本是价值工程分析的基本概念和核心概念。田威提出，工程学界理解的成本是从生产者角度出发，价值工程中的成本实际上是从用户或使用者角度出发的费用概念，不仅包括生产者完成对象所支付的成本，还包括对象转移到使用者后产生的费用，如对象安装、使用、维修等全部费用[②]。如图8—2，在寿命周期内，由于使用成本曲线 C_2 呈递减趋势，生产成本曲线 C_1 最低点对应的总成本为 C'，其相应功能为 F'。价值功能将功能纳入优先考量，必要功能扩展导致生产成本 C_1 上升，但由于使用成本 C_2 下降，总成本最小化 C_{min} 应是优选的寿命周期总成本曲线最低点，而非生产成本曲线最低点。从经济效益的角度看，A 为 C' 与 C_{min} 之差，即价值工程应用产生的成本降低。也有研究认为，与一般生产理论中的成本最小化不同，价值分析中的最低费用点并非对象寿命周期费用曲线上的最低点，而应该是在选取合适的功能水平后，与其对应的众多方案中的费用最低点[③]。由于价值分析是遴选功能与全寿命周期费用的最佳匹配关系，成本分析就是以功能为对象进行的成本核算。离开功能选择，毫无疑问最低成本就失去了比较的前提。此外，对于复杂系统而言，对象总成本通常由与不同功能单元对应的成本加总而成，例如产品

---

① 张文泉：《寿命周期成本评价与全面价值集成管理》，《技术经济与管理研究》2011年第4期。

② 田威：《关于价值工程基本术语的探讨》，载《价值工程》编辑部编《中国价值工程辉煌成就20年（1978—1998）》，煤炭工业出版社1998年版。

③ 王飞：《关于价值工程的"最大价值"与"最低费用"》，《价值工程》2010年第29期。

成本是不同零部件成本的综合。由于并不是每个功能单元的成本都可以单独核算，最低成本通常可以选择对象总成本占对象所在系统总成本的最小比例。

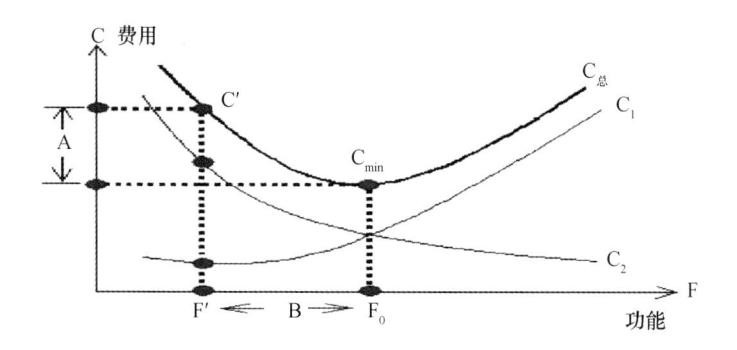

图8—2 寿命周期内价值工程中成本与功能的关系

资料来源：宋倩茹：《价值工程》，人民出版社1994年版。

功能分析评价是价值工程的核心。价值工程中的功能通常是从用户角度考虑对象的效能、用途或作用。按照不同维度或不同标准，功能可以分为多种类型，如按照必要性和重要程度，分为基本功能或核心功能和辅助功能，或者是必要功能和非必要功能；按功能性质分为使用功能和非使用功能；按功能实现顺序分为上位功能和下位功能等。功能分析就是在定性分析对象物质结构或系统结构的基础上，厘清其逻辑关系，了解对象能提供的功能及用户功能需求。通常是从对象最终目的或具体结构入手，建立功能系统图，确定必要功能，分析价值改善的功能领域和改善对象的等级，进一步进行定量评价。功能理论的重点和难点是如何确定功能值或功能系数的计算。代表性研究有，傅家骥提出功能域的概念，并指出根据功能重要度系数和功能实现难度系数分配功能域或末端功能值大小，且功能值分配系数主要取决于功能重要度系数和功能实现难度系数[①]。

---

① 傅家骥：《关于功能值确定方法的探讨》，《价值工程》1985年第1期。

二 价值工程主要分析方法

通常可以按照不同维度对价值工程分析方法进行分类。常见的分类方法包括按价值工程实施顺序分类和按学科研究方法分类。这里按价值工程实施顺序简述常用方法如下。

（一）对象选择方法

根据价值工程应用目的，最简单、最基本的是经验分析法，即根据经验和掌握的数据资料，分别从市场、产品、生产或技术等角度考虑选择分析对象。例如，从市场和产品角度，通常选择成本高、结构复杂、影响面广或竞争激烈的产品或工程。不过随着数量方法的引入，经验分析逐步被日趋复杂的数量方法所替代。李贵春将对象选择方法问题分为三种类型：项目角度的经验分析法、决策树法、百分点法，重点角度的 ABC 分类法和功能成本比较法，以及关键角度的价值系数法、最合适区域法（田中法）、基点法和动态不对称法等[1]。这里简单介绍两种实践中运用较多的方法。

1. ABC 分类法

ABC 分类法也被称为成本比重法或帕累托（Pareto）分析法，其核心思想是将对象按其构成的特征值大小进行排序，分别计算各类因素数目占总因素数目的累计百分比和对应计算特征数值占总计算特征数值的累计百分比，在此基础上将其分为三类：A 类因素是指特征值累计百分比在 70%—80% 区间的因素集合；B 类因素是特征值累计百分比在 10%—20% 区间的因素集合；C 类因素则是指特征值累计百分比在 10% 左右的因素集合[2]。

以价值分析对象是产品为例，选择产品零部件成本为特征值，

---

[1] 李贵春：《VE 研究对象选择的方法问题》，《价值工程》1998 年第 4 期。
[2] 该方法本身分为 ABC 三个层次。价值工程应用时通常把 A 类因素作为重点考虑，一般不考虑 B 类和 C 类，所以不太严格区分后两者；因为是计算累计值，C 类因素不可能精确到 10%，所以取 10% 左右。

排序后分别计算零部件数目百分比和累计成本百分比。在实践中，通常选取约10%的零部件，其成本占总成本70%的对象为A类因素；占总成本20%的零部件为B类因素；其余为C类因素。为了方便计算，还可以借助绘制ABC分类图来进行选择，横坐标为零部件数目累计百分比，纵坐标为零部件成本累计百分比，连接各点绘制ABC分类曲线，A类因素就是价值工程分析的对象（见图8—3）。

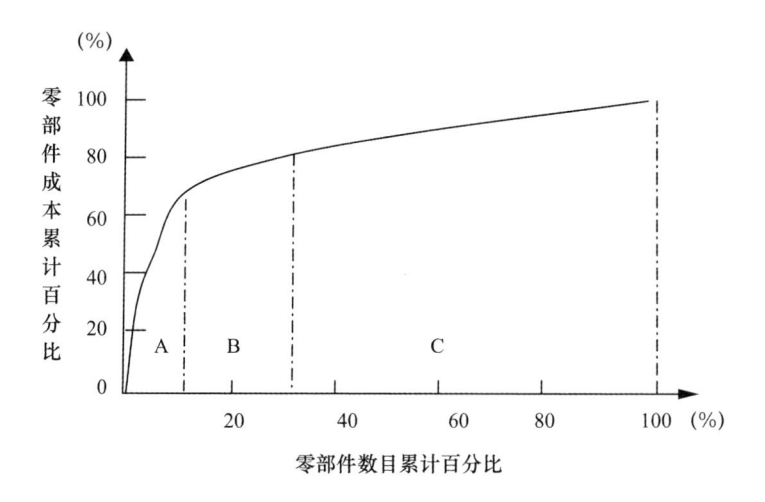

图8—3　ABC分类法应用示例

资料来源：笔者自制。

2. 最合适区域法（田中法）

日本东京大学田中教授提出的最合适区域法的基本原理是，成本系数和功能评价系数对产品价值具有重要影响，而非单纯考虑价值系数。选择价值工程对象时，既要考虑价值系数大于或者小于1的情况，也要分析成本系数和功能系数绝对值大小，将其绝对值大的对象作为价值工程应用对象。所谓的最合适区域，是指分别以成本系数和功能系数为横坐标和纵坐标绘制价值系数坐标时，X轴和Y轴间平分线为V=1的标准线，围绕该标准线包络线内的区域为最合适区域（见图8—4中虚线部分），价值工程实际上是应选择最合适区域之外的对象。

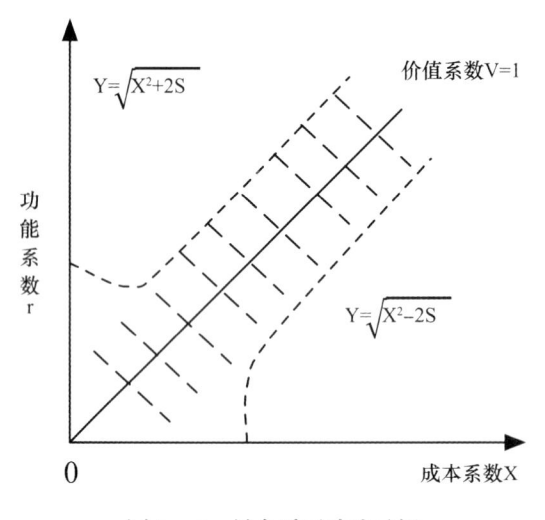

图8—4 最合适区域法示例

资料来源：马庆国、马延路：《价值工程的理论与方法》，浙江人民出版社1985年版。

（二）功能分析评价方法

功能分析是指从用户需要的角度定义对象的本质属性和最本质的功能，按照一定的逻辑体系，建立对象构成要素间的功能联系，以进一步明确对象必要功能和去掉不必要功能。功能分析最常用的方法是功能系统分析技术，即按照"目的—手段"的关系绘制功能系统图，如图8—5所示，从基本功能或一级功能F0开始，根据对象复杂程度依次将某一功能下具有并列关系的功能全部列出来。在二级以下功能中，上位功能与其下所有目的功能合称为功能区域。

通过功能系统图，整理去掉不必要功能后，可以很直观地体现对象的必要功能，以及不同功能之间相互独立或从属关系，以便对具体功能和功能区域进行功能价值的量化评价，确定功能改善目标和措施。简单地说，功能评价就是计算对象构成要素的功能价值（V），以便选择出功能价值小于1或大于1的功能领域作为改善对

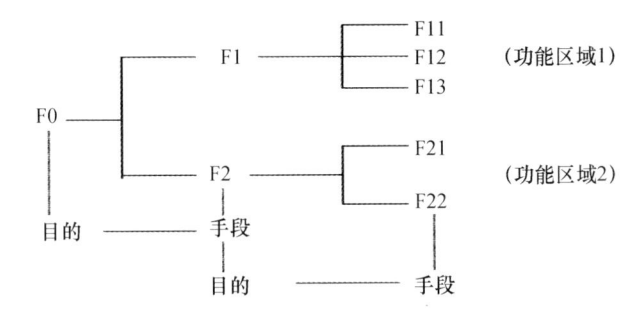

```
         ┌─── F1 ──┬── F11
         │         ├── F12   (功能区域1)
         │         └── F13
F0 ──────┤
         │         ┌── F21
         └─── F2 ──┤         (功能区域2)
                   └── F22
  │         │         │
 目的 ──── 手段        │
            │         │
           目的 ───── 手段
```

图 8—5　功能系统图模式

资料来源：参见吴添祖等《技术经济学》，清华大学出版社 2004 年版。

象。当 V 小于 1 时，通常意味着成本高于功能评价值，应降低该功能对应的成本，或提高其价值；而当 V 大于 1 时，则意味对象构成要素功能可能不合适，或功能不足导致成本低，需要强化功能。

功能评价也有多种方法，但基本公式都是一致的，即对象构成要素的功能价值（V）等于其功能评价值（F）与其功能成本（C）的比值。功能成本分为实际成本和目标成本，前者是实施价值工程前与某功能对应的费用支出，后者则是实施价值工程希望获得的成本。按功能与成本的表示方法，功能评价通常可分为绝对值法和相对值法。

绝对值法是将功能与成本都用绝对数表示，常见的有列表法、功能评价值法和分功能评价法等。功能评价值法使用相对较多，通常是先通过实际调查、理论计算或经验估算得出对象构成要素的实际成本，然后确定对象构成要素功能的最低成本，二者之差即为成本降低目标，由此计算出功能的价值系数。

相对值法是将功能和成本用相对数表示，如强制评分法、功能评价系数法、最合适区域法、多比例估算法等。例如，以常见的强制评分法为例，它是按功能评价系数对对象构成要素的功能重要性程度进行打分，要素两两对比，相对更重要的一方得 1 分，另一方得 0 分。某对象构成要素功能得分总和除以全部对象构成要素功能得分总和即为该对象构成要素的功能评价系数。由于强制评分法中只有（0，1）选择，无法严格区分对象构成要素的功能重要性，在此基础上又衍生出多比例评分法和环比评分法。前者是将（0，1）选择扩充为多个可选择比例。后者则是依次将相邻两个功能进行比较并赋予重要度比值，设最后被比较的对象构成要素功能重要度为1，再反过来修正其他对象构成要素功能重要度值，分别除以所有对象构成要素功能重要度值之和，即为不同对象构成要素功能的功能系数。

（三）价值分析和方案评价方法

在确定对象和对对象构成要素进行结构分析和功能评价后，需要对对象整体进行分析评估，制定整体价值工程方案。对对象整体的分析评估与对不同对象构成要素的分析评估都是基于"价值＝功能/成本"这一基本思想，因此前述对象选择和功能评价的很多方法同样适用。实际上，一般理解[①]，对对象整体的分析评估就是通过功能与成本的比较，用价值系数的形式分析功能与成本的匹配程度。在这里，价值系数（V）＝功能重要性的百分比/成本的百分比，或者价值系数（V）＝对象功能评价系数（F）/对象成本系数（C），其中对象功能评价系数＝对象功能评分总和/对象所在系统总分，对象成本系数＝对象现有成本/对象所在系统总成本。通常认为，价值系数等于或接近1时表示对象的功能与成本有较好匹配度，一般无须调整；价值系数大于1时，表明成本偏低，需要检查功能合理性，在功能必要前提下需要增加成本支出以提高必要功能；而价值系数小于1时，表明成本偏高或者是功能过剩，需要降低成本。

按价值工程的实施顺序，对象选择、功能分析和价值分析的目的都是制定价值工程方案，即围绕用户的功能需求，制定与功能对应的可选方案。方案制定的方法有头脑风暴法、德尔菲法、模糊目标法、问题列举法等。对可选方案的评价通常分为概略评价和详细

---

① 王之泰：《关于价值系数的探讨和质疑》，《经济与管理研究》1982年第12期。

评价两部分，具体包括技术评价、经济评价、社会评价以及综合评价四方面内容。概略评价侧重于定性分析和定性评价，详细评价侧重于定量分析和细致分析，目的都是分析评价方案的技术、经济和社会效果等，核心都是选择并确定价值最优的方案。

（四）国内学者对价值工程分析方法的改进和完善

由于价值工程可以广泛应用于诸多领域，且不同的方法各有优缺点，需要具体分析后选择合适的方法。例如，杨虹和万忠伦（2005）比较了主流确定权重方法，分析指出了各自适用范围；认为环比评分法适用于各个评价对象之间有明显的可比关系，强制评分法适用于评价对象功能重要程度之间的差异不太大，且评价对象子功能数目较少的情况[1]。这两种方法应用较为简单，但因其主观性较强，容易误导决策。层次分析法具有定性与定量相结合的优点，且能解决多目标决策分析和复杂结构的决策问题；多目标距离最大法适用于从缺乏明显优势的方案中选择理想方案。这两种方法都能较好地避免权重确定的主观随意性，但计算量较大。石永清和董培江（1980）认为，应用"0—1"强制打分法要满足被评价的功能是相对于同一上位功能，且对成本值有限定，即在 n 值确定的前提下，最高目标成本就一定，且 n 值越大，最大成本值在总成本中的占比就越小[2]。他们提出了改进的功能对比确定法、综合评价确定法和多因素模糊评价法。

综合来看，早期国内研究对价值工程分析方法的改进和完善主要体现在两个方面。

一是与最合适区域法相关的改进和替代方法研究。文献检索可以发现，1982—1990 年，国内关于最合适区域法的论文为 22 篇，涉

---

[1] 杨虹、万忠伦：《价值工程中确定功能权重的方法》，《西华大学学报》（自然科学版）2005 年第 24 期。

[2] 石永清、董培江：《价值分析功能评价方法的探讨——选择 VE 分析对象的新方法》，《技术经济》1986 年第 3 期。

及最合适区域法中的参数求解、计算机求解、方法探讨、方法改进和替代方法，其中关于最合适区域法探讨、改进和替代方法研究的文献为 15 篇。由此可见，中国学者在介绍最合适区域法及其应用[①]时，也提出了很多批评和改进意见[②]。比较具有代表性的改进方法为孙启霞（1983）提出的"动态不对称法"[③]。具有代表性的替代方法有陈圻（1990）提出的"期望收益系数法"[④] 和马庆国（1982）提出的"基点法"[⑤]，后者更成为我国学者对价值工程理论和方法研究的一个代表性贡献。多数研究认为，最合适区域法仅是一种静态分析，分析工作量大，尤其是常数值计算和应用困难；双曲线相交于无穷远处，与实际情况不符。此外，最合适区域的划定要求符合成本比重越小的评价对象，控制越可放宽，但在现实中很可能出现一种情况，即其他零部件功能与成本比较更加不合理，导致把某种零部件功能与成本搭配相对不合理的方案推到了最合适区域中。

二是功能系数或价值系数计算方法相关研究。价值系数计算是价值工程应用中功能评价的核心，也是方案评价的基础，但由于价值工程应用领域广、对象差异大，再加上功能系数是价值系数计算的难点

---

① 陈正中：《关于最合适区域法中 S 值的探讨》，《价值工程》1985 年第 3 期；谢科范：《最合适区域法曲线方程的简单推导法及其常数 K 的求法》，《价值工程》1986 年第 3 期；吕梦江：《对如何确定最合适区域方程参数的探讨——价值工程方法研究》，《技术经济》1985 年第 10 期；刘先涛：《最合适区域法的计算求解方法》，《价值工程》1987 年第 6 期。

② 孙启霞：《对"最合适区域法"的改进设想——"动态不对称法"》，《价值工程通讯》1983 年第 4 期；韩德宗：《对最合适区域法的改进意见》，《工业技术经济》1987 年第 4 期；王俊峰：《田中最合适区域法之改进》，《价值工程》1993 年第 3 期。

③ 孙启霞：《对"最合适区域法"的改进设想——"动态不对称法"》，《价值工程通讯》1983 年第 8 期。

④ 陈圻：《"田中法"的错误及其替代方法——"期望收益系数法"》，《数量经济技术经济研究》1990 年第 7 期。

⑤ 马庆国：《价值工程中成本—功能分析的一个新方法》，《浙江大学学报》（工学版）1982 年第 1 期。

和关键,因此功能系数或价值系数计算及其应用始终是一大研究热点[1]。冯国林(1987、1988)分析了有明确目标成本和无明确目标成本两种情况下的价值系数的分析方法,对于后者,可用重点剔除分析法克服其理论缺陷和弥补实践中的不足[2]。徐延光(1995)探讨了分别用功能金额和指数表示时价值系数计算产生误差的消除方法[3]。王之泰(1982)发现,对于传统上认为 V 大于 1 时应提高成本或去除过剩功能的认识,对于平衡系统是可行的,但对于不平衡系统,不应简单根据 V 取值与 1 的关系选择对象[4]。陈圻和李崇孝(1997)提出了"自然量度"量化、主观性评分量化和"等效主参数法"量化三种适应不同对象的功能量化评估方法及其标准化处理方法[5]。张根保等(2010)认为,由于产品属性不同,传统产品价值系数计算具有片面性,据此提出七类不同属性的功能系数计算方法[6]。还有其他一些研究,限于篇幅,这里不做进一步的讨论和介绍。

三 价值工程理论和方法的拓展与发展趋势

(一)理论研究的延伸拓展和发展趋势

随着不同学科研究的相互影响和交叉融合,近年来价值工程理

---

[1] 罗月明:《功能评价系数计算方法的改进》,《数量经济技术经济研究》1987年第11期;吕梦江:《对"最合适区域"法中价值系数的探讨》,《技术经济》1984年第10期;冯国林:《价值系数——重点剔除分析的方法》,《价值工程》1988年第1期;陈宝定:《功能、成本评价中的两种计算方法——"固定价值法"与"功能、费用双比重法"》,《价值工程》1987年第1期。

[2] 冯国林:《价值系数——重点剔除分析法探讨》,《价值工程》1987年第1期;冯国林:《价值系数——重点剔除分析的方法》,《价值工程》1988年第1期。

[3] 徐延光:《对消除价值系数计算偏差的探讨》,《经济与管理》1995年第6期。

[4] 王之泰:《关于价值系数的探讨和质疑》,《经济与管理研究》1982年第6期。

[5] 陈圻、李崇孝:《功能定量标准化分析评价系统》,《价值工程》1997年第3期。

[6] 张根保、张湘雄、游懿:《基于属性的价值系数计算研究与应用》,《科技管理研究》2010年第1期。

论研究的范围也在不断拓展，主要体现在以下三个方面。

1. 全生命周期理论的引入

传统的寿命周期是以产品等对使用者失去使用功能作为寿命周期的终结。生产者责任延伸制理论认为，生产者应对包括产品废弃后回收、循环利用和最终处置在内的全生命周期负责。显然，随着科技进步和认识的不断提高，价值分析对象的寿命周期是变化的。例如，过去电器产品的寿命周期截至电器使用寿命结束，成本主要是研发设计、生产、销售和售后服务等。由于各国开始实行生产者责任延伸制度，生产商需要承担电器产品废弃后的回收和处理等责任，因而电器的寿命周期成本自然延伸到废弃回收和处理等环节。因为寿命周期的变化，对象功能设计和成本分析都需要做出相应调整，以便于涵盖电器的全生命周期。文献检索也可以发现，2002年后以价值工程为主题的研究文献中，寿命周期相关研究日渐增多（见图8—6），其中关于全生命周期的研究文献大约占26.23%。

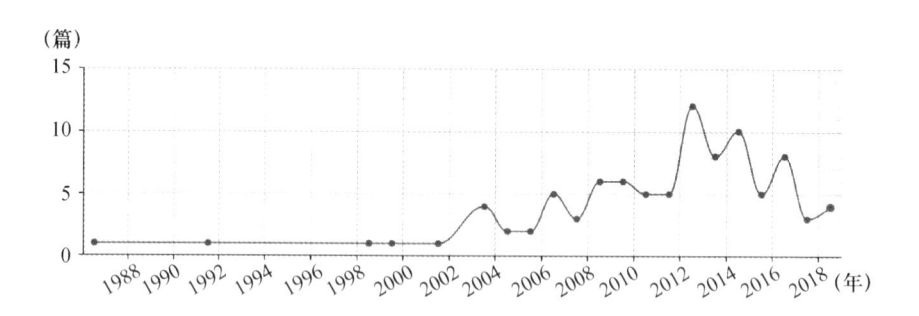

图8—6 寿命周期理论相关研究文献发文量变化

资料来源：笔者自中国知网数据检索而得。

2. 对象价值的丰富和拓展

在价值工程研究中，关于价值的传统理解都是指使用者或消费者角度的使用价值。近年来随着对价值理解的日益泛化，价值工程中价值的外延也开始不断扩大。例如，随着公众环保意识的不断提升，产品和公共工程的生态价值开始被纳入分析视野。房春生等

(2002)较早提出,水利工程评价应从全局观点建立反映其生态价值的评价指标体系[①]。近年来类似的研究逐渐增多,虽然学界对生态价值有多重理解,但相当一部分研究仍值得价值工程研究借鉴,尤其是与传统功能分析差异较大的生态价值核算和评估,应当引起更多的研究关注。

3. 价值工程理论研究走向价值管理

21世纪以来,价值工程理论研究开始呈现出一些新的发展趋势。例如,价值工程与价值管理相结合,价值工程应用从最开始的降低成本,到产品成本管理和工程造价管理,进一步走向全面的价值管理,价值工程成为实现价值管理的基础。例如,方琢和刘晓明(2001)研究了价值链与价值分析的关系,提出了一种以功能成本量化分析推行价值管理的新方法[②]。牛季收和何平(2007)证实价值工程能有效促进工程施工项目成本管理[③]。很多研究明确指出,价值管理是未来价值工程的发展方向,价值管理的含义、研究内容和研究范围相较于价值工程都有了大幅拓宽,能更好地适应时代进步和科技发展[④]。此外,价值工程与项目管理、工程管理、可持续发展等领域的交叉和融合研究也受到越来越多研究者关注。

(二)研究方法拓展趋势

从文献来看,价值工程的研究方法也在不断拓展,主要体现在

[①] 房春生、王菊、李伟峰、于连生:《水利工程生态价值评价指标体系研究》,《环境科学动态》2002年第2期。

[②] 方琢、刘晓明:《基于价值链基础的价值分析与价值管理初探》,《价值工程》2001年第4期。

[③] 牛季收、何平:《价值工程在施工项目成本管理中的应用》,《建筑经济》2007年第2期。

[④] 孙继德、沈继红:《建设项目的价值工程与价值管理》,《同济大学学报》(自然科学版)2001年第5期;张文泉、李涛、苏建军:《价值工程发展方向——价值管理》,《价值工程》2004年第9期;王乃静:《现代制造业中的全面价值管理》,《管理评论》2005年第1期。

两个方面：一是数学方法的运用。例如，模糊数学[①]和基于数学的神经网络等新型决策模型被用于价值工程研究，尤其是浙江大学神经管理实验室开创性的神经价值分析和神经功能评价方法，被认为是我国对价值管理基本方法的重大创新[②]。二是计算机技术的引入。价值工程应用涉及大量复杂计算，且价值工程和软件工程在方法论上具有一致性[③]，在技术手段上具有相似性和互补性，这为计算机技术的引入提供了契机。因此，早在1987年，已有研究利用计算机编写BASIC程序用于求解最合适区域的价值系数[④]。近年来随着计算机的普及和计算力的提高，计算机技术更是被广泛应用于价值工程的各个环节[⑤]，如造价管理、功能分析等。特别是价值工程应用与建筑信息模型（BIM）技术结合，已成为建筑工程项目管理的重要发展方向。

第三节 价值工程应用典型案例分析

价值工程的思想和原理较简单，关键在于应用。这里以沈阳水

---

① 刘宇：《确定功能重要性系数的隶属函数法——模糊数学在价值工程中的应用》，《价值工程》1990年第6期；安玉华、杨海龙：《基于价值工程及模糊数学理论的绿色建筑投资决策研究》，《吉林建筑大学学报》2015年第6期。

② 卢晨等：《价值方法的创新——2012年价值管理国际会议（IVMC2012）》，《价值工程》2013年第9期。

③ 陈浩：《价值工程与软件工程方法论比较研究》，《价值工程》2005年第3期。

④ 华冠联：《最合适区域法Basic程序及应用》，《价值工程》1987年第4期。

⑤ 陈洁：《计算机辅助价值工程（CAVE）的研析》，《价值工程》2005年第12期；陶永宏、朱瑾：《价值工程思想在股票投资决策中的应用及其计算机处理》，《江苏科技大学学报》（自然科学版）1997年第1期；江雨、姚丽芳、关冰、何浚宏：《利用excel软件预测价值工程——基于3L的工程管理前期策划》，《江西建材》2018年第12期。

泵厂深井泵开发过程中开展价值工程为例①,简单说明价值工程的程序及其应用。

一 确定价值工程工作对象

沈阳水泵厂根据对企业深井泵实际生产情况的调查,结合价值工程对象选择一般要求,最终选择消耗钢材多、制造成本较高、产品市场相对成熟的四种产品 12J160、10J80、8J35 和 8J20 作为价值分析对象。在此基础上,选择产量最多、件大、体重和工艺方法较为陈旧的 12J160 作为价值分析的代表型产品。经分析,该产品共有 57 种、764 个零部件,采用 ABC 分类法对零部件分类(见表 8—1)。由此可以看出,A 和 B 两类共 21 种零部件是影响成本的重要因素。

表 8—1　　　　　　　　零部件分类占成本比重表

零部件成本(元)	类别	数量 种类	数量 件数	数量 比重(%)	成本(元)	比重(%)
>20	A	14	65	8.5	4718	74.8
5—20	B	7	95	12.4	948	15.0
<5	C	36	604	79.1	644	10.2
合计		57	764	100.0	6310	100.0

为进一步明确影响总成本的具体零部件,工厂请 10 名有经验的技术人员和工人采用强制打分法对这 21 种零部件进行功能评价,按"功能评价系数 = 零部件平均分数/总分数"计算每种零部件的功能评价系数;按"成本系数 = 零部件现实成本/总成本"计算其成本系数,最后按"价值系数 = 功能评价系数/成本系数"计算其价值系数,结果见表 8—2。

---

① 王雨忠、单永恒:《价值工程在深井泵上的应用》(上、下),《价值工程》1985 年第 3—4 期。

表8—2 不同零部件功能评价系数和成本系数一览

序号	零部件名称	功能评价系数（1）	现实成本中的比重（2）	成本系数（3）	价值系数（4）	将现实成本降低22%为目标，成本按（1）分配（5）	降低成本指标（6）=（2）-（5）
1	水泵轴	0.0881		0.0111	7.9		-326.3
2	叶轮	0.0890		0.0287	3.1		-230.8
3	下壳	0.0452		0.0116	3.9		-133.7
4	中壳	0.0791		0.0648	1.2		-18.0
5	上壳	0.0614		0.0162	3.8		-179.8
6	扬水管	0.0771		0.4636	0.2		2286.3
7	短管	0.0452		0.0069	6.6		-160.5
8	传动轴	0.0814	材料费占80.2%	0.1364	0.6		413.1
9	电机轴	0.0757		0.0088	8.6		-284.5
10	泵座	0.0610		0.0439	1.3	（略）	7.2
11	出水管	0.0329	加工费占12.4%	0.0071	4.7		-105.4
12	出口短管	0.0210		0.0075	2.8		-50.5
13	过滤板	0.0120		0.0049	2.6		-29.3
14	调整螺母	0.0357	企管费占7.4%	0.0027	13.2		-142.5
15	锥形套	0.0476		0.0065	7.3		-173.6
16	联轴器	0.0424		0.0229	1.9		-57.8
17	轴承体	0.0438		0.0374	1.2		18.4
18	法兰盘	0.0243		0.0907	0.3		406.6
19	夹板	0.0162		0.0189	0.9		35.6
20	冲筒	0.0138		0.0023	6.3		-48.1
21	曲柄扳子	0.0062		0.0021	3.0		-15.4
	合计	1.0000		1.0000			1247.0

通过分析可以发现，由于材料费和加工费占比分别高达80.2%和12.4%，应作为价值工程分析对象选择的重点。扬水管、传动轴、法兰盘和夹板4种零部件价值系数小于1，表明其现实功能相比成本偏高，是价值工程分析重点对象。其他零部件价值系数大于1，说明成本偏低，暂不考虑。进一步把21种零部件按其功能评价系数和成本系数标在最合适区域图上，可以发现只有扬水管、传动轴、法兰盘和夹板4种零部件落在曲线右下方，也证实它们是对产品价值影响较大的重点零部件。

二 功能分析

按基本功能、辅助功能和美学功能3类，对上述21种零件进行功能定义，见表8—3。根据功能之间的目的—手段关系，绘制功能系统图（图略）。可以发现，有些功能过剩，如扬水管的坯料要求。采用5毫米皮厚管完全可以满足功能要求，且原材料和成本可以降低1/6。有些功能则是多余的，如传动轴额外要求表面抛光和机械性能检验。

表8—3　　　　　　　零部件功能定义一览

序号	零部件名称	基本功能	辅助功能	美学功能
1	水泵轴	传递扭矩	连接各件	
2	叶轮	吸水升压	保持平衡	
3	下壳	导流承压	耐冲刷	表面涂漆
4	中壳	导流承压	耐冲刷	表面涂漆
5	上壳	导流承压	耐冲刷	表面涂漆
6	扬水管	输水承压	承受拉力	表面涂漆
7	短管	输水承压	承受拉力	表面涂漆
8	传动轴	传递扭矩	轴颈耐磨	
9	电机轴	传递动力	调整串量	
10	泵座	支撑电机	连接整机	表面涂漆
11	出水管	扩散减速		表面涂漆

续表

序号	零部件名称	基本功能	辅助功能	美学功能
12	出口短管	导水排放		表面涂漆
13	过滤板	过滤杂物	稳定水流	
14	调整螺母	调整串量	确定间隙	
15	锥形套	固定叶轮	具有弹性	
16	联轴器	连接传轴	抗拉力	
17	轴承体	支承胶套	固定中心	表面涂漆
18	法兰盘	连接管子	承受拉力	表面涂漆
19	夹板	紧固管子	便于起吊	表面涂漆
20	冲筒	拆装叶轮	提供冲力	烤蓝
21	曲柄扳子	拆装零件	承受扭矩	表面涂漆

在上述功能定义和功能整理基础上，对 21 种零部件进行功能评价。首先采用 F.D 法求出各零部件的功能评价系数，再根据总体成本目标找出相应功能的最低费用及目标成本，改善期待值即降低成本指标，为现实成本与目标成本之差。

根据资料分析和功能评价，将扬水管由无缝管改为高频焊管，同时把传动轴表面抛光和机械性能检验取消，可以降低现实成本 18%，其他材质改进和工艺改进，可降低成本 4%，预计总成本可降低 22%。按照目标成本 = 现实成本 × (1 - 降低率) 计算，把总目标成本分摊到每种零部件上，降低成本指标为 1247 元（见表 8—2）。

三 制定改进方案和效果评价

结合头脑风暴法和专家法，提出深井泵产品和零部件改进方案。共获得 80 多个方案，经整理后剩下 30 个方案，再做进一步的方案评价，主要从功能满足度、技术可行性以及成本降低程度和能否实现目标等角度进行评价。

以传动轴改进方案为例，采用"优缺点列举法"对三个方案进行对比评价（见表8—4），发现虽然方案二成本最低且功能最好，但由于新购买机床设备困难，暂时放弃，因而选用方案三。对扬水管坯料选择也采用类似方法确定最佳方案。

表8—4　　　　　　　　　传动轴材质方案评价

方案	材质	硬度(HB)	设备来源	短尺料损失(元/吨)	增加退火费(元/吨)	坯才成本(元/吨)	方案评价
一	35	229	已有	55	0	989	功能好，成本高
二	45	241	新购	无	0	934	功能最好，成本最低
三	45	207	已有	无	27	961	功能好，成本较低

利用类似方法，对其他零部件改进方案逐一进行评价，选定改进措施，即在满足功能的前提下，明确改进方向、范围和措施。在此过程中，价值系数小于1的零部件是重点分析对象，但也要分析价值系数大于1的零部件，需要再观察是否可以在保证满足功能要求的前提下从设计、工艺上有效降低成本。

根据功能评价制定的改进方案，可以简单计算价值工程实施的经济效果。同样以传动轴改进为例，取消传动轴表面抛光和材质机械性能检验要求，可降低材料费25%，按全年生产传动轴1274吨计算，可节约17万元；采用标准定尺订货，可提高材料利用率4%，全年节省原材料51吨，节约4.08万元；采用无心磨床替代外元磨床磨削轴径，每根轴减少磨削加工5分钟，全年节约工时5367小时，合计1.88万元。综合计算，采用改进方案生产12J160深井泵，可降低成本1543元，成本降低率为27.2%，超过确定目标成本降低率22%，表明实施价值工程可以达到目标，取得较好的经济效果。

第九章

创业研究

第一节 中国创业研究历程

新中国成立70年不断创造伟大奇迹的发展史就是一部波澜壮阔的创业史。在中国从计划经济走向社会主义市场经济的过程中，随着社会、经济、科技和政策环境的不断变迁，中国经历了四波创业浪潮，目前正处于第五波创业浪潮之中。在此过程中，创业研究吸引了越来越多的学者关注。一般而言，可以将创业活动分为两大类，一类是基于商业目的的创业活动，另一类是公益创业和社会创业。当前，中国的创业研究主要是基于商业目的的创业活动研究。实践是理论之源，相应于五次创业浪潮，中国创业研究历程也可划分为五个阶段：1949—1978年的计划经济创业研究阶段，1978—1992年的草根为主创业研究阶段，1992—2000年的精英为主创业研究阶段，2000—2014年的互联网创业研究阶段，2014年至今的大众创业研究阶段。不同的创业阶段有着不同的时代背景，拥有不同的创业特征，学界也对之展开了相应的研究。

一 计划经济创业研究阶段：1949—1978年

新中国成立初期到改革开放之前，中国处于计划经济时代，当时强调发展社会主义公有制经济，对非公有制经济采取逐步取消的态度。1978年,国民生产总值中非公有制经济仅占1%;工业总产值中非公有制经济占比为0;社会商品零售总额中个体商业和农民零售业仅占2.1%[1]。

新中国成立之初百废待兴,基于当时的情况,计划经济和公有制为集中特征的创业活动较多,创业的主题为"建设社会主义新中国"。在中国知网以"创业"为篇名检索发现,此阶段创业研究论文较少,仅有78篇,年均发文量不足3篇,主要聚焦于国民经济通过艰苦创业实现从无到有的历程简介和经验总结,尤其体现在对"大寨精神"和"大庆精神"的宣传和提炼方面,比如"农业学大寨"实现农业机械化[2],"工业学大庆"实现工业化[3](见表9—1)。可见,此阶段的创业活动以扎实苦干、宣传号召为主,学界在创业理论研究方面几乎为空白,主要集中于对创业历程、创业经验、"大寨精神"和"大庆精神"的研究,且研究方法以经验总结等定性分析为主。当然,这与当时的学术研究不够活跃也有很大关系。

表9—1　　　　　计划经济创业阶段的创业研究概况

研究论文（篇）	年均发文量（篇）	研究方法	研究主题
78	<3	定性分析	创业历程、创业经验、"大寨精神""大庆精神"

资料来源:笔者自制。

二　草根为主创业研究阶段:1978—1992年

改革开放后,随着个体经济和私营经济在政治上尤其是在法律

---

[1] 高尚全:《中国的所有制结构与经济体制改革》,《中国社会科学》1998年第1期。
[2] 郑思世:《用大寨精神实现农业机械化》,《北京师范大学学报》(社会科学版)1975年第6期。
[3] 中共南京凤凰山铁矿委员会:《靠大庆精神创业,加快新矿山建设》,《金属矿山》1978年第1期。

上合法地位的先后确立，以及鼓励个体经济和私营经济发展政策的相继出台，中国缓慢进入了逐渐认可"个体经济"和"私营经济"的创业时代。这一阶段，成千上万的农民离开土地，踊跃务工、经商，经营运输、建筑、服务等行业，逐渐形成以能人经商、城市边缘人群和农民创办乡镇企业、城镇个体户和私营企业得以发展为特征的"草根为主创业"浪潮。

在草根为主创业阶段，学界的创业研究有所增加。在中国知网以"创业"为篇名检索发现，此阶段创业研究论文达653篇，年均发文量47篇，其中核心期刊论文52篇，主要聚焦于个体户[①]、私营经济[②]和乡镇企业[③]的研究（见表9—2）。此阶段，一些学者对"草根创业"的行为特征、现状问题、政策建议等进行了分析。但相应的创业理论研究十分欠缺，主要以创业经验[④]和创业精神[⑤]等创业者特质研究为主，且研究方法仍主要以经验总结等定性分析为主。

表9—2　　　　　　草根为主创业阶段的创业研究概况

研究论文（篇）	年均发文量（篇）	研究方法	研究主题
653	47	定性分析	创业经验、创业精神、创业者特质、乡镇企业、个体户

资料来源：笔者自制。

---

① 时宪民：《北京市个体户的发展历程及类别分化》，《中国社会科学》1992年第5期。

② 龚诗庆：《浅析中国现阶段私营企业的几个特点》，《理论与改革》1992年第4期。

③ 卢新生：《乡镇企业的行为特征及宏观调控政策研究》，《人文杂志》1992年第6期。

④ 赵北望、杨仑：《艰苦创业　开拓奋进——北方车辆研究所30年》，《科学学与科学技术管理》1989年第11期。

⑤ 肖灼基：《中国科技企业家的创业精神——北京中关村电子一条街企业家的成长》，《中国工业经济》1989年第3期。

三 精英为主创业研究阶段：1992—2000 年

1992 年邓小平"南方谈话"之后，中国加快了社会主义市场经济建设进程。此后，非公有制经济从"必要补充"变成了"重要组成部分"，其地位得到了进一步确立和巩固。这从根本上打破了人们的思想禁锢，激发了人们跳出体制投身社会主义市场经济建设的热情。在此背景下，不少体制内的精英人群（科技人员和机关干部）下海经商，开创了中国以精英创业为主要特征的创业浪潮。

与前两个阶段相比，该阶段学界的创业研究成果呈现快速增长态势。在中国知网以"创业"为篇名检索发现，此阶段创业研究论文达5709篇，年均发文量714篇，其中核心期刊论文1259篇，主要聚焦于创业投资[1]、二次创业、企业家精神、创业过程等领域研究（见表9—3）。其中，在创业投资研究方面，主要关注风险控制[2]、投资模式[3]、体制机制建设[4]、政府作用[5]、国外经验借鉴[6]等。此外，针对一次创业存在的问题，民营企业提出了"二次创业"概念，一些研究对此进行了深入分析[7]。还有不少研究聚焦于高技术产业发展研究[8]。此阶段的研究方法以定性分析和简单的统计分析为主。值

---

[1] 沈沛：《创业投资事业的发展与现代投资银行的作用》，《经济研究》2000年第12期。

[2] 司春林、王善造：《创业投资过程的风险控制》，《研究与发展管理》2000年第5期。

[3] 创业（风险）资本研究课题组：《中国创业投资发展模式选择》，《中国工业经济》1999年第12期。

[4] 刘健钧：《正确认识创业资本，努力推进创业投资体制建设》，《管理世界》1999年第4期。

[5] 黄宪等：《政府对创业投资的扶植分析》，《中国软科学》2000年第2期。

[6] 张小蒂：《美国创业投资业成功运作的主要因素及启示》，《金融研究》1999年第9期。

[7] 刘芳震：《浅谈乡镇企业二次创业的困难、问题及对策》，《中国农村经济》1999年第5期；王如富、陈劲：《民营企业二次创业初探》，《中国软科学》1999年第6期。

[8] 肖汉平：《风险投资、创业基金与高科技产业发展》，《经济科学》1998年第4期。

得指出的是，此阶段国家社科基金和国家自科基金都资助了创业研究项目，其中国家社科基金立项5项（含重点项目1项），国家自科基金立项1项，这些国家基金项目也主要聚焦于企业家精神、二次创业和创业投资等领域研究（见表9—4）。

表9—3　　　　　精英为主创业阶段的创业研究概况

研究文献（篇）	年均发文量（篇）	国家社科基金立项数（项）	国家自科基金立项数（项）	研究方法	研究主题
5709	714	5（含重点1项）	1	定性分析、统计分析	企业家精神、二次创业、创业投资、高科技产业、创业过程

资料来源：笔者自制。

表9—4　　　精英为主创业阶段国家基金立项资助创业研究一览

立项年份	数量（项）	项目名称	资助来源
1994年	1	新时期创业精神研究	国家社科基金
1996年	1	个体私营经济第二次创业方向研究	国家社科基金（重点）
1997年	1	经济特区二次创业研究	国家社科基金
1998年	1	调整和优化经济结构问题研究：中国乡镇企业二次创业的理性思维	国家社科基金
1999年	1	内地中小高新技术企业在香港创业板市场筹资的竞争力与对策研究	国家社科基金
2000年	1	中国高科技产业的创业与企业家机制	国家自科基金

资料来源：笔者自制。

四 互联网创业研究阶段：2000—2014 年

如果说经济体制改革让中国人民解决了生存发展问题，那么科学技术发展深刻改变着中国人民的生产及生活方式。2001 年中国加入 WTO 后，伴随着互联网技术、风险投资的发展，以互联网技术发展和应用为特征的创业掀起了中国又一波创业浪潮。这期间，百度、阿里巴巴、新浪、搜狐、腾讯、网易、京东等企业成立并成长，深刻地影响着中国的经济结构和人们的生活方式。

在互联网创业阶段，创业研究在中国得到了蓬勃发展，创业研究文献数量持续增加。在中国知网以"创业"为篇名检索发现，此阶段创业研究论文达 49385 篇，年均发文量 3528 篇，其中核心期刊论文 8565 篇（见表 9—5）。在创业理论方面，学界不仅吸收借鉴国外的创业理论，也不断探索和构建基于中国情境的创业研究框架。创业研究方法论不断推陈出新，逐步从以概念探讨、经验总结为主的定性分析转向计量检验、实证分析为主的定量分析。在分析层次方面，不仅关注个体和企业微观层面的创业，还涉及产业中观层面以及区域、国家、社会宏观层面的创业。值得一提的是，2001 年中国正式成为全球创业研究协会的成员，参与了全球创业观察项目（GEM）。清华大学中国创业研究中心自 2002 年开始以全球视角研究中国创业问题，目前已连续多年发布关注中国创业态势、创业环境和创业政策等内容的 GEM 中国报告。在研究主题方面，随着创业研究体系的探索性构建，研究主题不断丰富，主要聚焦于创业教育、创业机会、创业环境、创业绩效、创业能力、创业过程、创业团队、创业动机、大学生创业、农民工返乡创业等领域。此阶段，国家基金对创业研究项目立项逐渐增多。其中，国家社科基金立项 108 项（含重点项目 5 项），国家自科基金立项 111 项（含重点项目 4 项）。

表9—5　　　　　　　　互联网创业阶段的创业研究概况

研究论文（篇）	年均发文量（篇）	国家社科基金立项数（项）	国家自科基金立项数（项）	研究方法	研究主题
49385	3528	108（含重点5项）	111（含重点4项）	定性分析与定量分析相结合	创业教育、创业机会、创业环境、创业绩效、创业能力、创业过程、创业团队、创业动机、大学生创业、农民工返乡创业

资料来源：笔者自制。

五　大众创业研究阶段：2014年至今

2014年中国经济进入新常态，"大众创业、万众创新"成为推动经济结构调整、打造发展新引擎、增强发展新动力的重要抓手和突破口。中央和地方各级政府从企业登记、孵化器、风险投资、融资、税收等多个方面出台了诸多鼓励政策，创业者如雨后春笋般涌现。2018年，日均新设企业超过1.8万户，市场主体总量超过1亿户。中国已经成为全球创业活动最活跃的区域之一，"大众创业、万众创新"逐渐形成新的创业浪潮。

在大众创业阶段，中国迎来了创业的春天，学界也迎来了创业研究的春天。此阶段创业研究文献呈现爆炸式增长，在中国知网以"创业"为篇名检索发现，截至2018年年底创业研究论文达40852篇，年均发文量10213篇，其中核心期刊论文4717篇（见表9—6）。该阶段年均发文量接近前三个阶段发文总量的2倍，接近互联网创业阶段年均发文量的3倍。在理论研究方面，越来越多的学者关注中国情境下创业研究的理论框架；在实证研究方面，除了对创业过程和机制的计量检验分析,还出现了对创业政策①的定量评估研究。从研究主题看,主要聚焦于大众创业、创业商业模式、创业服务体系、众创空间、创业社会关系网络、创业生态系统、创业政策等领域。此阶段,国家基金对创业研究项目立项明显增多,年均立项数显著增加。截至 2018 年年底,国家社科基金立项 81 项(含重点项目 8 项),年均立项数 20 项;截至 2017 年年底,国家自科基金立项 56 项(含重点项目 2 项),年均立项数 19 项。此阶段国家基金年均立项数是"互联网创业阶段"的 2 倍有余。

表 9—6　　　　　　　大众创业阶段的创业研究概况

研究论文（篇）	年均发文量（篇）	国家社科基金立项数（项）	国家自科基金立项数（项）	研究方法	研究主题
40852	10213	81（含重点 8 项）	56（含重点 2 项）	定性分析与定量分析相结合,定量分析为主	大众创业、创业商业模式、创业服务体系、众创空间、创业社会关系网络、创业生态系统、创业政策

资料来源:笔者自制。

六　创业研究五个阶段的总体特征

通过对中国创业研究历程的梳理可以发现,虽然各阶段创业特征相异、创业研究主题相对多元,但从其中能够较为清晰地看到中国创业研究主题的变迁。

在计划经济创业阶段和草根为主创业阶段,创业研究主要关注

---

① 吴翌琳、黄筝:《基于倾向得分匹配法的创业政策实证研究——以财税政策评估为例》,《宏观经济研究》2018 年第 9 期。

创业者特质研究，即怎样才能成为创业者。在精英为主创业阶段，创业研究主要关注创业过程及要素研究，即怎样才能创办新企业。在互联网创业阶段和大众创业阶段，创业研究主要关注创业机会识别、创业活动及其内在联系、创业企业成长路径研究，即什么才是创业过程的内在机理。此外，创业研究主题还呈现从个体创业延伸至公司创业；从创业活动本身扩展至创业活动环境；从宏观层面关注创业经济功能转换到微观层面提炼创业规律。

总体而言，纵观新中国成立70年来中国创业研究的发展脉络可以发现，创业研究已经从简单描述创业过程逐渐发展到深入揭示创业过程的内在机理，更加重视创业现象的研究[1]，但机会识别与开发和创业企业生成一直是创业研究的核心主题。

第二节　中国创业研究组织体系

中国学者关于创业研究不是一开始就有的，而是随着现实需求不断演化而来的。1997年前，该领域的学者主要聚焦于高技术企业发展尤其是科技成果产业化研究，1997年后才逐步明晰界定为创业研究。具体而言，中国学者关于创业研究的演化路径包括以下四条：一是从创新研究延伸至创业研究，这类研究主要集中在技术经济学领域，将创业看成是创新链条中科技成果转化的一条实现途径，代表性学者包括吉林大学的蔡莉教授和葛宝山教授、清华大学的雷家骕教授、同济大学的李垣教授等；二是从小企业管理研究转向创业研究，代表性学者主要是南开大学的张玉利教授；三是从家族企业研究转向创业研究，代表性学者包括浙江大学的王重鸣教授和中山大学的李新春教授；四是从企业战

---

[1] 张玉利、杨俊：《试论创业研究的学术贡献及其应用》，《外国经济与管理》2009年第1期。

略研究转向创业研究，代表性学者包括浙江大学的魏江教授和北京大学的路江涌教授等。

20世纪90年代以来，创业研究在国际学界已经成为一个非常有生命力的学科生长点，一些国际著名研究型大学的管理学院或商学院纷纷设立了与创业有关的研究机构、学科专业和研究生培养项目。与发达国家相比，中国创业研究和教育起步较晚，但近年来已快速发展成为中国高等教育改革的一个新热点，在国家"双创"战略驱动下，发展速度进一步加快。经过长期的研究积淀，中国的创业理论研究取得了丰硕成果，与丰富的创业实践形成了互动。本书从创业研究机构、创业研究会议、创业研究期刊、创业研究论文、国家基金资助项目五个方面来梳理当前中国创业研究的组织体系。

一　创业研究机构

在中国知网以"创业"为篇名检索发现，新中国成立70年来在创业领域核心期刊发文量排名前十高校分别是：浙江大学（400篇）、吉林大学（341篇）、南开大学（258篇）、清华大学（171篇）、南京大学（164篇）、江苏大学（150篇）、武汉理工大学（131篇）、武汉大学（124篇）、上海交通大学（123篇）和华中科技大学（122篇）。综合来看，吉林大学、南开大学、浙江大学三所高校构成了中国创业研究的第一梯队；清华大学、南京大学、江苏大学、武汉理工大学、武汉大学、上海交通大学和华中科技大学构成了中国创业研究的第二梯队。

为推动并体系化深化创业研究，一些高校还成立了与创业有关的专业研究机构，如吉林大学创业研究中心、南开大学创业管理研究中心、浙江大学全球创业研究中心、清华大学中国创业研究中心、中山大学创业中心、湖南大学中国公益创业（社会创业）研究中心等。这些专业创业研究机构在创业基础研究、创业学科建设、创业人才培养、创业教育等方面发挥了重要作用。

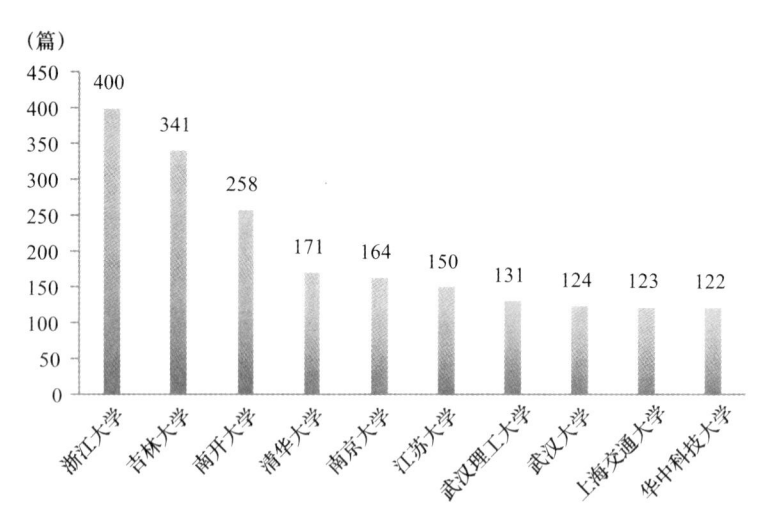

图 9—1　新中国成立 70 年来创业领域核心期刊发文量排名前十高校

资料来源：笔者自制。

表 9—7　　　　　　　　典型创业研究机构一览

机构名称	成立时间
吉林大学创业研究中心	2003 年
南开大学创业管理研究中心	2003 年
浙江大学全球创业研究中心	2006 年
清华大学中国创业研究中心	2000 年
中山大学创业中心	2005 年
湖南大学中国公益创业（社会创业）研究中心	2007 年

资料来源：笔者自制。

此外，在中国知网以"创业"为篇名检索发现，新中国成立70年来创业领域核心期刊发文量排名前十的学者分别是：南开大学张玉利教授（84篇）、吉林大学张秀娥教授（64篇）、吉林大学葛宝山教授（54篇）、北京林业大学李华晶教授（46篇）、吉林大学蔡莉教授（41篇）、浙江大学王重鸣教授（40篇）、武汉理工大学彭华涛教授（36篇）、中央财经大学林嵩教授（33篇）、江苏大学梅强教授（32篇）、南开大学杨俊教授（30篇）。

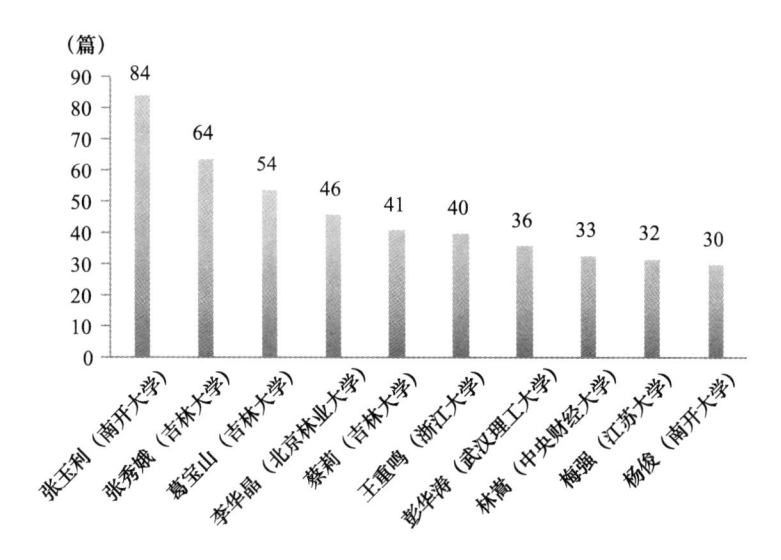

图9—2　新中国成立70年来创业领域核心期刊发文量排名前十学者

资料来源：笔者自制。

二　创业研究会议

国内高校及组织围绕创业领域打造了多个高层次的学术会议，为创业领域学者搭建了交流学习的平台。2005年吉林大学管理学院和吉林大学创业研究中心发起"创新创业国际会议"，已经成功举办了六届；2006年浙江大学管理学院发起"创业与家族企业国际研讨会"，已经成功举办了十四届；2010年机械工业出版社华章公司发起"全国创业教育研讨会"，已经成功举办了七届；2010年清华大学中国企业成长与经济安全研究中心发起"中国创新与企业成长年度学术会议"，已经成功举办了九届；2013年中国、荷兰、以色列、英国等多国专家学者联合发起"全球创新与创业会议"，已经成功举办了五届；2017年南开大学商学院、浙江大学管理学院和吉林大学管理学院联合发起"中国创业研究青年学者论坛"，已经成功举办了三届。

表9—8　　　　　　　　　典型创业研究会议一览

会议名称	发起单位/人	发起时间
创新创业国际会议	吉林大学管理学院和吉林大学创业研究中心	2005年
创业与家族企业国际研讨会	浙江大学管理学院	2006年
全国创业教育研讨会	机械工业出版社华章公司	2010年
中国创新与企业成长年度学术会议	清华大学中国企业成长与经济安全研究中心	2010年
全球创新与创业会议	中国、荷兰、以色列、英国等多国专家学者	2013年
中国创业研究青年学者论坛	南开大学商学院、浙江大学管理学院和吉林大学管理学院	2017年

资料来源：笔者自制。

三　创业研究期刊

新中国成立70年来国内学界关于创业研究的成果主要刊发在《科技进步与对策》（403篇）、《科学学与科学技术管理》（223篇）、《外国经济与管理》（201篇）、《科学学研究》（170篇）、《中国科技论坛》（116篇）、《科研管理》（114篇）、《管理学报》（101篇）、《管理世界》（83篇）、《研究与发展管理》（81篇）、《中国软科学》（60篇）和《南开管理评论》（53篇）等核心期刊上。此外，鉴于创业研究现阶段仍无明确的学科归属，一些高校专门创办了创业研究期刊或"以书代刊"的论文集刊。例如，2005年清华大学技术创新中心创办了《创新与创业管理》，主要发表理论、实证、案例、综述和评论性的中文创业管理研究方面的论文；2010年中南大学和中国高等教育学会创新与创业教育分会联合创办了《创新与创业教育》，旨在搭建创新创业教育的学术交流平台，提升大学生创新创业能力，促进创新创业教育的发展。

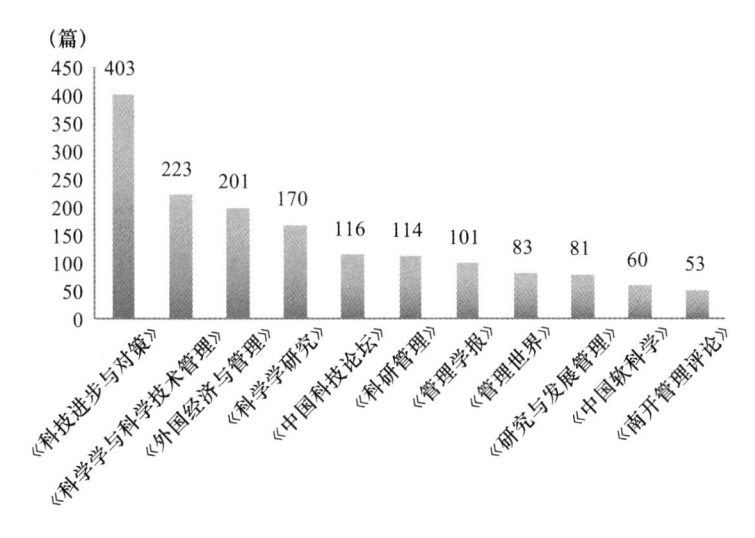

图9—3 新中国成立70年来篇名为"创业"的核心期刊发文量

资料来源：笔者自制。

四 创业研究论文

从期刊发表的学术论文看，在中国知网以"创业"为篇名检索发现，新中国成立70年来创业领域共发表学术论文96677篇，其中核心论文14593篇。从时间趋势看，新中国成立初期到改革开放初期都是零星几篇，年均发文量都是个位数；1992年开始增长，1994年达到540篇，之后处于上升态势，尤其是2014年"双创"提出后，2015年发文量迅猛提升至8372篇，2016年突破10000篇。

从学位论文看，在中国知网以题目为"创业"检索发现，新中国成立70年来创业领域共收录硕士、博士学位论文5138篇，其中博士学位论文435篇。从时间趋势看，创业领域硕士、博士学位论文收录量呈现增长态势，且这些学位论文都是从2000年开始收录的，这表明中国创业高等教育及创业高端人才培养早在20世纪末就开始了。从学科分布看，创业领域的硕士、博士论文主要分布在企业管理、技术经济及管理、管理科学与工程三个学科、专业。

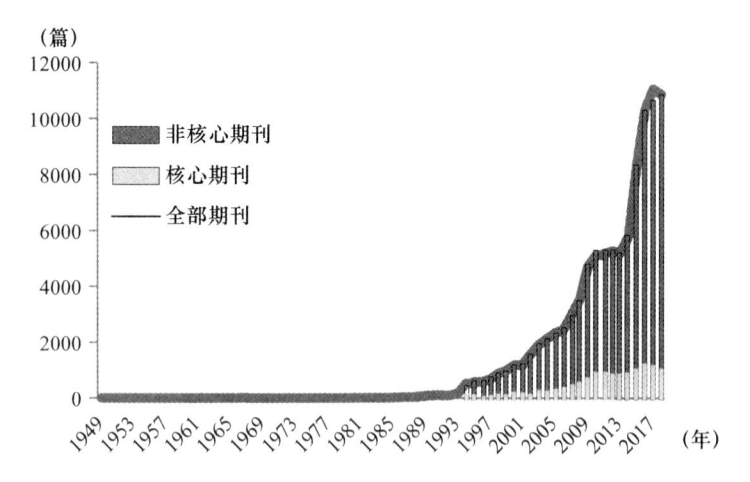

图9—4 新中国成立70年来关于创业研究的学术论文年度发文量

资料来源：笔者自制。

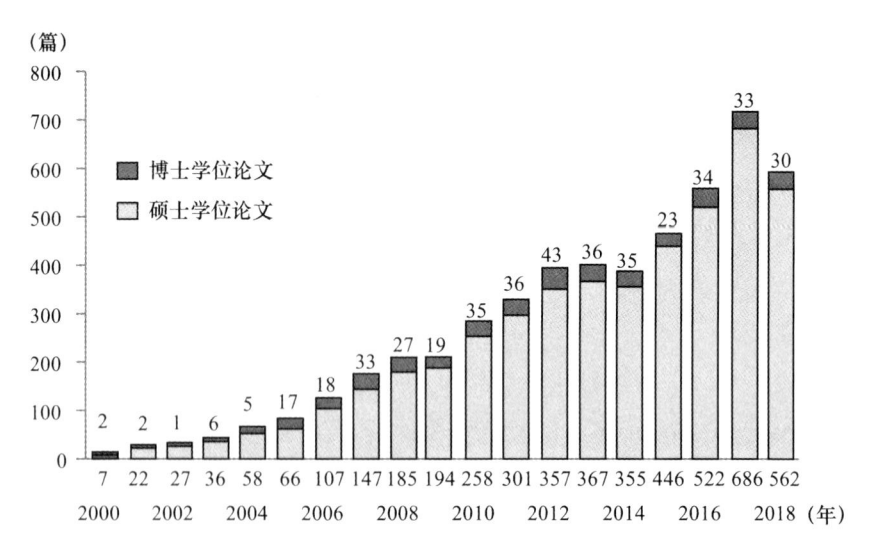

图9—5 新中国成立70年来关于创业研究的硕士、博士学位论文年度收录量

资料来源：笔者自制。

五 国家基金资助项目

从国家社科基金立项情况看，新中国成立70年来创业研究重点项目立项数达14项，最早的项目是1996年立项的"个体私营经济第二次创业方向的研究"。从学科分布看，这些项目主要分布在管理学（5项）、应用经济学（3项）、社会学（3项）、理论经济学（2项）和统计学（1项）五大学科领域。创业研究非重点项目（含一般项目、青年项目和西部项目）从1994年开始有立项，1994—2005年立项数极少，2009年起年均立项数在10项以上，且2016年和2017年均为21项，达到历史峰值，截至2018年共有180项非重点创业研究项目立项。

表9—9　　创业研究国家社科基金重点项目立项情况一览

序号	学科	项目名称	立项年份	负责人	工作单位
1	理论经济学	乡村振兴战略下返乡劳动力创业质量研究	2018	王轶	北京工商大学
2	应用经济学	乡村振兴战略背景下农民工返乡创业风险的防控机制与治理对策研究	2018	曹宗平	华南师范大学
3	社会学	新时代大学生创业的政策环境及其优化研究	2018	吕一军	温州医科大学
4	社会学	生态价值观视域下返乡农民工绿色创业意愿及政府扶持机制研究	2017	李贵成	郑州轻工业学院
5	应用经济学	中西部地区农民工返乡创业与精准扶贫对接机制及配套政策研究	2017	刘溢海	河南科技大学
6	管理学	供需匹配视角下提升我国新兴产业企业家创业胜任力的政策供给研究	2016	黄永春	河海大学
7	应用经济学	科技服务业促进创新创业的功能、机理及有效供给研究	2016	冯华	北京交通大学
8	统计学	创新创业政策绩效评价与机制优化研究	2016	晏艳阳	湖南大学

续表

序号	学科	项目名称	立项年份	负责人	工作单位
9	社会学	包容性增长视野下的新生代创业问题研究	2013	黄兆信	温州医学院
10	管理学	中小企业动态国际创业模式绩效机制研究	2012	周劲波	广西师范大学经济管理学院
11	管理学	理工科大学生知识创业能力的培养模式研究	2011	刘丽君	北京理工大学教育研究院
12	管理学	新农村建设背景下中国农户创业理论与实证研究	2010	张应良	西南大学经济管理学院
13	管理学	"十二五"时期提升我国高校大学生创业技能战略研究	2010	徐小洲	浙江大学
14	理论经济学	个体私营经济第二次创业方向研究	1996	王林昌	武汉大学

资料来源：笔者自制。

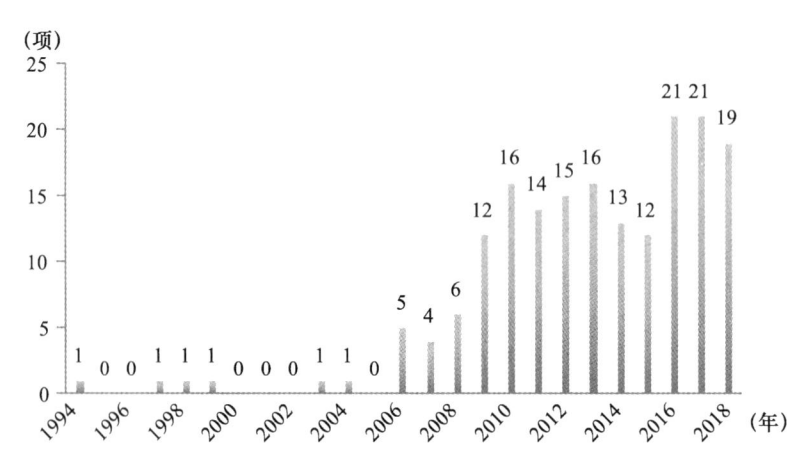

图9—6 创业研究国家社科基金非重点项目（一般项目、青年项目和西部项目）年均立项数

资料来源：笔者自制。

从国家自科基金立项情况看，新中国成立 70 年来创业研究重点项目立项数为 6 项。值得指出的是，在立项的 6 项重点项目中，南开大学占到 3 项，吉林大学占到 2 项，充分显示了南开大学和吉林大学在创业研究领域的学术地位。创业研究非重点项目（含面上项目和青年项目）从 2000 年开始有立项，2000—2006 年立项数较少，2009 年起年均立项数在 10 项以上，2016 年达到历史峰值，立项数为 25 项，截至 2017 年共有 162 项非重点创业研究项目立项。

表 9—10　创业研究国家自科基金重点项目立项情况一览

序号	项目名称	立项年份	负责人	工作单位
1	新创企业商业模式形成与成长路径	2017	杨俊	南开大学
2	网络及不确定环境下创业者的行为认知与决策机制研究	2015	张玉利	南开大学
3	国际化背景下中国创业企业的社会网络与创业成长	2012	李新春	中山大学
4	中国转型经济背景下企业创业机会与资源开发行为研究	2012	蔡莉	吉林大学
5	新企业创业机理与成长模式研究	2007	张玉利	南开大学
6	基于资源观的新企业创建与早期成长机理研究	2007 年	蔡莉	吉林大学

资料来源：笔者自制。

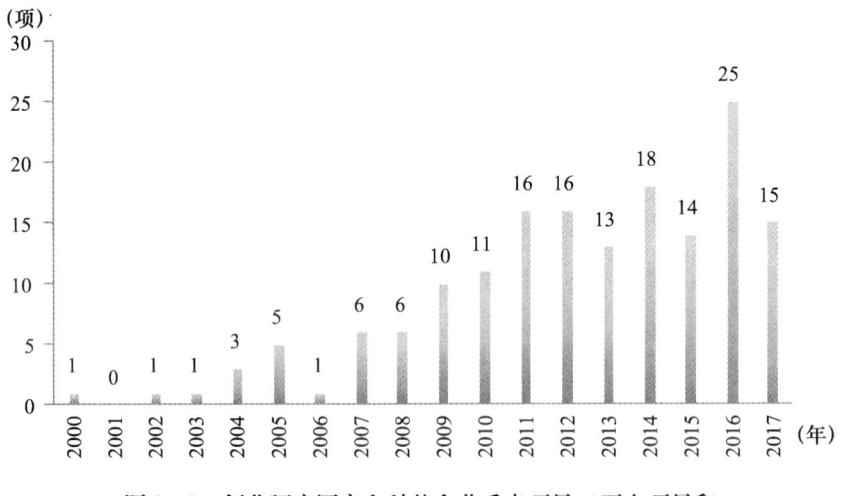

图9—7 创业研究国家自科基金非重点项目（面上项目和青年项目）年均立项数

资料来源：笔者自制。

第三节 中国创业研究理论和方法论的演进

一 中国创业研究理论的演进

创业是个跨学科的复杂现象，涉及经济学、管理学、社会学、心理学等多个学科[1]，创业研究在发展自身理论的同时，也在不断吸收和借鉴其他学科的相关理论[2]。中国的创业活动一直比较活跃，对经济增长产生了积极且显著的影响。相应地，新中国成立70年来中国情境下的创业理论研究不断丰富，大致可将中国创业研究的理论演进划分为自主探索、引进吸收和中外融合三个阶段。

---

[1] 张建、姜彦福、林强：《创业理论研究与发展动态》，《经济学动态》2003年第5期。

[2] 柳青、蔡莉、单标安、周立媛：《中国创业研究回顾与展望》，《科学学与科学技术管理》2010年第4期。

(一) 自主探索阶段

新中国成立以来至 20 世纪末是中国创业理论的自主探索阶段，横跨计划经济创业、草根为主创业和精英为主创业三个阶段。早在新中国成立初期的计划经济创业阶段，中国就开始了创业研究，一些文献采用经验总结等定性分析方法研究了"大寨精神"和"大庆精神"。在草根为主创业阶段，中国学者对能人创业、个体户创业、乡镇企业创业和家族企业创业进行了大量研究。在精英为主创业阶段，由于创业研究关注企业生命周期的最前端而对传统管理理论形成了巨大挑战，其创新、冒险与超前行动等特征激发并形成了创业研究的强劲浪潮[1]，在此阶段中国学者开始真正地关注创业研究，对高科技创业、民营企业二次创业以及互联网创业等问题展开了深入研究。可见，在自主探索阶段，中国创业研究者根据中国情境下出现的独特创业现象进行了大量探索研究，取得了丰硕成果。

(二) 引进吸收阶段

进入 21 世纪后，随着中国进入互联网创业阶段，由于国内外互联网创业现象具有很多相同之处，此阶段国内外学界关于创业研究具有较大交集。在此背景下，国内学界开始以研读国外创业研究文献、翻译国外创业研究专著等方式逐步引入国外创业理论，学习国外创业研究方法。尤其是自 2005 年起，由于互联网创业由热趋冷，中国学界才真正开始从学理上关注创业中的科学问题，开始大量梳理和引入国外创业理论，比如蒂蒙斯（1977）提出的创业过程模型（即蒂蒙斯模型）[2]、盖特纳（1985）提出的新企业创建模型[3]等。2007 年，国家自科基金分别资助了吉林大学蔡莉教授和南开大学张

---

[1] 闫丽平：《中国创业理论研究现状及思路探讨》，《经济论坛》2013 年第 2 期。

[2] Timmons, J. A., Smollen, E., Dingee, A. L., 1977, *New Venture Creation*, Homewood, IL: Irwin.

[3] Gartner, W. B., 1985, "A Conceptual Framework for Describing the Phenomenon of New Venture Creation", *Academy of Management Review*, Vol. 10, No. 4, pp. 696–706.

玉利教授两个创业研究重点项目,这两个重点项目加速了对国外创业理论的引进进程,此后国内对国外创业理论的借鉴吸收研究逐渐增多。

引进国外创业理论后,国内学界以此为基础展开了更多研究。在概念引进和范式阐述的早期阶段,不少创业研究属于复制型研究,也即在遵循国外创业研究步骤基础上,用中国数据验证国外创业理论,以证明国外创业理论在中国情境的适用性[①]。在此过程中,也有不少学者发现,国外创业理论存在一定的不足与缺陷,其范式、概念和具体做法在中国不一定适用。部分学者探索性地对国外创业理论进行修正,提出新的创业研究框架,并用于解释中国情境下的创业现象。比如雷家骕和陈闯(2007)认为蒂蒙斯模型存在严重的学理性缺陷,不足以分析和解释中国机会型创业的过程,进而提出了"机会型创业推进方格模型",此后演变为"基于核心团队的 LJS 三环模型"[②];林强等(2001)总结了创业理论的八大学派,提出了基于创新、风险和企业管理三维度的创业理论概念性架构[③];蔡莉等(2006)构建了一个基于流程视角的创业研究框架,认为创业研究应建立在企业寿命周期基础上,将整个创业流程分为创立前、初创期、成长期、成熟期、衰退期、死亡期以及创业企业的模仿与扩散阶段[④];张玉利等(2007)构建了一个创业研究的概念性框架,认为机会和新企业生成是创业研究的核心主题,在从发现机会到新企业生成的过程中,创业者的决策行为具有特殊的重要性,且认为建立

[①] 董保宝:《创业研究在中国:回顾与展望》,《外国经济与管理》2014 年第 1 期。

[②] 雷家骕、陈闯:《从社会创业体系缺陷解读中国机会型创业缺失的成因》,《中国青年科技》2007 年第 1 期。

[③] 林强、姜彦福、张健:《创业理论及其架构分析》,《经济研究》2001 年第 9 期。

[④] 蔡莉、费宇鹏、朱秀梅:《基于流程视角的创业研究框架构建》,《管理科学学报》2006 年第 1 期。

独特的创业研究领域与从多学科视角开展创业研究并不矛盾[1];蔡莉等(2011)构建了一个以资源开发过程为核心的创业研究框架[2]。

(三)中外融合阶段

2010年以来尤其是中国进入"大众创业"阶段后,在引进吸收国外创业理论进行中国创业研究时,随着研究的不断深入以及中国情境本身的独特性和复杂性,不少学者发现中国的创业研究存在一个突出的矛盾,即中国的创业理论研究严重滞后于创业实践发展。学界意识到,基于国外创业理论的复制型研究不能真实反映中国创业的真实面貌,更不能解决中国创业所存在的问题。因此,学界就中国独特创业现象研究的必要性问题逐步达成了共识,认为中国创业研究更具有复杂特征,中国情境所具有的制度环境、市场环境和文化环境特征,要求在吸收借鉴国外创业理论的同时,必须考虑中国问题的特殊性,亟待打开中国情境下独特的创业现象及其背后的深层次诱因,需要在国内外创业理论融合的基础上构建中国的创业理论体系。一些学者在此方面展开了大量创新性探索研究,如蔡莉和单标安(2013)提炼出"中国情境—独特现象—创业研究问题"的解释模型,认为制度、市场和文化是引起中国独特创业问题最根本的情境因素[3]。他们基于此构建了基于中国情境的创业研究框架,将创业机会、创业资源和创业学习纳入中国情境下的创业研究之中。

进一步看,对国外创业理论的引进吸收和中外融合这两个阶段不是截然分割的,在中外融合阶段也存在对国外创业理论的引进和吸收。中外融合阶段的中国创业研究是兼收并蓄的,不仅要吸收借鉴国外创业理论,更要注重结合中国情境。需要指出的是,尽管学

---

[1] 张玉利、薛红志、杨俊:《论创业研究的学科发展及其对管理理论的挑战》,《外国经济与管理》2007年第1期。

[2] 蔡莉等:《创业研究回顾与资源视角下的研究框架构建》,《管理世界》2011年第12期。

[3] 蔡莉、单标安:《中国情境下的创业研究:回顾与展望》,《管理世界》2013年第12期。

界在中国创业研究方面做出了不少努力和探索，也取得了不少研究成果，但不可否认的是，中国创业研究尚未完全走出引进吸收复制的研究范式。

二　中国创业研究方法论的演进

纵观70年，中国创业研究在方法论方面遵循着从定性分析走向定量分析、定性分析与定量分析相结合、从单一问题分析走向理论体系构建的演进路径。

计划经济创业阶段和草根为主创业阶段，中国的创业研究以经验总结、案例研究等定性分析为主；精英为主创业阶段，中国的创业研究以定性分析和简单的统计分析为主，常用的定性分析方法有扎根理论分析法、关键事件分析法、案例分析法、访谈法等；互联网创业阶段，随着国外创业理论及研究方法的引进，加之经济统计计量方法的不断创新发展，中国的创业研究开始大量采用数理统计方法；大众创业阶段，中国的创业研究采用了更为丰富的定量分析方法，常用的如因子分析法[1]、结构方程模型[2]、计量分析法[3]等，所涉及问题如创业环境测度、创业与经济发展的关系、创业意愿及创业绩效的影响因素等[4]。

值得关注的是，中国创业研究方法论的缺陷，不仅与引进国外研究方法有关，还与创业数据匮乏相关。早期阶段，缺乏数据是创业研究面临的一大挑战，故定性分析方法最为常用。"严谨的调研和

---

[1] 王未卿、杨瑶：《基于因子分析的高校学生创业意愿影响因素实证研究》，《高教探索》2018年第3期。

[2] 颜士梅、王重鸣：《并购式内创业中人力资源整合水平的选择：一个实证研究》，《管理世界》2005年第9期。

[3] 贺小刚、沈瑜：《创业型企业的成长：基于企业家团队资本的实证研究》，《管理世界》2008年第1期。

[4] 袁卫、吴翌琳：《创业测度与实证：研究进展与发展方向》，《经济理论与经济管理》2018年第9期。

科学的研究方法将推动创业研究迈上新的台阶。"[1] 随着国外创业理论与方法的引入，特别是国内业界对于创业调研的配合，实证研究方法开始成为国内创业研究的主流方法，研究者在国内外学术期刊上发表了大量实证研究成果。但一个缺陷是，实证研究方法在促进国内研究与国际接轨的同时，也使不少研究者陷入验证和修补国外创业理论之中，从而难以构建真正符合中国情境的创业理论[2]。此外，当前国内不少创业实证研究仍停留在描述和检验创业过程不同要素间关系的层面，缺少对创业活动机理的探索。可喜的是，目前国内学界的创业研究已开始规范化和逻辑化，开始关注研究方法的适用性和多样化，也正在逐步拓展实验、仿真等跨学科方法的尝试。

第四节　中国创业研究的小结与展望

一　中国创业研究的概括性小结

新中国成立 70 年来，中国创业研究在历次创业浪潮的推动和国外创业研究的影响下，历经五个阶段实现了快速发展，研究机构专业化水平不断提升，学术会议和期刊平台不断强化，研究论文数量和质量不断提高，国家基金资助力度不断加强，研究主题不断演进丰富，创业理论和研究方法论不断提升。虽然现阶段在考察中国创业现象方面取得了较大进展，但理论构建创新有待进一步深入探索。总体上看，中国创业研究正处于理论构建阶段，新思想、新观点和创新性研究正在涌现。

---

[1] 张玉利、杨俊：《试论创业研究的学术贡献及其应用》，《外国经济与管理》2009 年第 1 期。

[2] 王辉：《创业叙事研究：内涵、特征与方法——与实证研究的比较》，《上海对外经贸大学学报》2015 年第 1 期。

二 对中国创业研究未来的展望

展望未来,中国创业研究应重点关注四个方面的问题。

一是剖析新时代中国创业的新现象、新问题及其机理。当前中国经济已进入高质量发展新时代,"双创"正在向更大范围、更高层次和更深程度推进,正在打造升级版,力求实现高质量发展。尤其是,新时代社会主要矛盾的转变为中国的创业提供了良好机会,各种新现象、新问题不断涌现。对于中国创业研究者而言,不仅要在情境化因素基础上多视角剖析创业中的新现象、新问题,分析其与国外的差异,更需要将国外已有的创业理论与中国的独特情境结合起来,才可能揭示中国独特创业"表象"背后的机理和规律。

二是探索符合中国情境的创业研究框架。当前国内创业研究一定程度上仍主要停留在跟踪或复制型研究阶段,满足于对国外创业理论进行中国情境下的本土化检验,这无法帮助我们深刻认识和把握中国情境下的创业活动规律[①]。诚然,中国特殊的情境为检验、修正、补充和深化国外的创业理论提供了良好试验场所,也为中国创业研究学者创造了难得的研究机会[②]。且中国情境本身是动态变化的,如何将国外成熟的创业理论与中国创业实践相结合,是开展中国创业研究面临的重要难题,同时也是迫切需要解决的理论问题。由此,构建中国情境下的创业理论将是一项长期而艰巨的任务。

三是开发符合中国情境的创业研究方法体系。当前中国情境下的创业研究依然主要借鉴的是国外成熟的方法体系,特别是测量体系。鲜有研究在独特的中国情境下从制度、市场、文化角度去深入剖析并构建基于中国实践的创业测量体系。未来中国的创业研究应

---

① 杨俊:《新世纪创业研究进展与启示探析》,《外国经济与管理》2013 年第 1 期。

② 张玉利、杨俊、戴燕丽:《中国情境下的创业研究现状探析与未来研究建议》,《外国经济与管理》2012 年第 1 期。

更深刻地剖析中国独特的制度、市场和文化背景，开发更符合中国情境的创业研究方法体系。同时，未来研究还应更多地基于实验、仿真等方法，从动态视角来分析中国情境下的创业问题。

四是注重中国情境下创业研究的跨学科融合问题。注重对中国情境下创业问题的跨学科研究，不只是管理学科所包括的企业管理、技术经济及管理以及管理科学与工程等这些跨专业间的研究，还应综合运用经济学、社会学以及心理学等学科相关理论来分析创业问题。中国情境本身在文化、市场、制度等方面存在独特性，仅依靠管理学和经济学理论对独特环境下的创业问题进行分析是远远不够的，还需要结合多学科知识与方法来揭示中国情境下创业活动的内在机理。

参考文献

［波］米哈尔·卡莱茨基：《社会主义经济增长理论导论》，符钢战译，上海三联书店1988年版。

［美］约瑟夫·熊彼特：《经济发展理论》，何畏、易家祥等译，商务印书馆1990年版。

方识华、程桂荣：《关于价值工程建成国际性学术学科的思考》，选自《价值工程》编辑部编《中国价值工程辉煌成就20年（1978—1998）》，煤炭工业出版社1998年版。

傅家骥：《工业技术经济学》，清华大学出版社1986年版。

傅家骥、吴贵生：《技术经济学》，中国经济出版社1987年版。

傅家骥、程源：《技术经济学前沿问题》，经济科学出版社2003年版。

龚飞鸿、刘满强、陈平等：《中国经济增长与生产率发展报告——各行业部门》，载汪同三、郑玉歆主编《中国社会科学院数量经济与技术经济研究所发展报告（2009）》，社会科学文献出版社2009年版。

龚飞鸿、王宏伟、陈平等：《中国经济增长和生产率发展报告——省会城市和计划单列市经济增长与生产率：1980—2008年》，载汪同三、何德旭主编《中国社会科学院数量经济与技术经济研究所发展报告（2011）》，社会科学文献出版社2011年版。

贾根良：《演化经济学的综合：第三种经济学理论体系的发展》，科学出版社2012年版。

井浩涌、陈立新等，《技术经济学》，北京交通大学出版社2014

年版。

雷家骕、程源、杨湘玉：《技术经济学的基础理论和方法》，高等教育出版社 2005 年版。

李京文：《技术经济学理论与方法》，四川科学技术出版社 1987 年版。

李京文：《跨世纪重大工程技术经济论证》，社会科学文献出版社 1997 年版。

李京文、［美］D. W. 乔根森、郑友敬、［日］黑田昌裕：《生产率与中美日经济增长研究》，中国社会科学出版社 1993 年版。

李京文、郑友敬：《技术进步与产业结构——模型》，经济科学出版社 1989 年版。

李京文、郑友敬：《技术经济手册》（理论方法卷），学术书刊出版社 1990 年版。

李廉水：《技术创新经济学》，安徽人民出版社 1994 年版。

李平：《颠覆性创新的机理性研究》，经济管理出版社 2018 年版。

刘建翠、陈平、王宏伟等：《中国经济增长和生产率发展报告——地区经济增长与生产率研究：1980—2007 年》，载汪同三、郑玉歆主编《中国社会科学院数量经济与技术经济研究所发展报告（2010）》，社会科学文献出版社 2010 年版。

刘晓君：《技术经济学》，科学出版社 2008 年版。

柳卸林：《技术创新经济学》，中国经济出版社 1993 年版。

马庆国、马延路：《价值工程的理论与方法》，浙江人民出版社 1985 年版。

彭安福：《电力企业现代管理》，中国水利水电出版社 2006 年版。

彭建刚：《技术经济学》，西南财经大学出版社 2003 年版。

齐建国、王宏伟、蔡跃洲等：《技术经济学及其应用》，社会科学文献出版社 2014 年版。

汝信主编，黄长著、沈世鸣副主编：《社会科学新辞典》，重庆出版社 1988 年版。

沈明:《价值工程原理与方法》,中国农业机械出版社1984年版。

沈胜白:《价值工程分析》,北京化工厂1980年版。

田威:《关于价值工程基本术语的探讨》,载《价值工程》编辑部编《中国价值工程辉煌成就20年(1978—1998)》,煤炭工业出版社1998年版。

《投资项目可行性研究指南》编写组:《投资项目可行性研究指南》(试用版),中国电力出版社2002年版。

汪海波:《中华人民共和国工业经济史》,山西经济出版社1998年版。

吴开亚:《物质流分析:可持续发展的测量工具》,复旦大学出版社2012年版。

奚洁人主编:《科学发展观百科辞典》,上海辞书出版社2007年版。

徐寿波:《技术经济学》,江苏人民出版社1986年版。

徐寿波:《技术经济学》,经济科学出版社2012年版。

徐寿波:《技术经济学概论》,上海科学技术出版社1980年版。

玄龙范:《工业项目可行性研究》,延边大学出版社1988年版。

薛葆鼎:《加强技术经济学和现代化管理科学的研究》,1978年11月15日在全国技术经济和管理现代化理论和方法研究规划工作会议闭幕式上的总结发言,《薛葆鼎文集》,中国社会科学出版社2003年版。

张彩江:《复杂价值工程理论与新方法应用》,科学出版社2006年版。

张富春:《资本与经济增长》,经济科学出版社2000年版。

张金锁:《技术经济学原理与方法 第2版》,机械工业出版社2001年版。

张卓元等:《新中国经济学史纲(1949—2011)》,中国社会科学出版社2012年版。

赵国杰:《技术经济学》,天津大学出版社1996年版。

赵永、王劲峰:《经济分析CGE模型与应用》,中国经济出版社2008

年版。

郑友敬：《技术经济基本理论与分析方法》，中国展望出版社 1985 年版。

中国国际工程咨询公司编著：《中国投资项目社会评价指南》，中国计划出版社 2004 年版。

朱勇：《新增长理论》，商务印书馆 1999 年版。

白永秀、吴丰华：《新中国 60 年社会主义市场经济理论发展阶段研究》，《当代经济研究》2009 年第 12 期。

蔡莉、费宇鹏、朱秀梅：《基于流程视角的创业研究框架构建》，《管理科学学报》2006 年第 1 期。

蔡莉等：《创业研究回顾与资源视角下的研究框架构建》，《管理世界》2011 年第 12 期。

蔡莉、单标安：《中国情境下的创业研究：回顾与展望》，《管理世界》2013 年第 12 期。

蔡跃洲：《技术经济方法体系的拓展与完善——基于学科发展历史视角的分析》，《数量经济技术经济研究》2011 年第 11 期。

蔡跃洲：《技术经济学研究方法及方法论述评》，《数量经济技术经济研究》2009 年第 10 期。

蔡跃洲、付一夫：《全要素生产率增长中的技术效应与结构效应——基于中国宏观和产业数据的测算及分解》，《经济研究》2017 年第 1 期。

陈宝定：《功能、成本评价中的两种计算方法——"固定价值法"与"功能、费用双比重法"》，《价值工程》1987 年第 1 期。

陈德平：《两类技术经济分析方法经济评价准则的比较》，《数量经济技术经济研究》1998 年第 8 期。

陈国宏、郑绍濂、桑赓陶：《合资企业对我国工业经济作用的实证研究》，《管理科学学报》1999 年第 4 期。

陈浩：《价值工程与软件工程方法论比较研究》，《价值工程》2005 年第 3 期。

陈建军：《技术进步的环境影响评价研究》，《科学学与科学技术管理》1988年第12期。

陈洁：《计算机辅助价值工程（CAVE）的研析》，《价值工程》2005年第12期。

陈劲、李飞：《基于生态系统理论的我国国家技术创新体系构建与评估分析》，《自然辩证法通讯》2011年第1期。

陈圻：《"田中法"的错误及其替代方法——"期望收益系数法"》，《数量经济技术经济研究》1990年第7期。

陈圻、李崇孝：《功能定量标准化分析评价系统》，《价值工程》1997年第3期。

陈起俊、王艳艳：《工程项目全生命周期费用管理的探讨》，《工程设计与建设》2005年第2期。

创业（风险）资本研究课题组：《中国创业投资发展模式选择》，《中国工业经济》1999年第12期。

陈效逑、乔立佳：《中国经济—环境系统的物质流分析》，《自然资源学报》2000年第1期。

陈旭、施国良：《基于情景分析和专利地图的企业技术预见模式》，《情报杂志》2016年第5期。

陈正中：《关于最合适区域法中S值的探讨》，《价值工程》1985年第3期。

单豪杰：《中国资本存量K的再估算：1952—2006年》，《数量经济技术经济研究》2008年第10期。

邓焱、唐璞：《如何保证住宅设计技术经济评价的正确性》，《建筑学报》1964年第2期。

董保宝：《创业研究在中国：回顾与展望》，《外国经济与管理》2014年第1期。

董福忠、张德昂：《技术经济：回顾与展望——关于技术经济学史的对话（2）》，《技术经济》1996年第4期。

杜春亭：《技术进步与产业结构演进机理研究》，《陕西青年管理干部学院学报》2000 年第 4 期。

樊春良：《技术预见和科技规划》，《科研管理》2003 年第 1 期。

方伟、曹学伟、高晓巍：《技术预测与技术预见：内涵，方法及实践》，《全球科技经济瞭望》2017 年第 3 期。

方琢、刘晓明：《基于价值链基础的价值分析与价值管理初探》，《价值工程》2001 年第 4 期。

房春生、王菊、李伟峰、于连生：《水利工程生态价值评价指标体系研究》，《环境科学动态》2002 年第 2 期。

冯国林：《价值系数——重点剔除分析的方法》，《价值工程》1988 年第 1 期。

冯昭奎：《技术评价的辩证法》，《科学学与科学技术管理》1983 年第 7 期。

傅家骥：《对技术经济学研究对象的看法》，《工业技术经济》1992 年第 1 期。

傅家骥：《对技术经济学研究对象和理论基础的探讨》，《数量经济技术经济研究》1987 年第 5 期。

傅家骥：《对我国技术经济学研究对象的新议》，《技术经济》1989 年第 6 期。

傅家骥：《关于功能值确定方法的探讨》，《价值工程》1985 年第 1 期。

傅家骥、姜彦福、雷家骕：《技术创新理论的发展》，《经济学动态》1991 年第 7 期。

傅毓维：《价值工程中功能—成本相关性原理探讨》，《哈尔滨工程大学学报》1995 年第 4 期。

傅道臣：《技术进步与产业结构的定量分析》，《科学、经济、社会》1994 年第 1 期。

范小虎等：《技术转移及其相关概念的涵义辨析》，《科技管理研究》2000 年第 6 期。

F. E. Oliveto、苏之：《双阶段失效方式评价技术》，《电子计算机动态》1965 年第 4 期。

高红阳、张少杰：《基于外在技术预见的国家宏观发展战略研究思考》，《科学学与科学技术管理》2005 年第 3 期。

高卉杰、王达、李正风：《技术预见理论、方法与实践研究综述》，《中国管理信息化》2018 年第 17 期。

高尚全：《中国的所有制结构与经济体制改革》，《中国社会科学》1998 年第 1 期。

龚诗庆：《浅析中国现阶段私营企业的几个特点》，《理论与改革》1992 年第 4 期。

顾培亮：《技术评价方法的介绍》，《科学学与科学技术管理》1987 年第 3 期。

韩国柱：《价值工程与费用——效能分析》，《系统工程与电子技术》1994 年第 10 期。

郝世绵、赵瑾：《产业集群技术能力研究综述与启示》，《安徽科技学院学报》2010 年第 6 期。

韩秋明、袁立科：《创新驱动导向的技术评价概念体系研究》，《科技进步与对策》2015 年第 24 期。

贺善侃：《技术预见：城市科技创新的引领》，《科学技术哲学研究》2007 年第 1 期。

贺正楚、张蜜、陈一鸣等：《生物医药产业共性技术路线图研究》，《中国软科学》2012 年第 7 期。

何钟秀：《论国内技术的梯度转移》，世界社会学大会第二十三专业委员会会议论文，墨西哥城，1982 年。

胡宝民：《价值工程的功能和体系探讨》，《价值工程》1995 年第 2 期。

胡树华、张治河：《价值工程的创新本质与发展》，《价值工程》2000 年第 1 期。

胡序威、胡听主：《工业布局的技术经济论证》，《地理学报》1965 年第 3 期。

胡亚茹、陈丹丹：《中国高技术产业的全要素生产率增长率分解》，《中国工业经济》2019年第2期。

华冠联：《最合适区域法Basic程序及应用》，《价值工程》1987年第4期。

黄觉雏：《技术创新初探》（上），《科学学与科技管理资料》1985年第1—2期。

黄鲁成、成雨、吴菲菲、苗红、李欣：《关于颠覆性技术识别框架的探索》，《科学学研究》2015年第5期。

黄鲁成、蒋林杉、吴菲菲：《萌芽期颠覆性技术识别研究》，《科技进步与对策》2019年第36期。

黄鲁成、李剑：《基于组合评价的太阳能电池产业化过程中关键技术的研究》，《现代管理科学》2009年第9期。

黄鲁成、卢文光：《基于属性综合评价系统的新兴技术识别研究》，《科研管理》2009年第4期。

黄擎明、马庆国：《关于价值工程技术方法科学性的探讨》，《价值工程》1982年第0期。

黄宪等：《政府对创业投资的扶植分析》，《中国软科学》2000年第2期。

贾学程：《价值工程的基本概念问题》，《价值工程通讯》1983年第2期。

江雨、姚丽芳、关冰、何浚宏：《利用excel软件预测价值工程——基于3L的工程管理前期策划》，《江西建材》2018年第12期。

《加强矿区评价工作的技术管理》，《地质与勘探》1959年第16期。

金理：《我国经济学界近年来关于社会主义经济效果问题的讨论》，《经济研究》1963年第1期。

J. E. 弗里安、R. M. 麦菲尔德、杨宇锋：《高质量难熔金属管材加工新技术的评价》，《稀有金属合金加工》1975年第7期。

康捷等：《日本科技创新政策评价制度建设经验及启示》，《特区经济》2018年第6期。

孔欣欣、刘辉锋：《技术创新与经济演进——经济低迷时期的科技创新政策选择》，《中国科技论坛》2009年第4期。

雷家骕、陈闯：《从社会创业体系缺陷解读中国机会型创业缺失的成因》，《中国青年科技》2007年第1期。

李必强、任俨：《论工业生产专业化、技术进步和经济效果》，《经济研究》1964年第2期。

李宾：《我国资本存量估算的比较分析》，《数量经济技术经济研究》2011年第12期。

李春艳等：《对我国1985—2017年科技政策的数量，效力及效果的评价》，《东北师大学报》（哲学社会科学版）2019年第1期。

李纯波：《技术经济学原理》，《冶金经济分析》1987年第1期。

李刚、张明等：《基于标准差修正G1组合赋权的科技评价模型及实证》，《科技管理研究》2011年第20期。

李贵春：《VE研究对象选择的方法问题》，《价值工程》1998年第4期。

李红、孙绍荣、刘继云：《上海市科技发展重点领域技术预见的实证研究》，《科学学研究》2005年第S1期。

李红、孙绍荣、李健民：《上海市生物技术领域技术预见的实证研究》，《科技进步与对策》2006年第9期。

李俭：《VE中"价值"与政治经济学中"价值"辨析》，《价值工程》1986年第4期。

李健民、万劲波：《上海开展技术预见的实践与思考》，《科学学与科学技术管理》2003年第1期。

李京文：《技术进步是提高经济效益的重要源泉》，《数量经济技术经济研究》1988年第3期。

李京文：《技术经济的过去、现在和未来》，《数量经济技术经济研究》1987年第1期。

李京文、郑友敬：《依靠技术进步实现产业结构合理化》，《技术经济》1987年第10期。

李平：《日本 R&D 的多角化和技术的溢出效应》，《日本问题研究》1995 年第 4 期。

李平：《后向联系和技术的溢出转移》，《世界经济与政治》1995 年第 7 期。

李平、蔡跃洲：《新中国历次重大科技规划与国家创新体系构建——创新体系理论视角的演化分析》，《求是学刊》2014 年第 5 期。

李平、王宏伟：《大型建设项目区域经济影响评价理论基础及其评价体系》，《中国社科院研究生院学报》2011 年第 3 期。

李平、钟学义、王宏伟等：《中国生产率变化与经济增长源泉：1978—2010》，《数量经济技术经济研究》2013 年第 1 期。

李如鹏：《熊彼特经济创新理论》，《学海》2002 年第 2 期。

李石柱、曹恒忠：《"星火"项目的技术评价指标体系研究》，《数量经济技术经济研究》1989 年第 9 期。

李天明：《降低成本与价值分析》，《会计研究》1980 年第 4 期。

李万、常静等：《创新 3.0 与创新生态系统》，《科学学研究》2014 年第 12 期。

李晓伟：《技术创新与制度创新的互动规律及其对我国建设创新型国家的启示》，《科技进步与对策》2009 年第 17 期。

李勇、王婕：《关于关键技术评价与选择若干问题的探讨》，《科技进步与对策》1999 年第 1 期。

李振兴、程家瑜、张俊祥：《提高我国农业综合生产能力的关键技术和路线图》，《中国科技论坛》2009 年第 6 期。

李振兴、杨起全、程家瑜：《关于我国基础研究和前沿技术科技评价问题研究》，《中国科技论坛》2009 年第 1 期。

李中国、皮国萃：《国家创新体系研究：进展与趋势》，《科技管理研究》2012 年第 23 期。

李子奈：《我国计量经济学发展的三个阶段与现阶段的三项任务》，《经济学动态》2008 年第 11 期。

李子奈、刘亚清：《现代计量经济学模型体系解析》，《经济学动态》

2010 年第 5 期。

李思一：《中国关键技术选择——政府促进技术创新的手段》，《国际技术经济研究》1995 年第 1 期。

廖建祥：《中国经济特区的技术选择和政策问题》，《港澳经济》1982 年第 4 期。

瞭望新闻周刊编辑部：《京沪高铁论证历程》，《瞭望新闻周刊》2006 年第 12 期。

林海：《"价值"杂议》，《价值工程》1986 年第 4 期。

林强、姜彦福、张健：《创业理论及其架构分析》，《经济研究》2001 年第 9 期。

刘芳震：《浅谈乡镇企业二次创业的困难、问题及对策》，《中国农村经济》1999 年第 5 期。

刘贵文、沈岐平：《价值工程在我国建筑业中发展现状的调查研究》，《价值工程》2001 年第 3 期。

刘继云、李红：《上海市新材料技术领域技术预见的实证研究》，《科技管理研究》2006 年第 6 期。

刘建翠、郑世林：《中国省际 R&D 资本存量的估计：1990—2014》，《财经问题研究》2016 年第 12 期。

刘建翠、郑世林、汪亚楠：《中国研发（R&D）资本存量估计：1978—2012》，《经济与管理研究》2014 年第 2 期。

刘健钧：《正确认识创业资本，努力推进创业投资体制建设》，《管理世界》1999 年第 4 期。

刘建旭、和炳全、杨倩：《关于制度创新、技术创新与经济增长关系的重新定位》，《商业时代》2010 年第 10 期。

刘继云、李红：《上海市新材料技术领域技术预见的实证研究》，《科技管理研究》2006 年第 6 期。

刘晋：《关于用计量经济学方法研究能源问题的研究综述及评价》，《当代经济》2014 年第 17 期。

刘可新、王浣尘、金铭等：《对并购战略进行技术分析与评价的决策支持系统》,《管理工程学报》1998年第3期。

刘满强、陈平:《技术经济学:回顾与展望》,《技术经济与管理研究》2010年第3期。

刘思峰、菅利荣:《区域国际合作关键技术评价指数的指标体系研究》,《科技进步与对策》2009年第26期。

刘先涛:《最合适区域法的计算求解方法》,《价值工程》1987年第6期。

刘友金、王其元:《基于主成分分析的煤炭工业技术进步评价》,《哈尔滨工程大学学报》2000年第6期。

刘宇:《确定功能重要性系数的隶属函数法——模糊数学在价值工程中的应用》,《价值工程》1990年第6期。

刘宇飞、周源、廖岭:《大数据分析方法在战略性新兴产业技术预见中的应用》,《中国工程科学》2016年第4期。

柳青、蔡莉、单标安、周立媛:《中国创业研究回顾与展望》,《科学学与科学技术管理》2010年第4期。

柳卸林、高雨辰、丁雪辰:《寻找创新驱动发展的新理论思维——基于新熊彼特增长理论的思考》,《管理世界》2017年第19期。

龙富:《技术经济学科讨论会在京举行》,《数量经济技术经济研究》1984年第1期。

龙富:《评徐寿波同志的〈技术经济概论〉一书》,《技术经济》1982年第2期。

卢晨等:《价值方法的创新——2012年价值管理国际会议(IVMC2012)》,《价值工程》2013年第9期。

卢文光、黄鲁成:《技术预见在新技术评价中的应用》,《武汉理工大学学报》2008年第3期。

卢新生:《乡镇企业的行为特征及宏观调控政策研究》,《人文杂志》1992年第6期。

卢阳旭等:《科技政策研究中的社会调查方法:定位、功能与应用》,《中国科技论坛》2018年第8期。

鲁晓东、连玉君:《中国工业企业全要素生产率估计》,《经济学》(季刊) 2012 年第 2 期。

吕梦江:《对"最合适区域"法中价值系数的探讨》,《技术经济》1984 年第 Z1 期。

吕梦江:《对如何确定最合适区域方程参数的探讨——价值工程方法研究》,《技术经济》1985 年第 5 期。

栾军:《价值工程学理论体系探讨(一)》,《上海交大科技》1990 年第 3 期。

栾军:《价值工程学理论体系探讨之一——运用创造学原理进行方案创新》,《上海交大科技》1992 年第 1 期。

栾军:《价值工程学学科体系中几个理论问题的探讨》,《上海交通大学学报》(哲学社会科学版) 1993 年第 2 期。

罗月明:《功能评价系数计算方法的改进》,《数量经济技术经济研究》1987 年第 11 期。

马庆国:《价值分析中的两个新方法》,《系统工程理论与实践》1982 年第 2 卷第 3 期。

马庆国:《价值工程中成本—功能分析的一个新方法》,《浙江大学学报》(工学版) 1982 年第 1 期。

马庆国:《价值工程中基本模式的局限性与基点方法的修正》,《系统工程理论与实践》1984 年第 4 卷第 4 期。

毛洁良:《浙江省机械系统推行价值工程见成效》,《价值工程》1986 年第 1 期。

孟凡生、李晓涵:《中国新能源装备智造化发展技术路线图研究》,《中国软科学》2017 年第 9 期。

孟凡生、张明明:《我国煤炭工业节能减排技术路线图研究》,《中国军转民》2010 年第 12 期。

穆荣平、任中保:《技术预见德尔菲调查中技术课题选择研究》,《科学学与科学技术管理》2009 年第 7 期。

穆荣平、王瑞祥:《技术预见的发展及其在中国的应用》,《中国科学院院刊》2004 年第 4 期。

牛季收、何平：《价值工程在施工项目成本管理中的应用》，《建筑经济》2007 年第 2 期。

彭靖里、邓艺、李建平：《国内外技术创新理论研究的进展及其发展趋势》，《科技与经济》2006 年第 4 期。

皮建才：《制度变迁、技术进步与经济增长：一个总结性分析框架》，《经济经纬》2006 年第 6 期。

齐建国：《技术经济学发展综述》，《数量经济技术经济研究》1997 年第 8 期。

齐建国：《用科学发展观统领经济发展方式转变》，《财贸经济》2010 年第 4 期。

戚汝庆：《技术进步促进经济增长的作用机制分析》，《山东师范大学学报》（人文社会科学版）2007 年第 1 期。

邱仁宗：《技术评估：影响分析和政策分析》，《中国软科学》1996 年第 10 期。

邱忠恩：《南水北调中线工程主要效益分析》，《长江工程职业技术学院学报》1995 年第 2 期。

任海英、于立婷、王菲菲：《国内外技术预见研究的热点和趋势分析》，《情报杂志》2016 年第 2 期。

任若恩、孙琳琳：《我国行业层次的 TFP 估计：1981—2000》，《经济学》（季刊）2009 年第 3 期。

司春林、王善造：《创业投资过程的风险控制》，《研究与发展管理》2000 年第 5 期。

沙振江、张蓉：《基于专利技术地图的技术预见模型研究》，《图书情报研究》2015 年第 3 期。

沙振江、张蓉、刘桂锋：《国内技术预见方法研究述评》，《情报理论与实践》2015 年第 6 期。

商孟华、刘春英：《演化经济学方法论述评》，《文史哲》2007 年第 5 期。

施应麟:《试论技术转移的经济形式及其战略意义》,《财经研究》1982年第4期。

盛四辈、宋伟、翁磊:《系统论视角的我国国家创新体系理论模型构建与实证研究》,《中国科技论坛》2012年第4期。

石永清、董培江:《价值分析功能评价方法的探讨——选择VE分析对象的新方法》,《技术经济》1986年第3期。

沈沛:《创业投资事业的发展与现代投资银行的作用》,《经济研究》2000年第12期。

史如海:《关于V＝F/C的含义》,《价值工程通讯》1983年第2期。

时宪民:《北京市个体户的发展历程及类别分化》,《中国社会科学》1992年第5期。

宋超、刘海滨:《一种面向技术预见研究的专利共引可视化方法》,《情报理论与实践》2016年第1期。

苏挺:《"货币的时间价值"浅谈》,《外国经济与管理》1982年第1期。

眭纪刚:《国家创新体系理论对中国科技体制改革的驱动作用》,《经济导刊》2019年第4期。

孙安强:《镉的科学技术评价报告》,《环境科学研究》1978年第3期。

孙冰:《基于演化经济学的技术创新相关研究综述》,《管理评论》2011年第12期。

孙启霞:《对"最合适区域法"的改进设想——"动态不对称法"》,《价值工程通讯》1983年第4期。

孙胜凯、魏畅、宋超:《日本第十次技术预见及其启示》,《中国工程科学》2017年第1期。

孙续元:《技术经济学理论的构建、发展与前瞻》,《经济评论》2001年第3期。

谈毅:《面向公共决策的技术评价范式与演变过程》,《公共管理学报》2005年第1期。

谈毅：《建构性技术评价范式的演进与发展》，《科技导报》2005年第4期。

谈毅：《面向公共决策技术评价的研究维度与展望》，《科技进步与对策》2009年第17期。

谈毅、仝允桓：《公众参与技术评价的意义和政治影响分析》，《科学学研究》2004年第4期。

谈毅、仝允桓：《公众参与技术评价的目标、特点和意义分析》，《人文杂志》2004年第5期。

谈毅、仝允桓：《政策分析导向技术评价范式与发展过程分析》，《科学学研究》2004年第12期。

唐永、范欣：《技术进步对经济增长的作用机制及效应》，《政治经济学评论》2018年第3期。

唐祥忠、王文静：《建设项目全生命周期工程造价管理价值工程的实施》，《经济师》2006年第1期。

陶永宏、朱瑾：《价值工程思想在股票投资决策中的应用及其计算机处理》，《江苏科技大学学报》（自然科学版）1997年第1期。

题正义、杨艳国、丁涛：《瓦斯涌出量的模糊数学与灰色系统理论的预测》，《辽宁工程技术大学学报》2000年第2期。

田浩：《国家创新体系：从概念到研究方法》，《兰州学刊》2017年第6期。

涂辉文、史永安、裴学进：《论区域创新系统中技术预见的角色》，《科技与经济》2007年第1期。

万劲波：《技术预见：科学技术战略规划和科技政策的制定》，《中国软科学》2002年第5期。

汪锦才：《"价值工程"新论——实现产品型VE向商品型VE的转化》，《价值工程》1994年第6期。

王伯鲁：《技术评价的多维空间模式》，《科研管理》1999年第1期。

王飞：《关于价值工程的"最大价值"与"最低费用"》，《价值工程》2010年第9期。

王公一:《价值工程简介》,《经济问题》1980年第7期。

王国庆:《关于价值工程中"功能"的思考》,《暨南学报》(哲学社会科学版)1990年第2期。

王海政、谈毅、仝允桓:《面向公共决策技术评价的多维融合方法体系》,《科学学与科学技术管理》2006年第7期。

王宏伟:《信息产业与中国经济增长的实证分析》,《中国工业经济》2009年第11期。

王宏伟、李平:《深化科技体制改革与创新驱动发展》,《求是学刊》2015年第5期。

王辉:《创业叙事研究:内涵、特征与方法——与实证研究的比较》,《上海对外经贸大学学报》2015年第1期。

王嘉、曹代勇:《中国科技成果评价的发展现状与对策》,《科技与管理》2008年第5期。

王乃静:《现代制造业中的全面价值管理》,《管理评论》2005年第1期。

王琦:《基于小波神经网络的高速公路区域经济影响评价》,《北方交通》2009年第2期。

王如富、陈劲:《民营企业二次创业初探》,《中国软科学》1999年第6期。

王瑞祥、穆荣平:《从技术预测到技术预见:理论与方法》,《世界科学》2003年第4期。

王世波、王世良:《高新技术风险投资项目评价的AHP模型》,《科技管理研究》2004年第1期。

王慎之:《浅谈熊彼特的"技术创新理论"》,《经济理论与经济管理》1985年第3期。

王未卿、杨瑶:《基于因子分析的高校学生创业意愿影响因素实证研究》,《高教探索》2018年第3期。

王学潮:《南水北调西线工程技术经济分析》,《工程研究》2012年第4期。

王阳：《论工业建设项目的技术评价指标体系》，《科技进步与对策》1987年第3期。

王雨忠、单永恒：《价值工程在深井泵上的应用》（上、下），《价值工程》1985年第3—4期。

王之泰：《关于价值系数的探讨和质疑》，《经济与管理研究》1982年第6期。

王志玲、管泉、蓝洁：《国内技术预见研究的文献计量分析》，《现代情报》2015年第4期。

王志玲、蓝洁、管泉：《国内技术预见研究综述》，《情报探索》2015年第8期。

魏江、叶波：《产业集群技术能力增长机理研究》，《科学管理研究》2003年第21期。

吴翌琳、黄筝：《基于倾向得分匹配法的创业政策实证研究——以财税政策评估为例》，《宏观经济研究》2018年第9期。

吴晓园、许明星、钟俊娟：《基于演化经济学的国家创新系统层级研究》，《技术经济与管理研究》2011年第7期。

吴有艳、李国秋：《日本第十次科学技术预见及其解析》，《竞争情报》2017年第1期。

夏绍瑟：《计算机存储系统技术方案的评价和选择》，《电子计算机动态》1974年第4期。

夏禹龙等：《梯度理论与区域经济》，《研究与建议》1982年第8期。

项保华：《技术评价的现状与管理研究》，《科技管理研究》1989年第1期。

项保华、王观潮：《影响功能评价的要素》，《管理工程学报》1986年第1期。

肖汉平：《风险投资、创业基金与高科技产业发展》，《经济科学》1998年第4期。

肖士恩等：《科技创新政策评估的理论与方法初探》，《中国科技论坛》2003年第5期。

肖嵩：《谈技术评价》，《科学学与科学技术管理》1982 年第 2 期。

肖灼基：《中国科技企业家的创业精神——北京中关村电子一条街企业家的成长》，《中国工业经济》1989 年第 3 期。

谢科范：《最合适区域法曲线方程的简单推导法及其常数 K 的求法》，《价值工程》1986 年第 3 期。

谢文蕙：《可行性研究的目的与方法》，《建筑经济》1981 年第 1 期。

信玉红：《技术进步促进经济增长的贸易效应》，《抚顺石油学院学报》1995 年第 3 期。

邢怀滨等：《公共科技政策分析的理论进路：评述与比较》，《公共管理学报》2005 年第 4 期。

修国义：《企业技术评价方法研究》，《哈尔滨理工大学学报》1998 年第 2 期。

胥俊章：《城市热化技术经济效果的评价》，《中国能源》1978 年第 3 期。

徐端正：《评价药物作用机理的药理技术》，《国外医学参考资料·药学分册》1977 年第 4 期。

徐剑波：《价值工程中的"价值"不同于政治经济学中的"价值"》，《价值工程》1986 年第 4 期。

《我国价值工程发展记事》，《价值工程》1986 年第 1 期。

徐磊：《技术预见方法的探索与实践思考——基于德尔菲法和技术路线图的对接》，《科学学与科学技术管理》2011 年第 11 期。

徐寿波：《技术经济研究的目的、任务和方法》，《科学通报》1964 年第 7 期。

徐寿波：《我国技术经济学发展的几个问题》，《数量经济技术经济研究》1987 年第 1 期。

徐延光：《对消除价值系数计算偏差的探讨》，《经济与管理》1995 年第 6 期。

许庆瑞、盛亚：《技术扩散国内外研究概述》，《科学管理研究》1993 年第 4 期。

许质武：《技术经济学内容体系及发展趋势探析》，《数量经济与技术经济研究》1993 年第 1 期。

薛澜：《中国科技创新政策 40 年的回顾与反思》，《科学学研究》2018 年第 12 期。

颜士梅、王重鸣：《并购式内创业中人力资源整合水平的选择：一个实证研究》，《管理世界》2005 年第 9 期。

杨斌：《我国科技政策制定主体的政策认知及政策分析》，《武汉科技大学学报》（社会科学版）2010 年第 3 期。

杨国梁、刘文斌、郑海军：《数据包络分析方法（DEA）综述》，《系统工程学报》2013 年第 6 期。

杨俊：《新世纪创业研究进展与启示探析》，《外国经济与管理》2013 年第 1 期。

杨虹、万忠伦：《价值工程中确定功能权重的方法》，《西华大学学报》（自然科学版）2005 年第 24 期。

杨通文、刘祖容：《建筑工程应用价值工程研究现状及展望》，《江西建材》2018 年第 231 卷第 6 期。

杨忠直、张世英、李光泉：《企业资产再使用方案的评价与决策方法》，《系统工程理论与实践》1997 年第 10 期。

颜士梅、王重鸣：《并购式内创业中人力资源整合水平的选择：一个实证研究》，《管理世界》2005 年第 9 期。

姚海琳等：《政策工具视角下中国城市矿产政策效果评估》，《城市问题》2018 年第 11 期。

叶继涛、张瑞山：《技术预见 塑造未来——"技术预见与区域创新国际研讨会"部分发言摘要及经验启示》，《世界科学》2006 年第 12 期。

叶裕民：《全国及各省区市全要素生产率的计算和分析》，《经济学家》2002 年第 3 期。

易惟谦：《废水生化处理的技术经济评价》，《环境污染与防治》1979 年第 2 期。

闫丽平：《中国创业理论研究现状及思路探讨》，《经济论坛》2013年第2期。

元：《关于社会主义制度下经济效果问题讨论中的不同论点简介》，《经济研究》1962年第2期。

袁桓：《技术进步对经济增长中通货膨胀的影响的索洛模型》，《数学》1994年第1期。

袁立科、韩秋明等：《我国环境领域技术处于怎样的水平——来自环境领域技术竞争调查的经验证据》，《科技进步与对策》2016年第24期。

袁卫、吴翌琳：《创业测度与实证：研究进展与发展方向》，《经济理论与经济管理》2018年第9期。

曾宪林：《物资供应管理价值工程效益评价研究》，《中国煤炭经济学院学报》1995年第2期。

张保胜：《技术创新在经济发展方式转变中的作用分析》，《安阳工学院学报》2010年第1期。

张彩江、李克华、徐咏梅：《对我国价值工程理论与实践的回顾和影响降低的深层原因分析》，《南开管理评论》2002年第1期。

张彩江、王春生：《对20世纪90年代中期以后引起中国VE/VM应用回落的反思》，《价值工程》2007年第7期。

张峰、邝岩：《日本第十次国家技术预见的实施和启示》，《情报杂志》2016年第12期。

张凤海、侯铁珊：《技术创新理论述评》，《东北大学学报》（社会科学版）2008年第3期。

张根保、张湘雄、游懿：《基于属性的价值系数计算研究与应用》，《科技管理研究》2010年第1期。

张宏军、徐有为、程恺、张睿、尹成祥：《数据包络分析研究热点综述》，《计算机工程与应用》2018年第10期。

张建、姜彦福、林强：《创业理论研究与发展动态》，《经济学动态》2003年第5期。

张军、吴桂英、张吉鹏：《中国省际物质资本存量估算：1952—2000》，《经济研究》2004 年第 10 期。

张磊、王淼：《西方技术创新理论的产生与发展综述》，《科技与经济》2007 年第 2 期。

张立民：《关于价值工程中功能评价值问题的探讨》，《天津财经大学学报》1983 年第 2 期。

张若萍：《对液态鼓风熔炼几项技术经济指标的评价》，《有色金属》（冶炼部分）1976 年第 10 期。

张士英、贾化育：《工业系统技术评价方法研究》，《中国软科学》1993 年第 2 期。

张书琛：《系统工程中的价值分析》，《人文杂志》1995 年第 3 期。

张文泉：《关于技术经济学发展的思考与探讨》，《技术经济》1994 年第 Z1 期。

张文泉：《寿命周期成本评价与全面价值集成管理》，《技术经济与管理研究》2011 年第 4 期。

张小蒂：《美国创业投资业成功运作的主要因素及启示》，《金融研究》1999 年第 9 期。

张旭：《转变经济发展方式的发展经济学考察》，《理论学刊》2010 年第 3 期。

张琰：《价值工程原理简介》，《建筑经济》1980 年第 4 期。

张永安等：《我国科技创新政策复杂性研究》，《科技进步与对策》2015 年第 12 期。

张玉利、薛红志、杨俊：《论创业研究的学科发展及其对管理理论的挑战》，《外国经济与管理》2007 年第 1 期。

张玉利、杨俊：《试论创业研究的学术贡献及其应用》，《外国经济与管理》2009 年第 1 期。

张玉利、杨俊、戴燕丽：《中国情境下的创业研究现状探析与未来研究建议》，《外国经济与管理》2012 年第 1 期。

章庭笏、陈永川：《也谈城市热化技术经济效果的评价》，《中国能源》1979 年第 2 期。

赵峰等：《科技政策评估的内涵与评估框架研究》，《北京化工大学学报》（社会科学版）2011 年第 1 期。

赵北望、杨仑：《艰苦创业　开拓奋进——北方车辆研究所 30 年》，《科学学与科学技术管理》1989 年第 11 期。

赵国军：《价值工程的功能评分方法的探讨》，《管理现代化》1985 年第 3 期。

郑思世：《用大寨精神实现农业机械化》，《北京师范大学学报》（社会科学版）1975 年第 6 期。

赵树宽、赵英才：《技术经济学研究对象的探讨—技术经济学学科体系研究之一》，《技术经济》1996 年第 4 期。

赵树宽、赵英才：《技术经济学的基本原理及学科分支的探讨》，《技术经济》1996 年第 5 期。

郑友敬：《经济效益评价与评价方法》，《数量经济技术经济研究》1986 年第 4 期。

郑友敬：《技术经济学的发展回顾与趋势展望》，《数量经济与技术经济研究》1995 年第 6 期。

郑玉歆、张晓、张思奇：《技术效率、技术进步及其对生产率的贡献——沿海工业企业调查的初步分析》，《数量经济技术经济研究》1995 年第 12 期。

中共南京凤凰山铁矿委员会：《靠大庆精神创业，加快新矿山建设》，《金属矿山》1978 年第 1 期。

钟学义、陈平：《技术，技术进步，技术经济学和数量经济学之诠释》，《数量经济技术经济研究》2006 年第 3 期。

周新川、陈劲：《创新研究趋势探讨》，《科学学与科学技术管理》2007 年第 5 期。

朱兴龙：《黑龙江省技术预见的必要性与可行性分析》，《对外经贸》2006 年第 6 期。

庄子银：《新经济增长理论的五大研究思路》，《经济学动态》1997

年第 5 期。

作沉：《社会主义制度下经济效果的几个问题的探讨》，《中国经济问题》1962 年第 5 期。

《在党的十八届五中全会第二次全体会议上的讲话（节选）》（2015 年 10 月 29 日），《求是》2016 年第 1 期。

陈良美：《建筑新技术评价模式及指标体系设计研究》，硕士学位论文，重庆大学，2005 年。

董树功：《战略性新兴产业的形成与培育研究》，博士学位论文，南开大学，2012 年。

管书华：《科技政策制定与评价的研究》，硕士学位论文，武汉理工大学，2004 年。

郭卫东：《技术预见理论方法及关键技术创新模式研究》，博士学位论文，北京邮电大学，2007 年。

李婷婷：《技术的环境效应评价模型及实证研究》，硕士学位论文，吉林大学，2006 年。

鲁开根：《产业集群核心能力研究》，博士学位论文，暨南大学，2004 年。

沈滢：《现代技术评价理论与方法研究》，博士学位论文，吉林大学，2007 年。

佟煊：《基于数据挖掘的江西有色金属产业技术预见方法的研究》，硕士学位论文，江西理工大学，2012 年。

王金鹏：《基于科学计量的技术预见方法优化研究》，硕士学位论文，华中师范大学，2011 年。

王卉珏：《科技政策制定的理论与方法研究》，博士学位论文，武汉理工大学，2005 年。

王伟：《文献计量法在技术预见中的应用》，博士学位论文，大连理工大学，2008 年。

徐莉贞：《辽宁交通运输设备制造业技术预见研究》，硕士学位论文，大连理工大学，2008 年。

张帆：《基于知识网络的产业集群技术能力增长研究》，硕士学位论文，浙江大学，2006年。

《习近平：敏锐把握世界科技创新发展趋势 切实把创新驱动发展战略实施好》，《人民日报》2013年10月2日第1版。

蔡昉：《经济学如何迎接新技术革命?》，http：//www.sohu.com/a/321951812_739032。

《在中国科学院考察工作时的讲话》，人民网，http：//theory.people.com.cn/n1/2016/0303/c402884-28168984.html。

Aghion P. & Howitt P., 1992, "A Model of Growth through Creative Destruction", *Econometrica*, 60 (2).

Atkinson, A. B. and J. E. Stiglitz, 1969, "A New View of Technological Change", *Economic Journal*, Vol. 79.

Caves R., 1974, "Multinational Firms, Competition and Productivity in Host-country Markets", *Economica*, Vol. 41, No. 162.

Coates. J. F, 1976, "The role of formal models in technology assessment", *Technological Forecasting & Social Change*, Vol. 9, No. 1.

D. Miles, Lawrence, 1961, *Techniques of Value Analysis And Engineering*, New York: McGraw-Hill Book Company, p. 3.

Ende. J. V. D, Mulder. K, Knot. M, et al, 1998, "Traditional and Modern Technology Assessment: Toward a Toolkit-A Research Methodology and Learning Strategy for Social Impact Assessment", *Technological Forecasting & Social Change*, Vol. 58, No. 1.

Gartner, W. B., 1985, "A Conceptual Framework for Describing the Phenomenon of New Venture Creation", *Academy of Management Review*, Vol. 10, No. 4, pp. 696-706.

Griliches Z, 1980, "R&D and the Productivity Slowdown", *American Economic Review*, Vol. 70, No. 1.

Gunnar Myrdal, 1968, *Asian Drama*, New York: Pantheon.

Josée C. M. Van Eijndhoven, 1997, "Technology Assessment: Product or

Process", *Technological Forecasting and Social Change*, Vol. 6, No. 2.

Keller W., 2001, "Knowledge Spillovers at the World's Technology Frontier", CEPR Working Paper, No. 2815.

Kenny P. G., Parsons T. D., Gratch J., et al, 2009, "Evaluation of Novice Andexpert Interpersonal Interaction Skills with a Virtual Patient", *Lecture Notes in Computer Science*.

Lee K. & Malerba F., 2017, "Catch-up Cycles and Changes in Industrial Leadership: Windows of Opportunity and Responses of Firms and Countries in the Evolution of Sectoral Systems", *Research Policy*, 46 (2).

Levinsohn, J. and A. Petrin, 2003, "Estimating Production Functions Using Inputs to Control for Unobservables", *Review of Economic Study*, Vol. 70, No. 2.

Linstone. H. A, 1981, "The multiple perspective concept: With applications to technology assessment and other decision areas", *Technological Forecasting & Social Change*, Vol. 20, No. 4.

MacDougall, G. D. A. 1960, "The Benefits and Costs of Private Investment from Abroad: A Theoretical Approach", *The Economic Record*, Vol. 36, No. 73.

Mansfield E., 1961, "Technical Change and the Rate of Innovation", *Econometric*, Vol. 29.

Moore J F, 1993, "Predators and Prey: A New Ecology of Competition", *Harvard Business Review*, 71 (3): 75.

M. Gibbons and R. Voyer, 1974, "A Technology Assessment System: A Case, Study of East Coast Offshore Petroleum Exploration", *Background Study*, No. 30, Science Council of Canada, Ottawa.

Oseph F. coates, 2001, "A 21st Century Agenda for Technology Assessment", *Technological Forecasting and Social Change*.

Raymond Vernon, 1966, "International Investment and International Trade in the Product Cycle", *The Quarterly Journal of Economics*, 80

(2).

Robert Berloznik and Luk Van Langenhove, 1998, "Integration of Technology Assessment in R&D Management Practices", *Technological Forecasting and Social Change*, Vol. 58, No. 1.

Robinson D. K. R., Huang L., Guo Y., et al, 2013, "Forecasting Innovation Pathways (FIP) for New and Emerging Science and Technologies", *Technological Forecasting and Social Change*.

R. M. Solow, 1957, "Technical Change and the Aggregate Production Function", *The Review of Economics and Statistics*, Vol 39.

Solow, R. M., 1956, "A Contribution to the Theory of Economic Growth", *Quarterly Journal of Economics*, Vol. 70, No. 1.

Stewart F., 1981, "International Transfer of Technology", *Issues and Policy Options*, in Streeten P., Jolly R. (eds), *Recent Issues in World Development*, Oxford: Pergam on Press.

Timmons, J. A., Smollen, E., Dingee, A. L., 1977, *New Venture Creation*, Homewood, IL: Irwin.

后 记

中国技术经济学发展始于 20 世纪 50 年代初，伴随新中国 70 年建设和改革开放步伐成长壮大，在中国大规模经济建设、技术引进消化吸收、科技自主创新等经济高速发展和科技强国建设的不同阶段，都发挥了不可替代的重要作用，具有中国特色、中国风格、中国气派。

技术经济学的发展几经起伏，"一五"时期 156 项重点建设项目的成功，以及 1958 年大跃进不计成本、盲目建设的惨痛教训，从正反两个方面催生了技术经济学。从 20 世纪 50 年代的学科创立，到 60 年代的启蒙兴起，"文化大革命"时期的停滞不前，改革开放后 20 年的蓬勃壮大，再到进入 21 世纪的创新发展，总体而言，技术经济学仍处在不断创新发展的初步成熟阶段。

技术经济学的学科归属和定位也几易其位。从 20 世纪 50、60 年代的自然科学归类，到 80 年代和 90 年代初的经济学定位，再到 90 年代末设立技术经济及管理专业学位，这都说明技术经济学具有自然科学与社会科学交叉学科的鲜明特点。作为应用经济学分支学科，运用经济学的理论和方法，技术经济学全方位全过程全链条研究科技创新及其推动经济发展的核心作用，目前形成了在经济学和管理学两大学科众多领域中迅速扩展的局面。技术经济学的发展离不开于光远先生、徐寿波院士、李京文院士等老一辈技术经济学界的泰斗，以及中青年技术经济学研究骨干力量为技术经济的理论研究和应用研究所付出的努力。《新中国技术经济研究 70 年》汇集了新中国技术经济研究70年的重要事件、主要理论和方法、代表性学者以及政策实践，分析了技术经济各主要研究领域的发展历程。

本书由中国社会科学院数量经济与技术经济研究所李平研究员、王宏伟研究员组织撰写，是所内老中青研究人员通力合作、共同努力的成果。本书主要作者如下：第一章刘满强、陈平、韦结余；第二章李平、王宏伟；第三章吴滨、李平；第四章陈平、吕峻；第五章李平、刘建翠、王宏伟；第六章王宏伟、庄芹芹、王聪、李梅梅；第七章吴滨、韦结余；第八章彭绪庶；第九章朱承亮、雷家骕（清华大学经济管理学院）。本书的撰写也广泛征求了技术经济学界专家和学者的建议，感谢中国社会科学院学部委员、中国工程院院士李京文；国务院发展研究中心研究员吕薇、李志军、马名杰、田杰棠；清华大学经济管理学院教授雷家骕、杨德林，副教授王毅；华北电力大学教授牛东晓等专家提出的宝贵意见。这里还要特别感谢李京文院士为本书撰写绪论。新中国技术经济研究70年成果丰富，本书在写作中难免挂一漏万，敬请各位专家学者不吝赐教，批评指正。